FASHION

Dein ultimativer MANGA-ANIME ZEICHENKURS

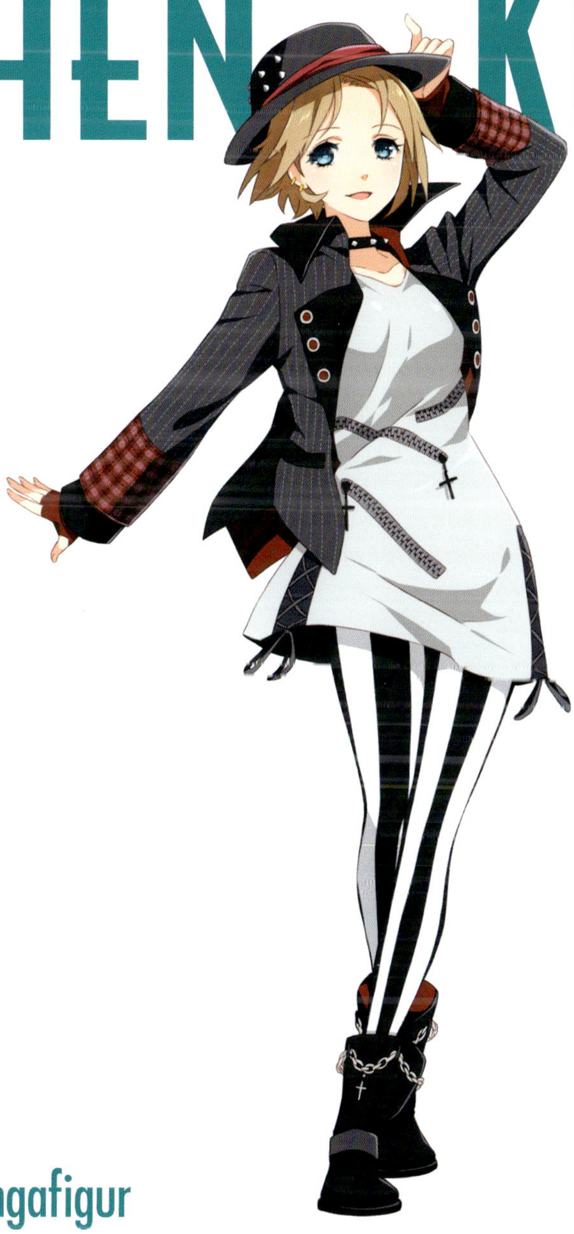

Bestseller-Autor: Über 7 Millionen verkaufte Bücher weltweit

Von den Grundlagen
bis zur perfekten Mangafigur

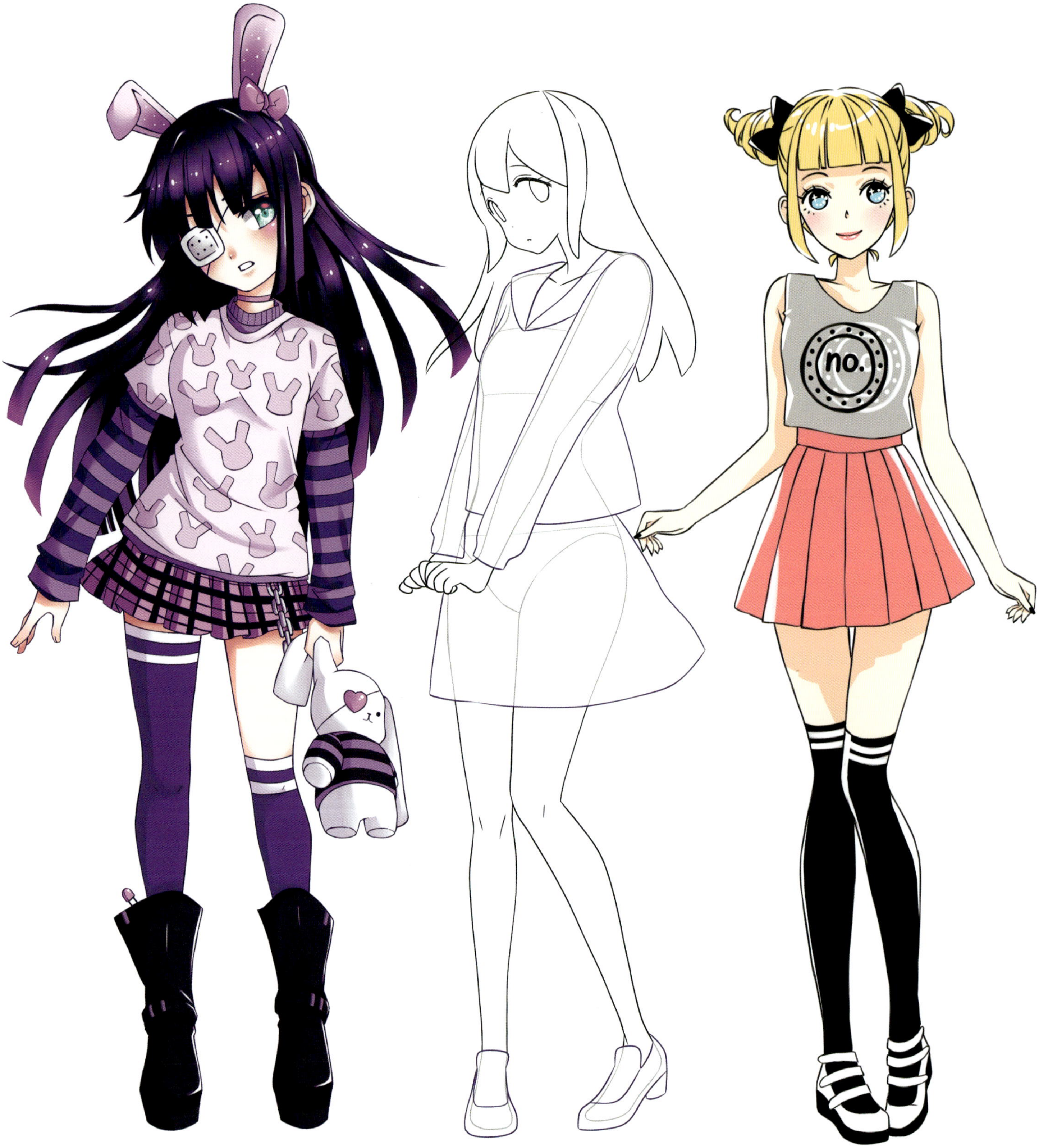
no.

Christopher Hart

Dein ultimativer MANGA-ANIME ZEICHENKURS

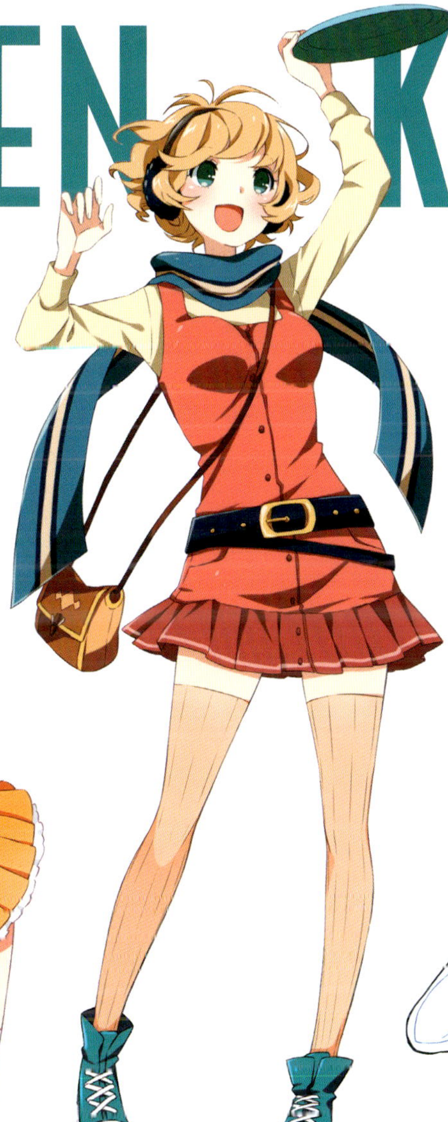

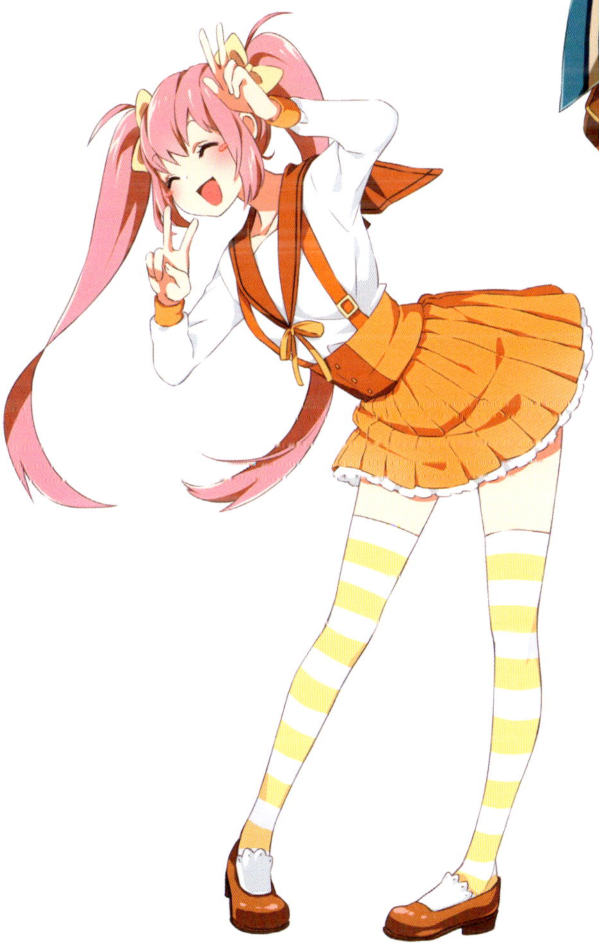

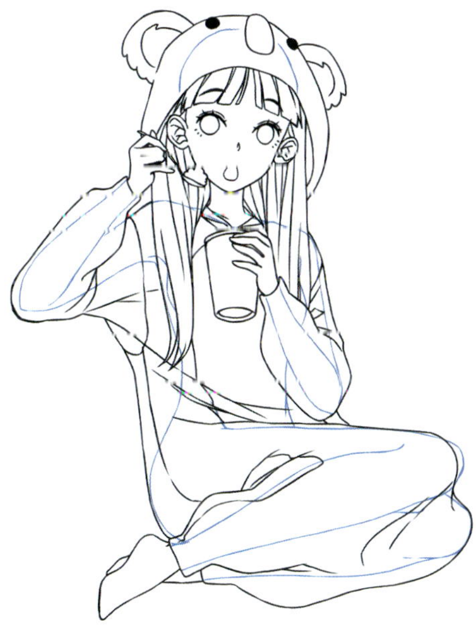

EMF

EIN BUCH DER
EDITION MICHAEL FISCHER

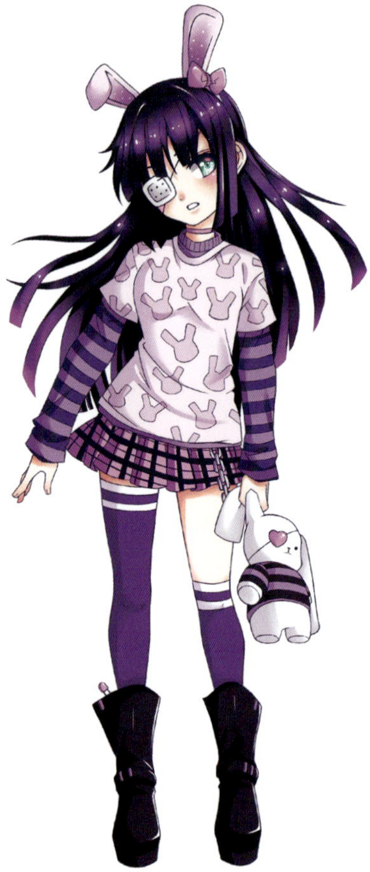

Bibliografische Information der Deutschen Bibliothek.

Die Deutsche Bibliothek verzeichnet diese Publikation in der Deutschen Nationalbibliografie. Detaillierte bibliografische Daten sind im Internet über http://www.dnb.de/ abrufbar.

EIN BUCH DER EDITION MICHAEL FISCHER

1. Auflage 2021

Erstveröffentlicht bei Drawing with Christopher Hart, an imprint of Get Creative 6,
104 West 27th Street, New York, NY 10001

Titel der Originalausgabe:
The Manga Fashion Bible – The Go-To Guide for Drawing Stylish Outfits and Characters

Aus dem Englischen übertragen von Sven Scheer
Covergestaltung und Satz: Sonja Bauernfeind
Projektmanagement und Lektorat: Denise Mareis, Nora Köpp

Contributing Artists:
Akane | Ayame | Ero-Pinku | Tabby Kink | Inma R.

ISBN 978-3-7459-0059-0

Gedruckt bei Polygraf Print, Čapajevova 44, 08001 Prešov, Slowakei

www.emf-verlag.de

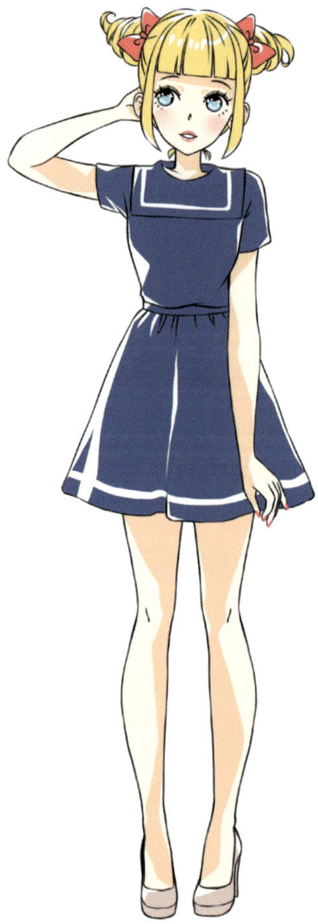

Ich danke meinem Verlag, meinen Lektoren, den Buchgestaltern und natürlich euch, meinen Lesern!

– Christopher Hart

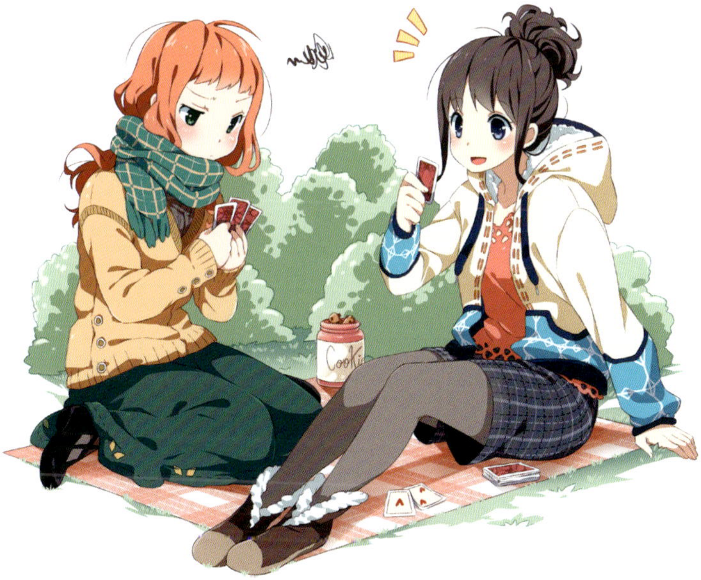

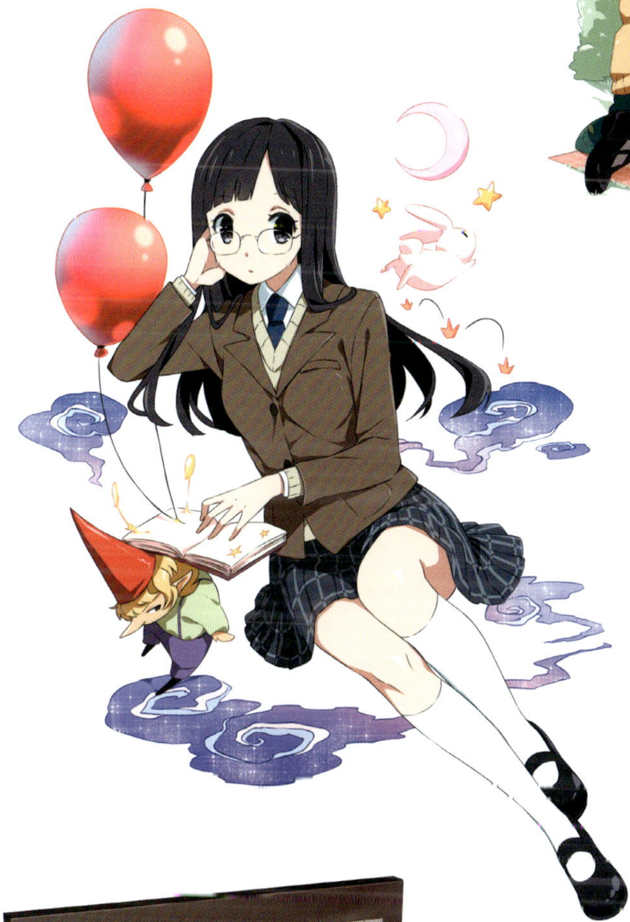

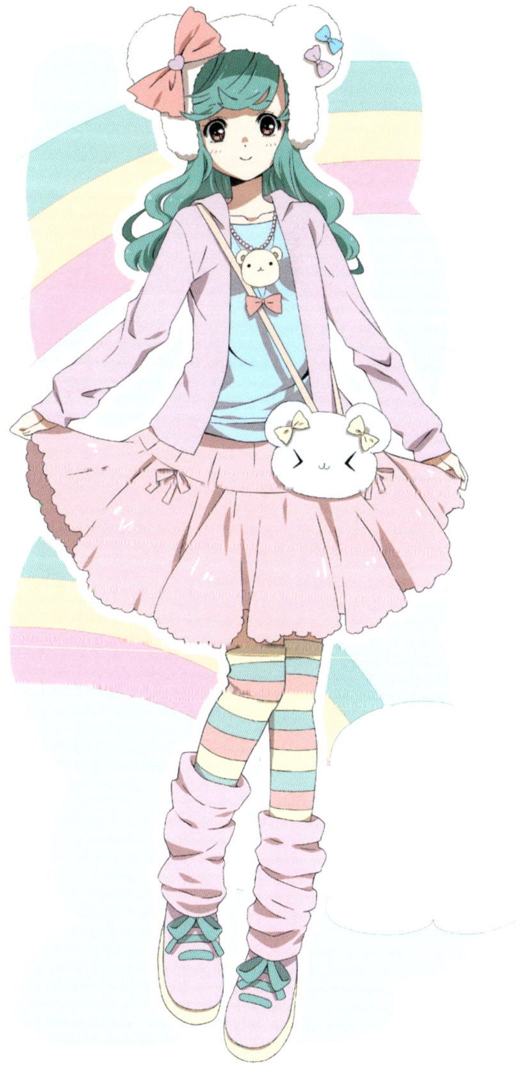

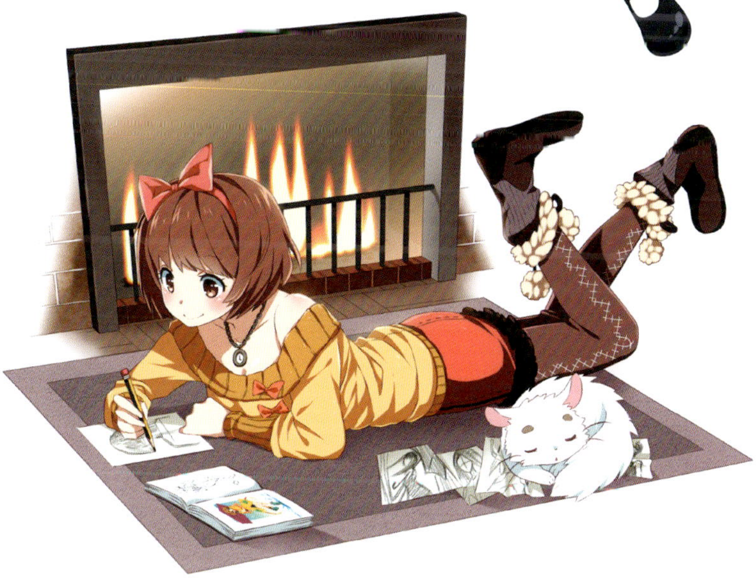

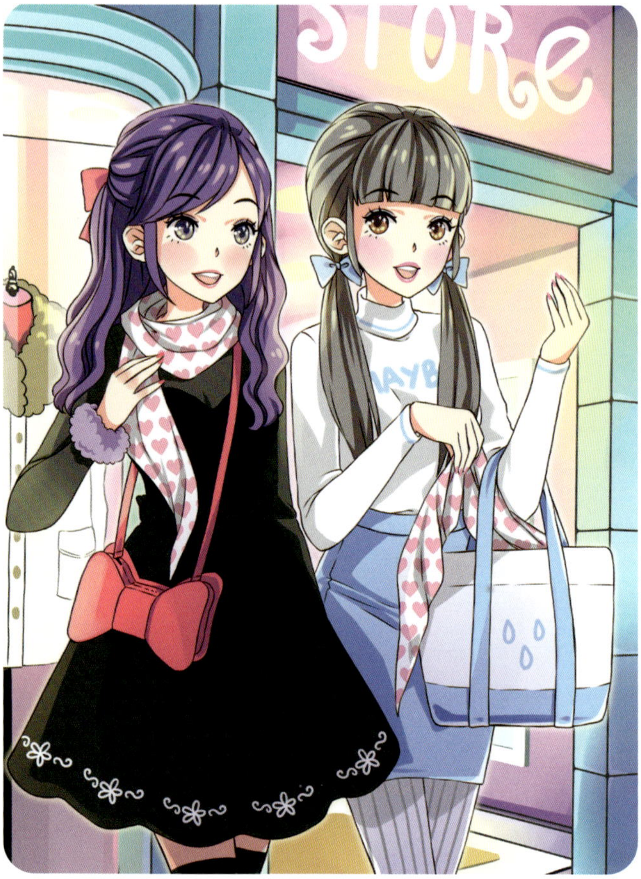

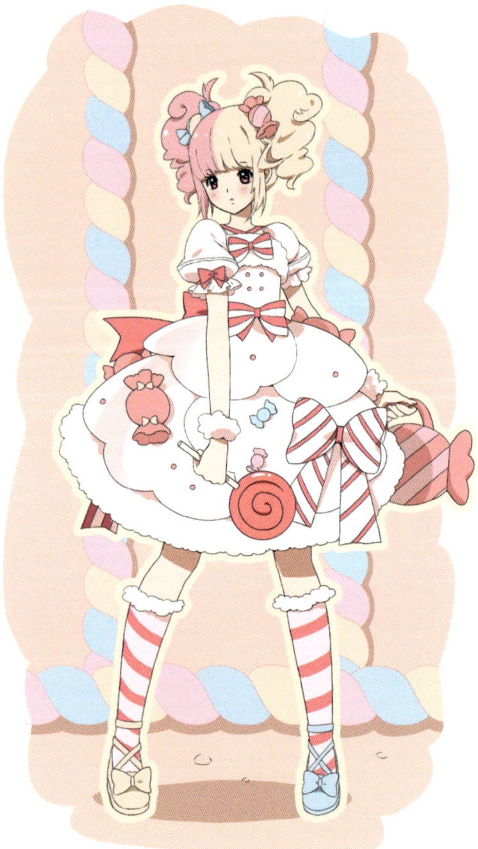

INHALT

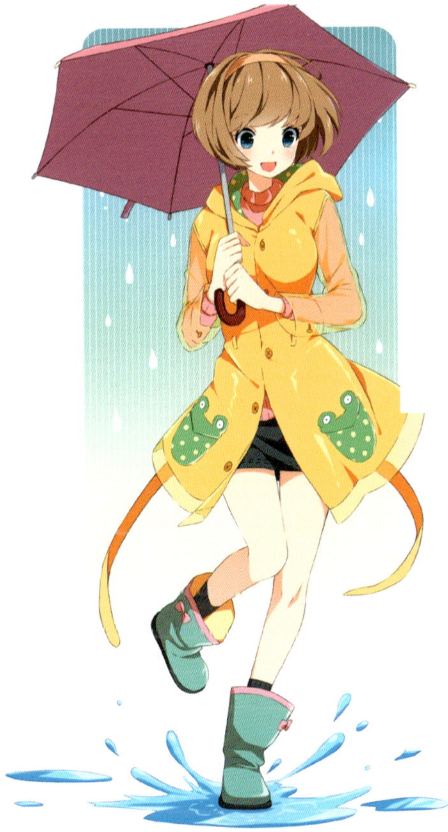

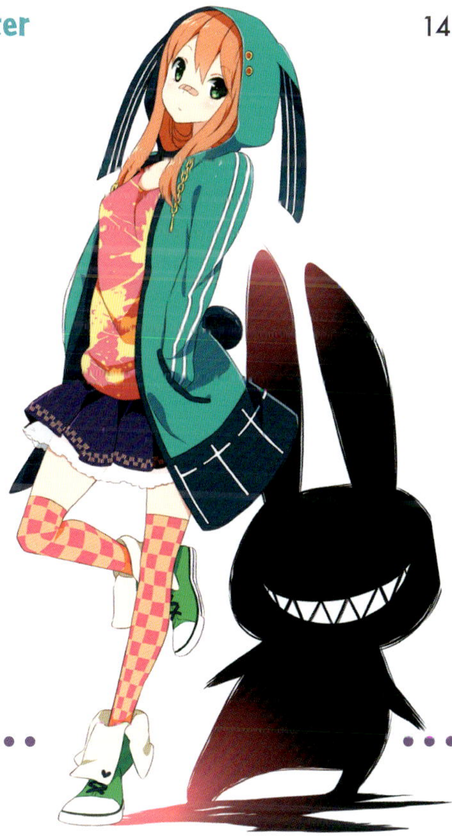

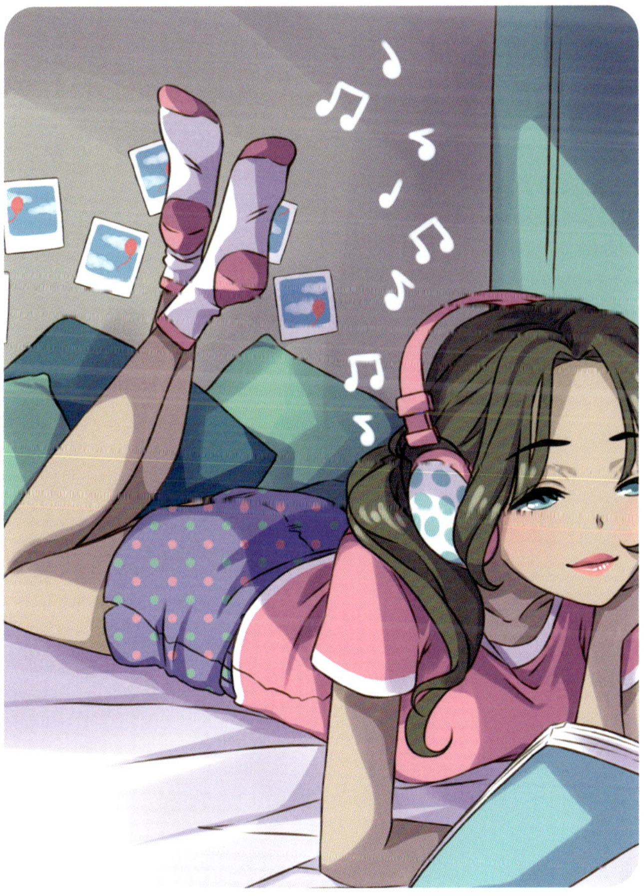

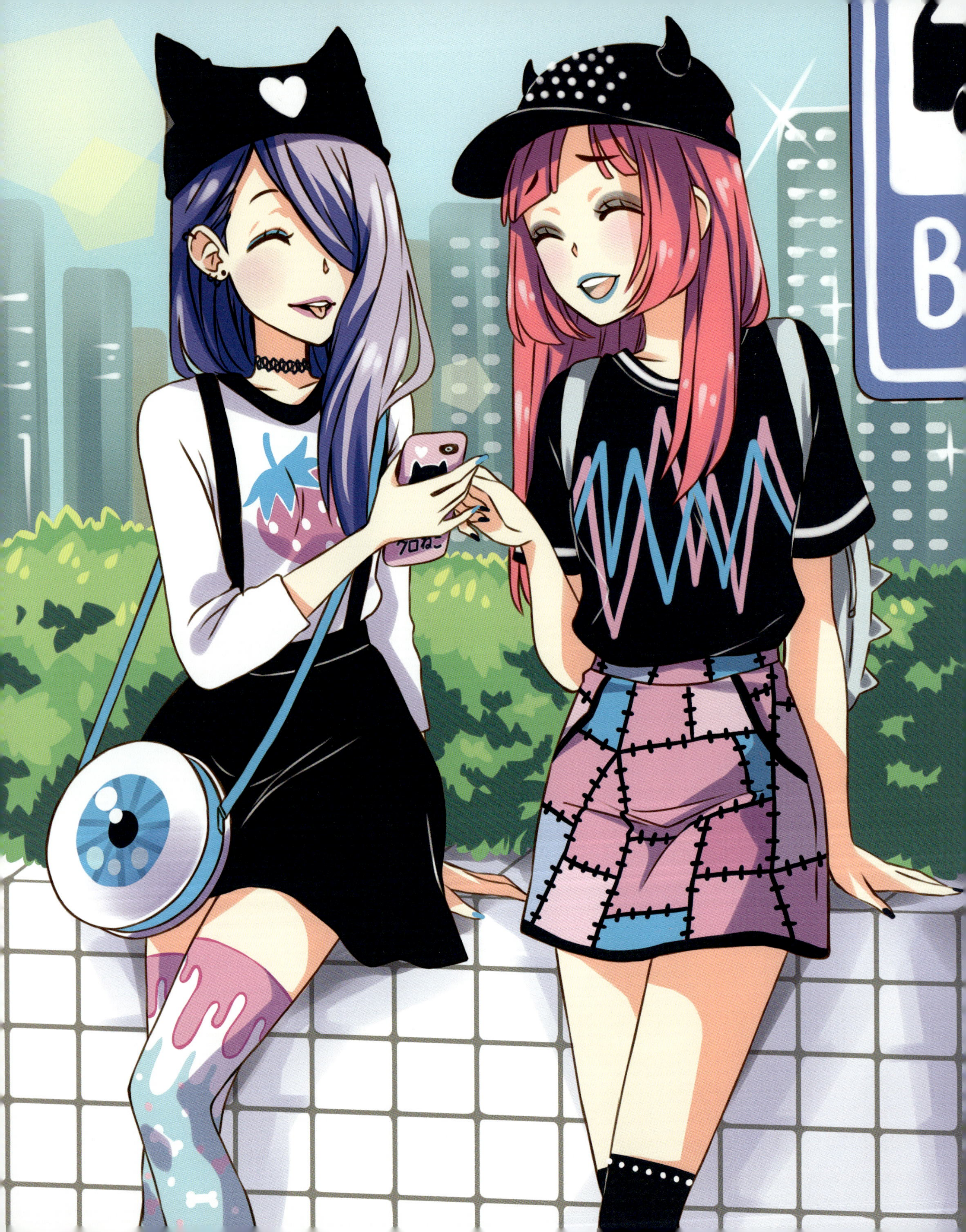
クロねこ

EINLEITUNG

Die Mode verwandelt gewöhnliche Figuren in außergewöhnliche Charaktere.

Doch Mode bedeutet mehr, als nur coole Klamotten zeichnen zu können. Mode bedeutet auch, herauszufinden, welcher Stil zu welchem Charakter passt. Mode bedeutet, beliebte Frisuren, reizvolle Posen, zeitlose ebenso wie topaktuelle Trends und die passenden Accessoires zeichnen zu können. Und nicht zuletzt bedeutet Mode, einzelne Kleidungsstücke zu fesselnden Outfits zu kombinieren.

Das vorliegende Buch ist die ultimative Sammlung von Anleitungen zum Zeichnen von Tops, Jacken, Pullovern, Röcken, Kleidern, Hosen, Hüten und Schuhen. Die Anleitungen führen euch Schritt für Schritt von der modischen Pose zum fertigen Outfit. Sie sind klar, einfach umzusetzen und amüsant.

Doch damit nicht genug! Ihr findet hier auch vier brandaktuelle Fashiontrends aus Japan: Mori, J-Pop, Lolita und Punk und Gothic. Diese faszinierenden Stile sollte sich kein Manga-Fan entgehen lassen.

Die Mode macht den Unterschied – bei euren Figuren, aber auch für euch als Künstler oder Künstlerinnen. Für jeden, der tolle Mangas zeichnen will, ist dieses Buch ein unverzichtbarer Ratgeber. Ich freue mich auf unsere gemeinsame Entdeckungsreise zu den coolsten Manga-Styles.

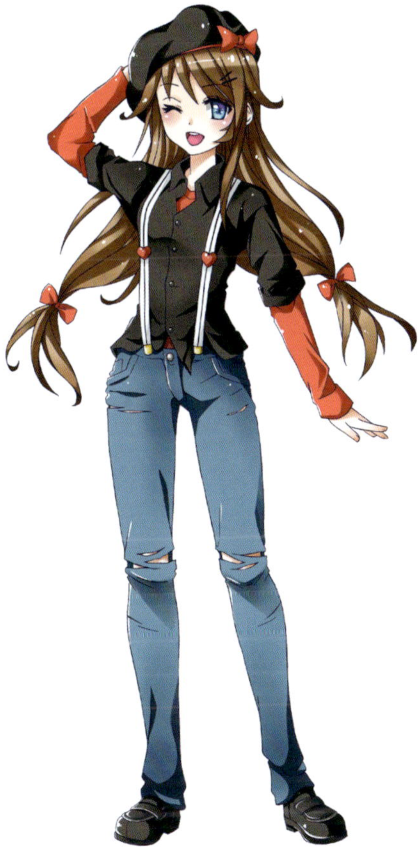

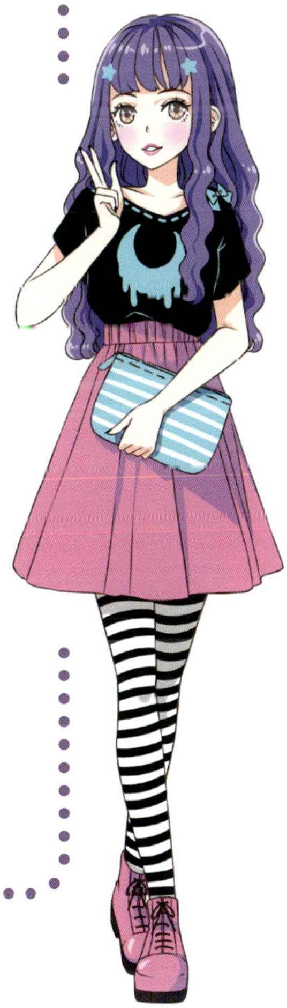

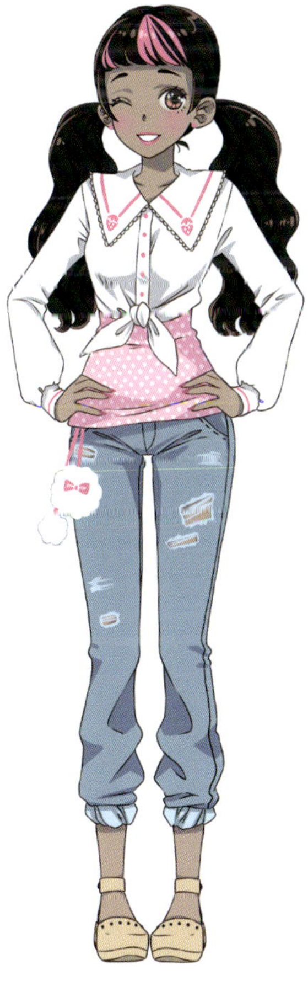

Erste Schritte

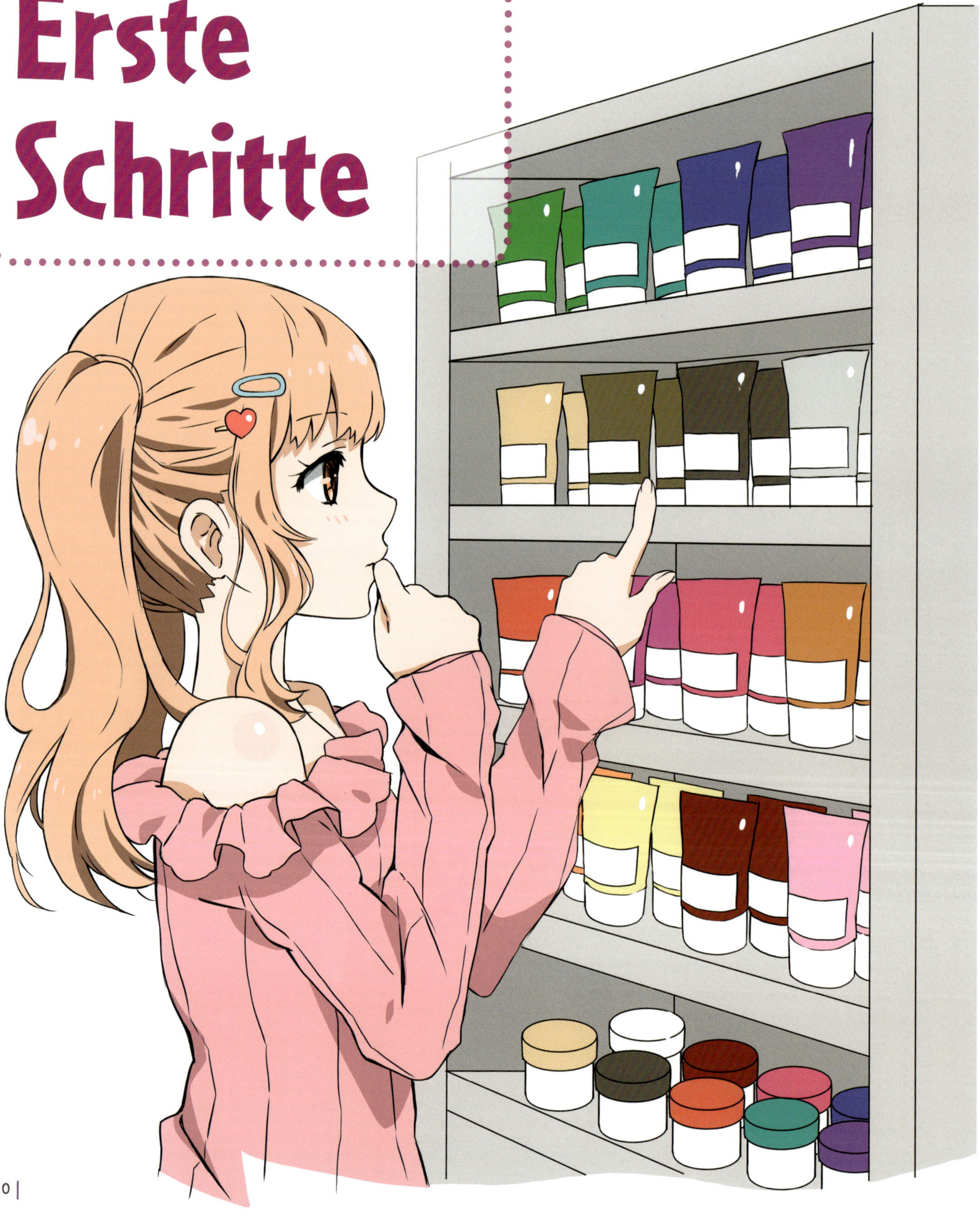

MATERIALIEN

Ihr bekommt alles, was ihr zum Zeichnen braucht, auch ohne dafür ein Vermögen auszugeben. Stellt mithilfe dieses Kapitels eure Einkaufsliste zusammen und geht damit in das nächste Künstlerbedarfsgeschäft. Am besten nehmt ihr außerdem ein paar Bogen weißes Papier mit, um die Stifte und anderen Zeichenutensilien auszuprobieren. Es ist etwas völlig anderes, die Materialien selbst in die Hand zu nehmen, als sie sich in einem Katalog oder im Internet anzuschauen. Fragt den Verkäufer, ob ihr unterschiedliche Zeichenutensilien testen dürft. Nach meiner Erfahrung sind sie meist ausgesprochen hilfsbereit.

BLEISTIFTE UND FASERSTIFTE

Bleistifte sind unterschiedlich kräftig, Faserstifte dagegen haben unterschiedlich dicke Spitzen. Die meisten Künstler verwenden viele unterschiedliche Stärken.

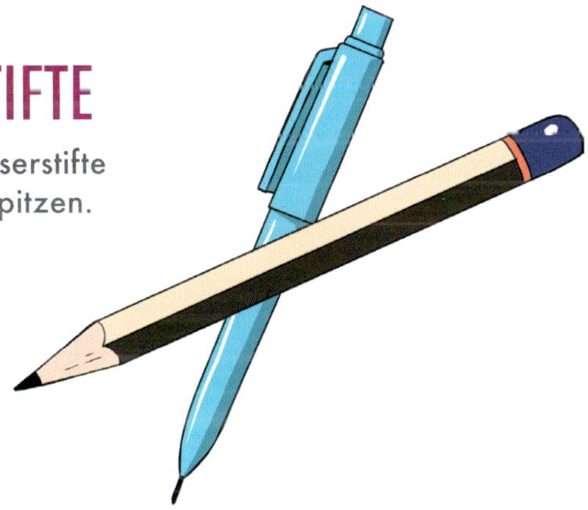

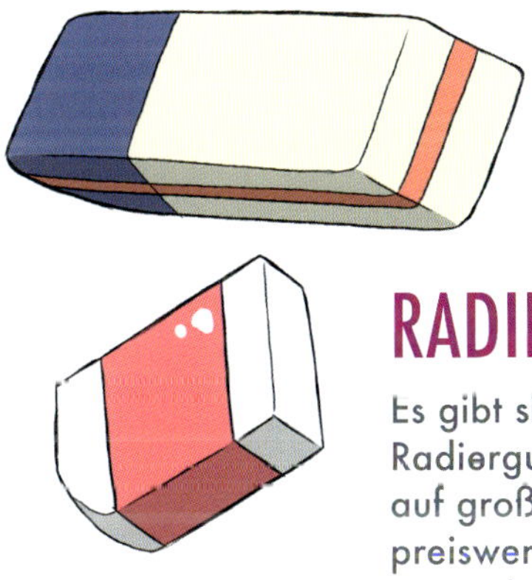

RADIERGUMMIS

Es gibt sie in Rot, Braun oder Grau. Die grauen Radiergummis werden hauptsächlich beim Aktzeichnen auf großen Papierbogen genutzt. Die roten sind preiswert und erfüllen ihren Zweck. Jeder hat seinen persönlichen Favoriten.

KORREKTURFARBE

Habt ihr schon mal versucht, eine hartnäckige Linie wegzuradieren? Mit weißer Farbe lasst ihr sie einfach verschwinden. Doch beachtet: Erst radieren, dann die Farbe auftragen.

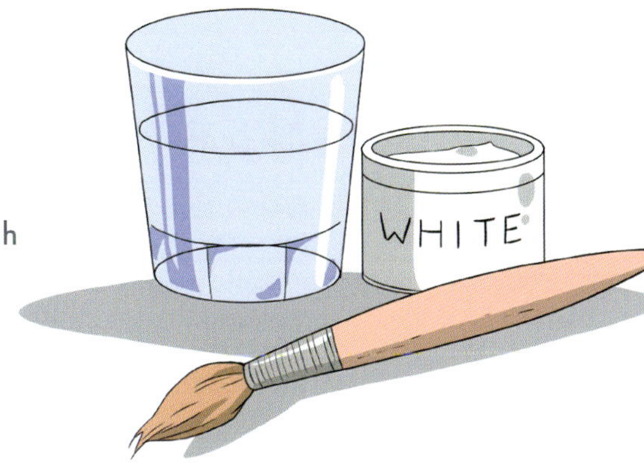

EUREN ARBEITSPLATZ EINRICHTEN

Ihr braucht kein schickes Atelier, um außerordentliche Mangas zu zeichnen. Ein bequemer Stuhl, ein Tisch in der richtigen Höhe und jede Menge Mappen oder Schränke für eure Zeichnungen genügen vollauf. Hier die Basics:

- ein einfacher Zeichentisch
- eine Schreibtischlampe mit verstellbarem Arm
- ein Papierkorb • ein Leuchttisch • ein bequemer Stuhl
- ein Schrank oder eine Mappe für eure Zeichnungen (viele Künstler nutzen ein kleines rollbares Schränkchen)
- Zeichenbücher eines gewissen populären Autors …

Und nun könnt ihr loslegen!

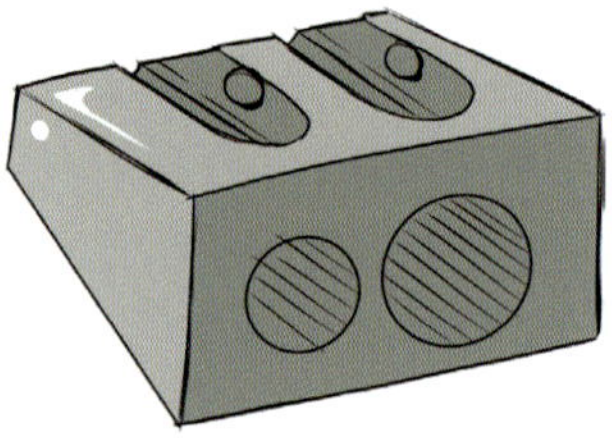

ANSPITZER

Dieser Anspitzer erfüllt seinen Zweck, allerdings fliegt der Spitzabfall umher. Für ein paar Euro mehr erhaltet ihr einen mit integriertem Auffangbehälter.

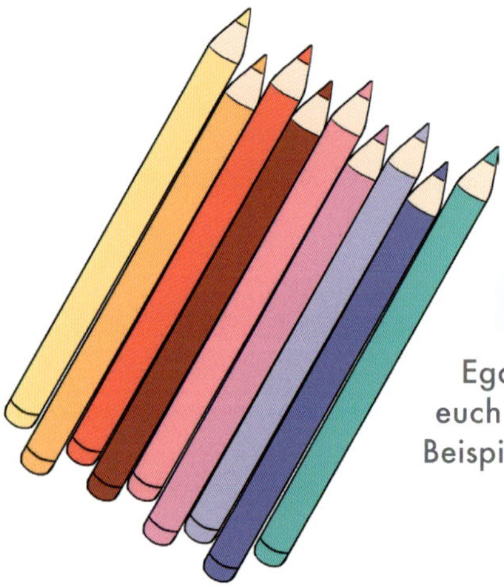

FARBEN

Egal, für welche Technik ihr euch entscheidet, besorgt euch jede Farbe in mehreren Abstufungen, also zum Beispiel Hellblau, Mittelblau und Dunkelblau.

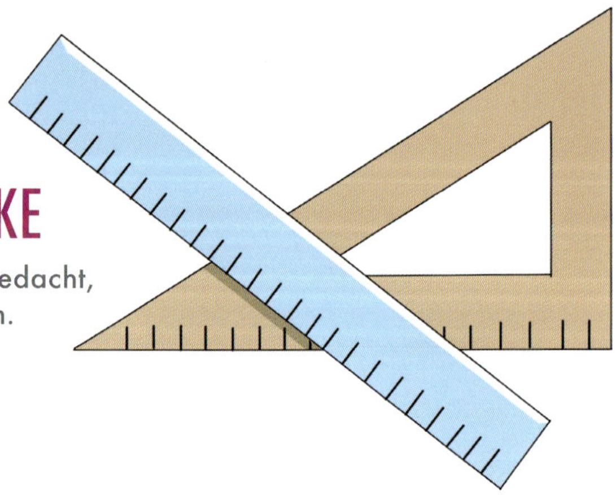

LINEALE UND GEODREIECKE

Lineale sind zum Messen gedacht, Geodreiecke zum Zeichnen.

PAPIER

Hochwertige Papierblöcke sind zum Zeichnen am besten geeignet. Gewöhnlich werden Mangas auf glattem Papier gezeichnet, nicht auf dem rauen Papier, das man für Aquarellfarben nimmt. Falls ihr eure Zeichnungen einscannen wollt, hat Druckerpapier den Vorteil, dass es bereits das richtige Format hat.

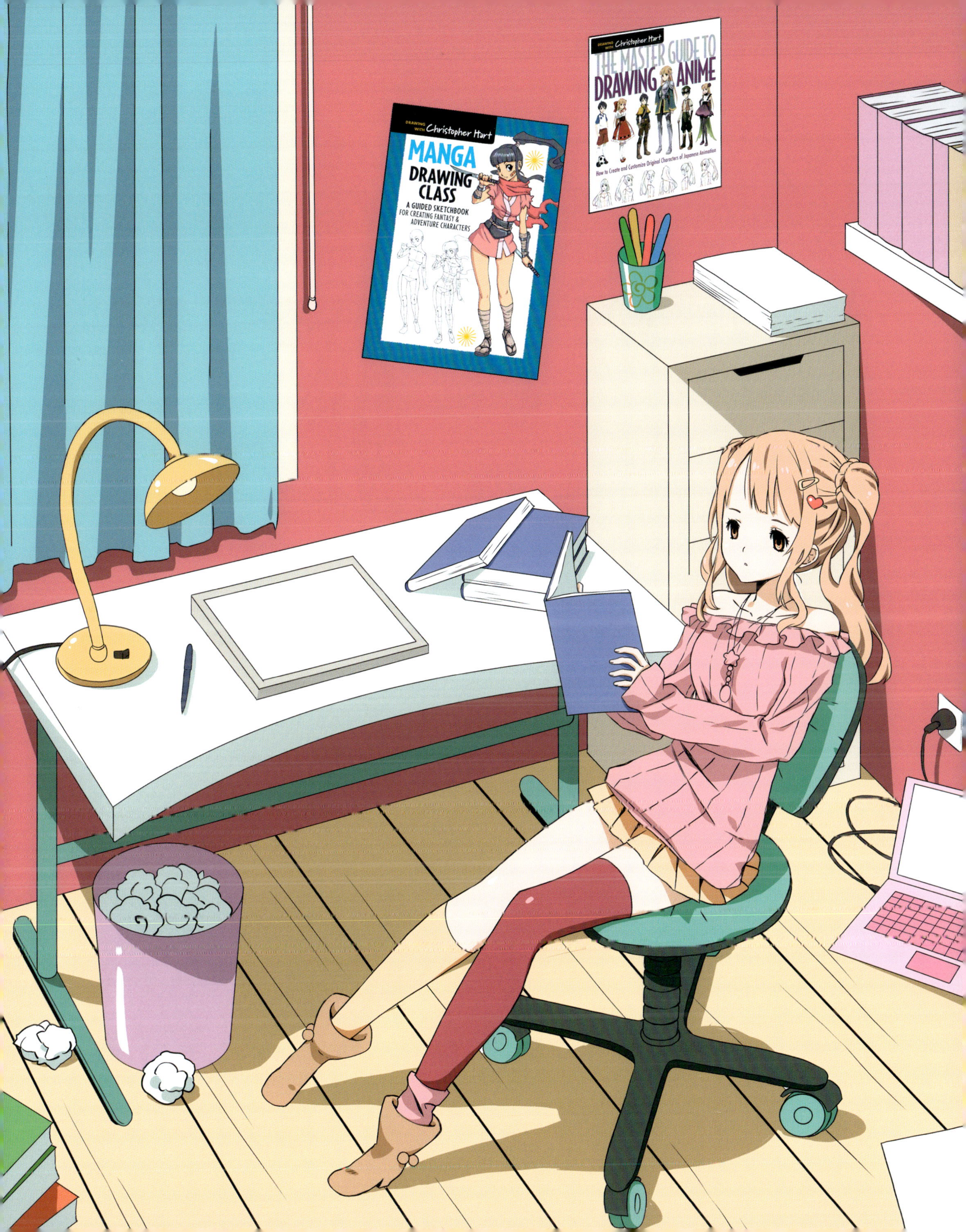
Christopher Hart
MANGA
DRAWING CLASS
A GUIDED SKETCHBOOK FOR CREATING FANTASY & ADVENTURE CHARACTERS
Christopher Hart
THE MASTER GUIDE TO
DRAWING ANIME
How to Create and Customize Original Characters of Japanese Animation

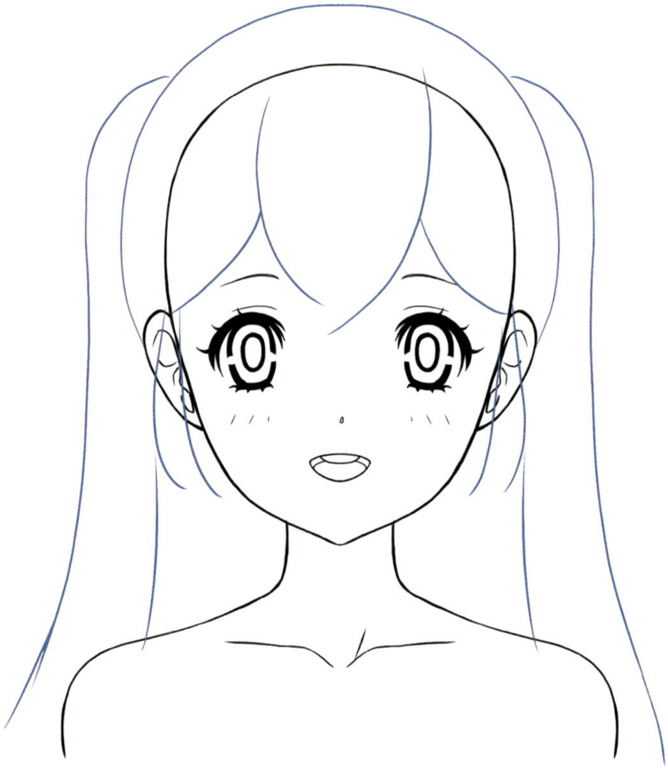

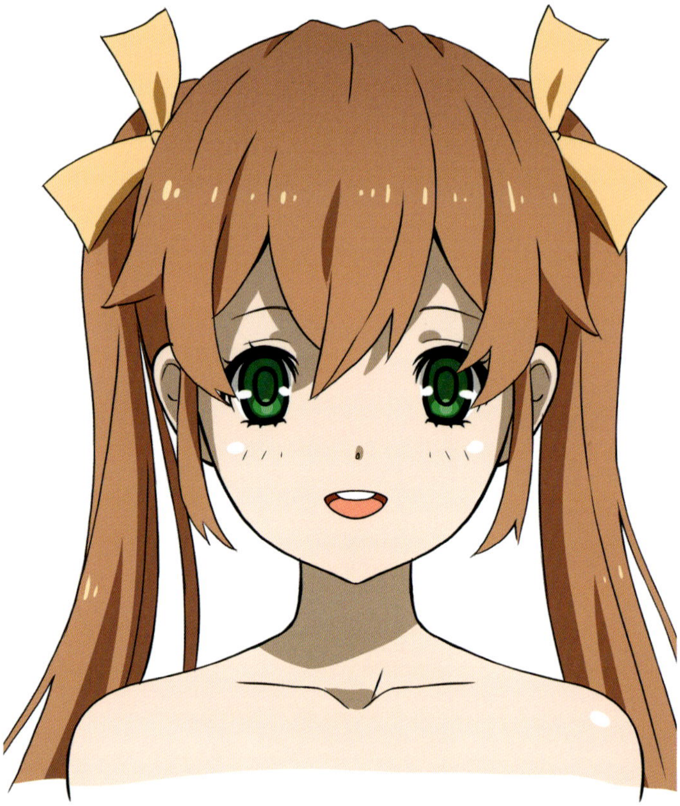

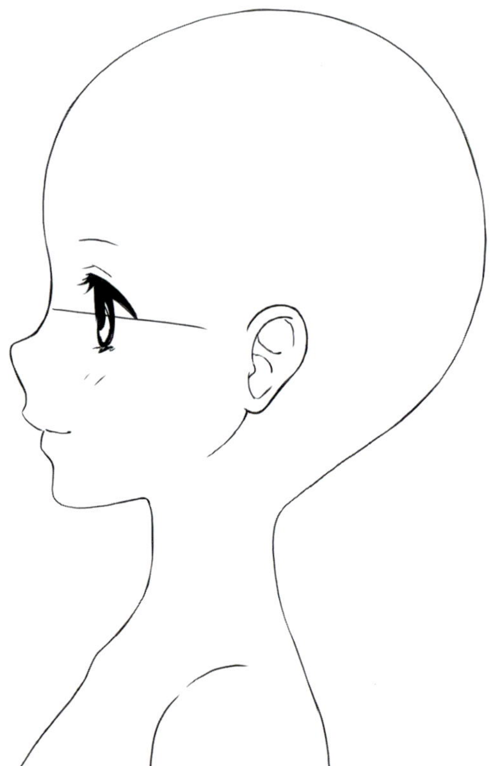

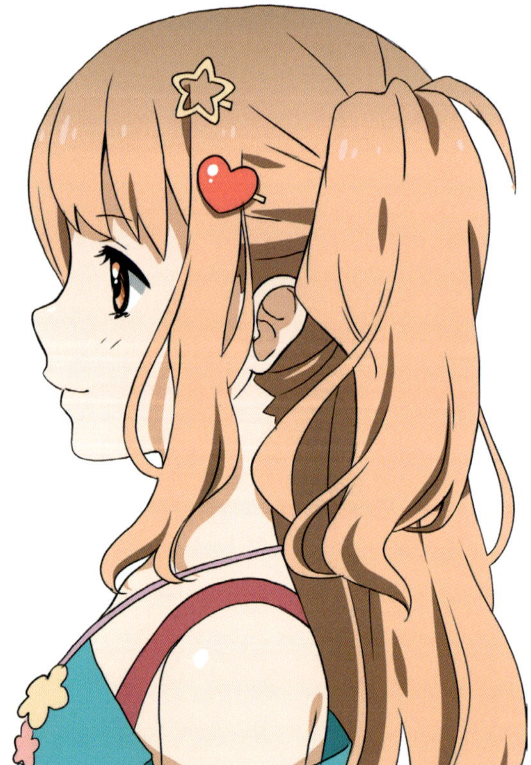

Der zierliche Kopf

Wir beginnen mit der Grundform des Manga-Kopfes. Dieser ist beim klassischen Manga-Mädchen relativ einfach gestaltet, was ihm seinen Charme verleiht. Die ausladende, vom Pony bedeckte Stirn beherrscht die obere Kopfhälfte. Eine üppige, stylishe Frisur ist typisch für Manga-Figuren. Was die Gesichtszüge betrifft, dominieren die Augen, dagegen sind Nase und Lippen schwächer ausgeprägt.

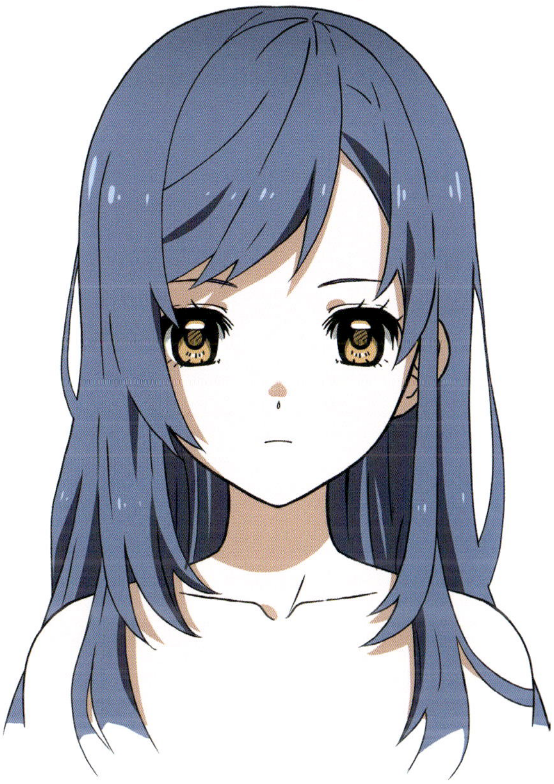

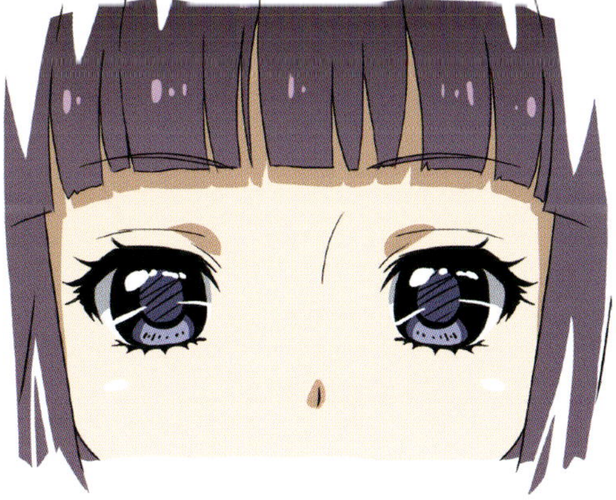

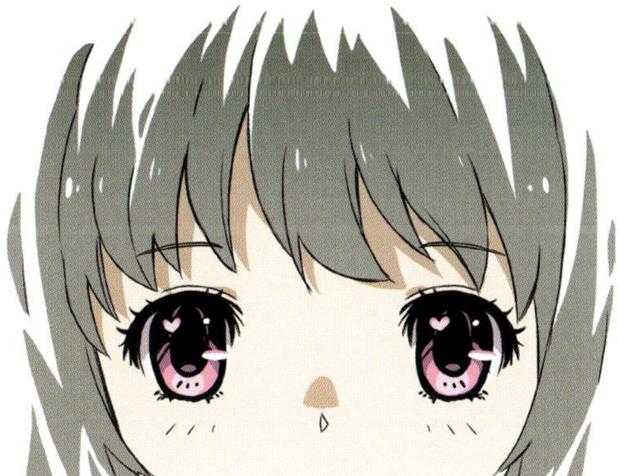

DIE GRUNDLAGEN

Die drei Grundansichten des Kopfes sind: Vorder-, Seiten- und Dreiviertelansicht. Fashion-Posen werden aus vielen verschiedenen Perspektiven gezeichnet. Daher müssen wir unterschiedliche Kopfansichten beherrschen.

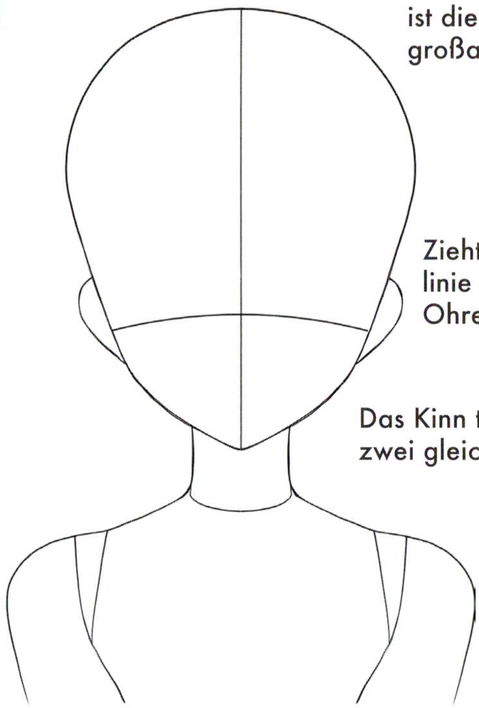

Vorderansicht

Beachtet, dass Augen, Nase und Mund in der unteren Gesichtshälfte liegen.

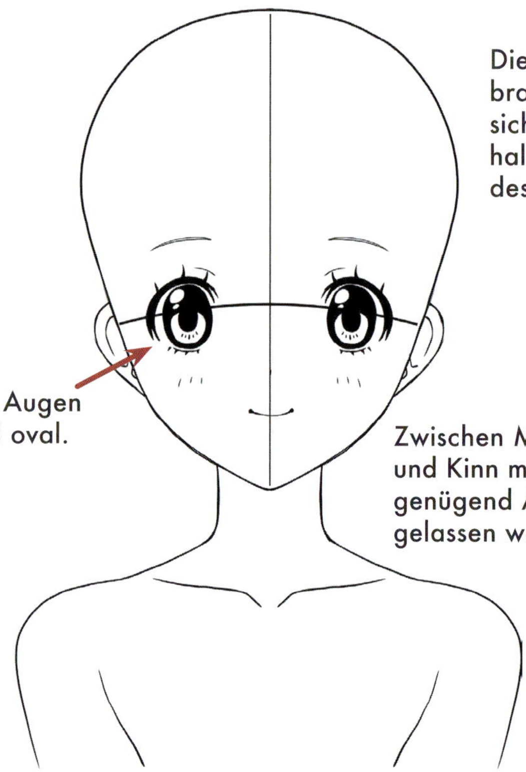

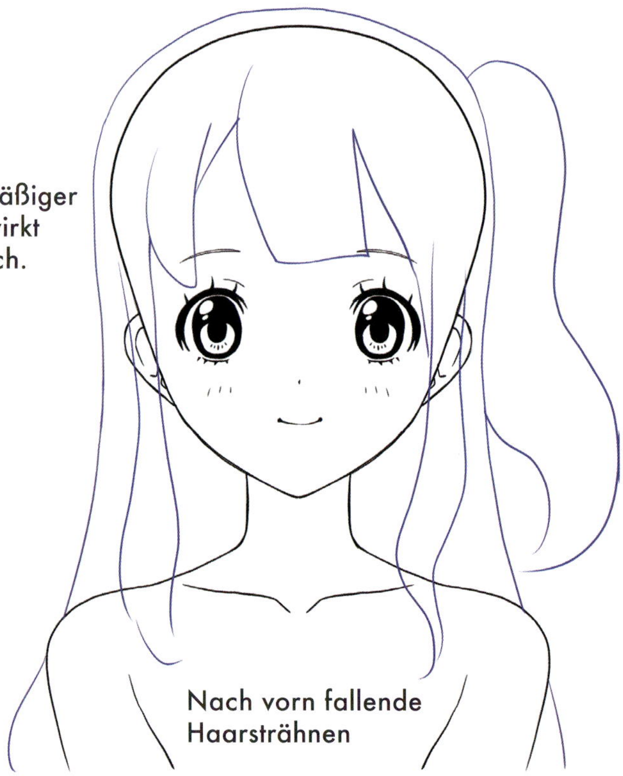

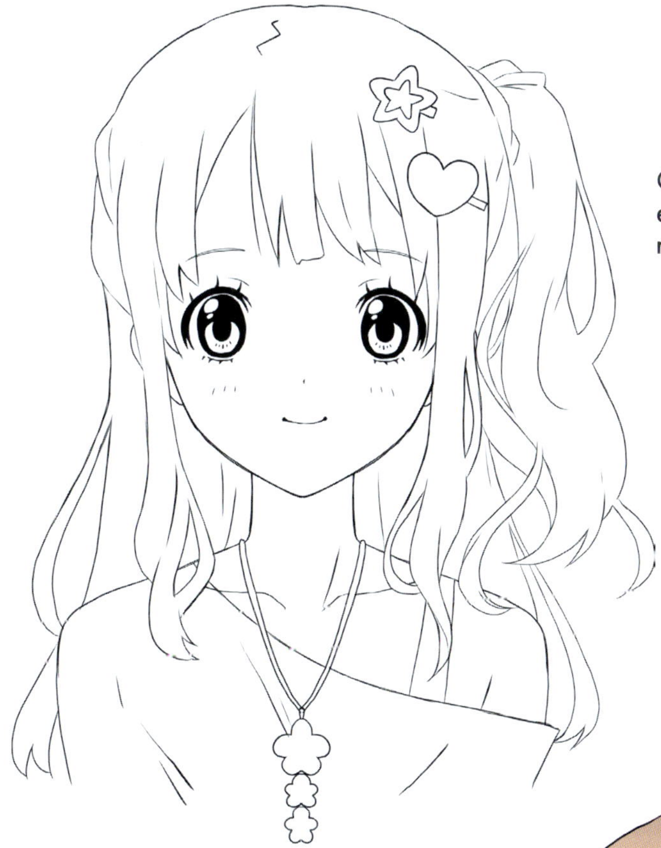

Gebt den Haaren einen lockeren und natürlichen Look.

Die lockigen Haarsträhnen teilen sich und fließen wieder zusammen.

Haarschmuck und eine Kette mit Anhänger vervollständigen den Look.

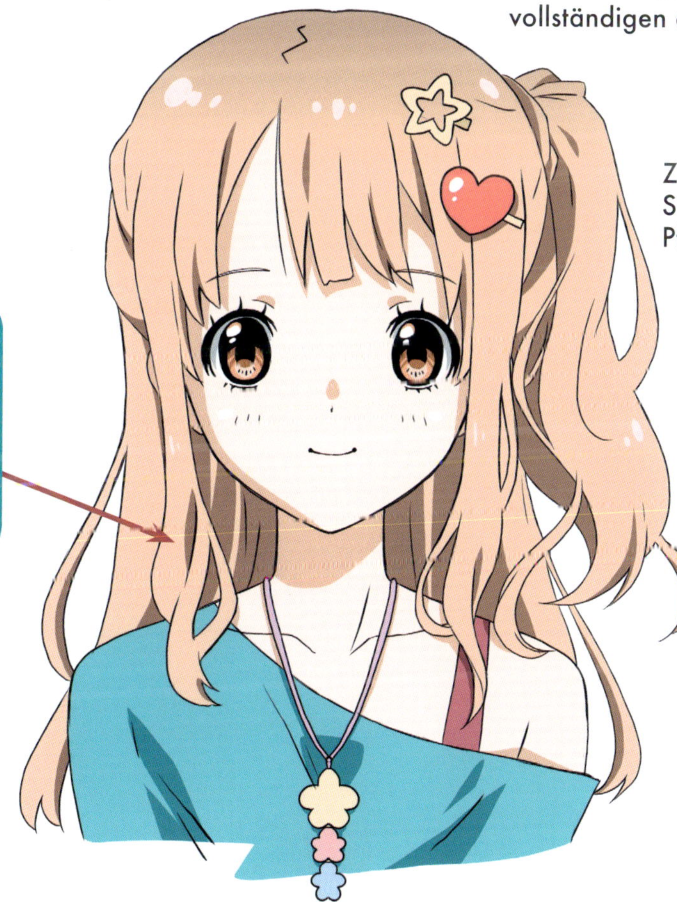

Zeichnet einen zur Seite abstehenden Pferdeschwanz.

KLEINER TIPP

Die hinten sichtbare Haar-Innenseite wird leicht abgeschattet. So entsteht der Eindruck räumlicher Tiefe.

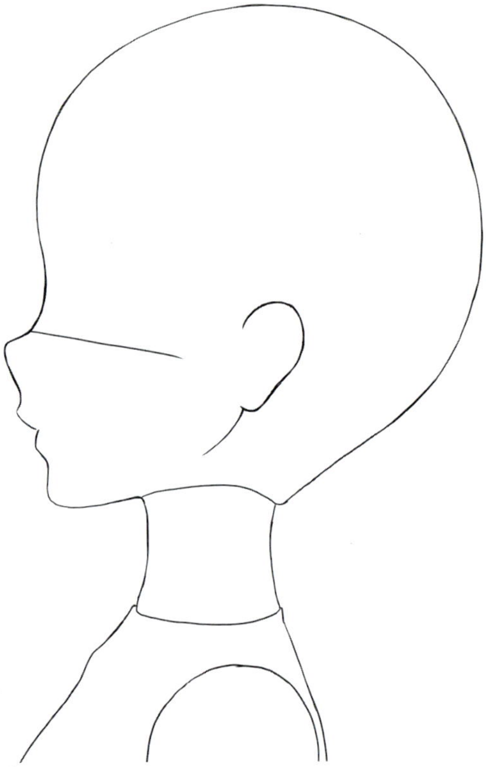

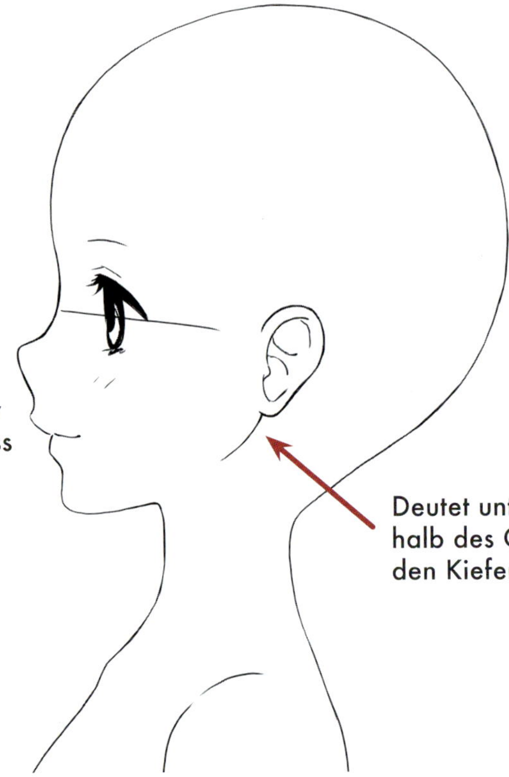

Seitenansicht

Die Seiten- oder Profilansicht ist eine gute Möglichkeit, einen besonders niedlichen Charakter zu gestalten. Um das zu erreichen, nutzt ihr sanfte, geschwungene Linien, keine eckigen. In der Seitenansicht gibt es zwei entscheidende Bogenformen:

- die auswärts geschwungene Stirn
- den einwärts geschwungenen Nasenrücken.

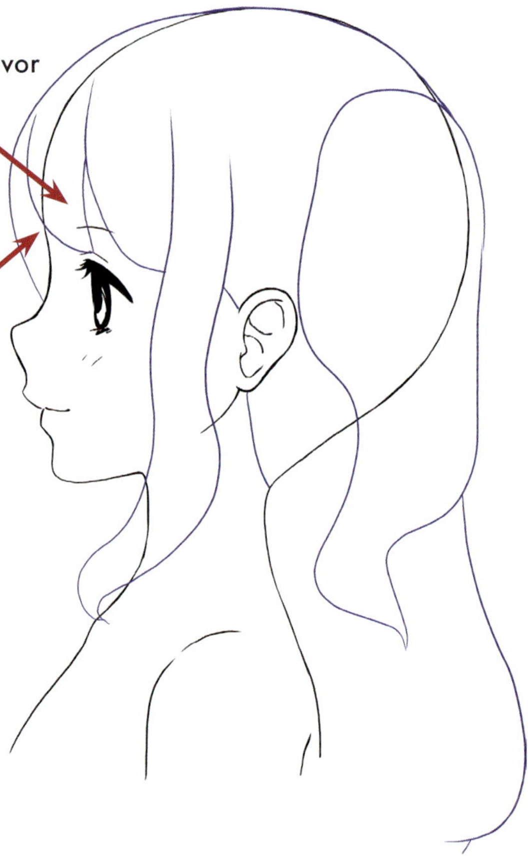

Die Augenlider werden nicht als vollkommen geschlossene Linie gezeichnet.

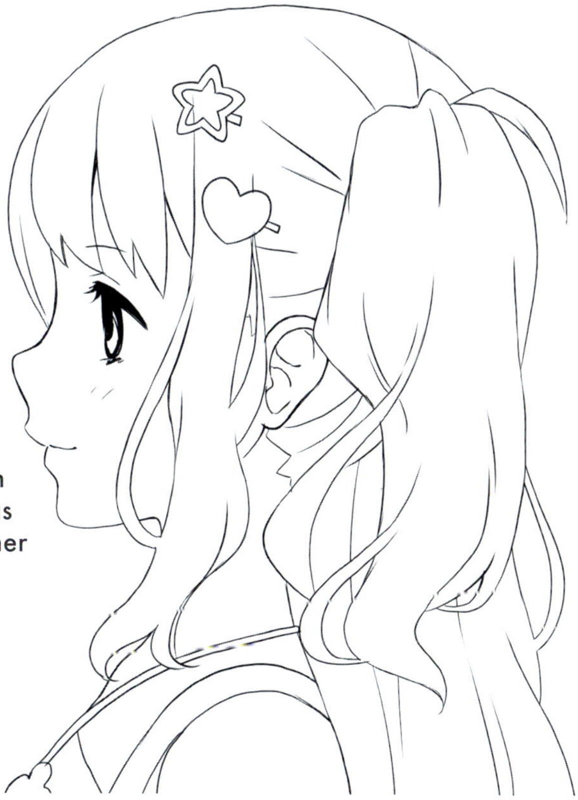

Bei kindlichen Figuren ist das Kinn schwächer ausgeprägt.

In der Seitenansicht ist das Auge nach hinten versetzt.

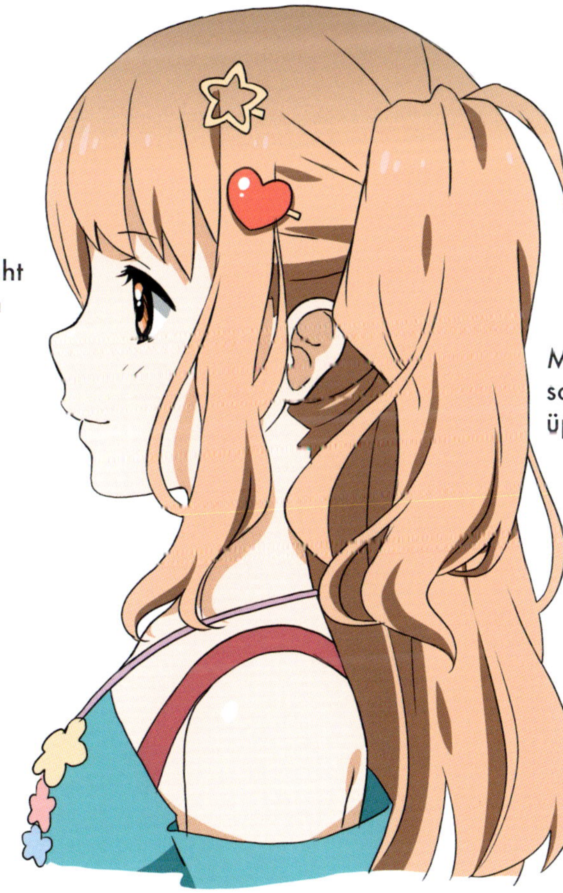

Mehrere Haarschichten schaffen einen reizvollen, üppigen Look.

Dreiviertelansicht von links

Die Dreiviertelansicht ist ein Mittelding zwischen Vorder- und Seitenansicht. Der Umriss der unteren Gesichtshälfte verändert sich, sodass der Wangenknochen auf der abgewandten Seite deutlich hervortritt.

Die Mittellinie verläuft bogenförmig, nicht gerade.

Wangenknochen

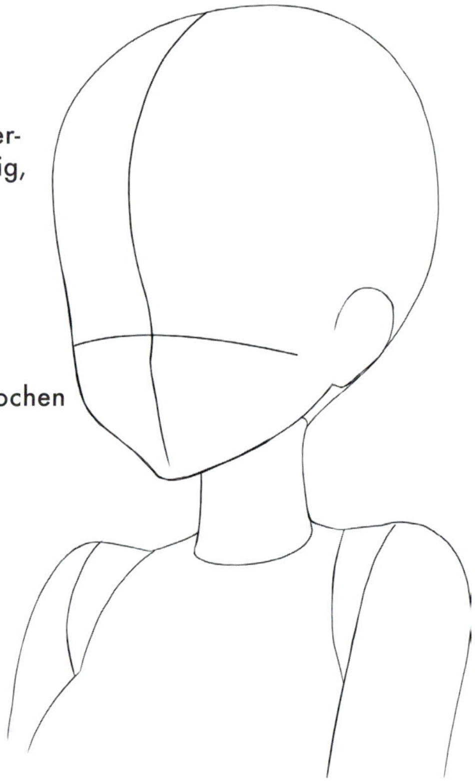

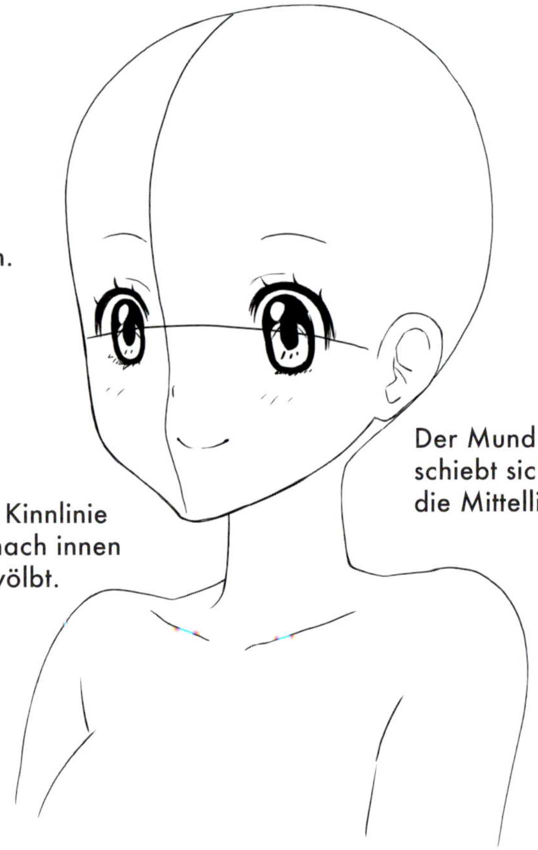

Der Mund verschiebt sich vor die Mittellinie.

Die Kinnlinie ist nach innen gewölbt.

Der Pferdeschwanz setzt oben am Kopf an.

Fransige Strähnen sorgen für einen natürlichen Look.

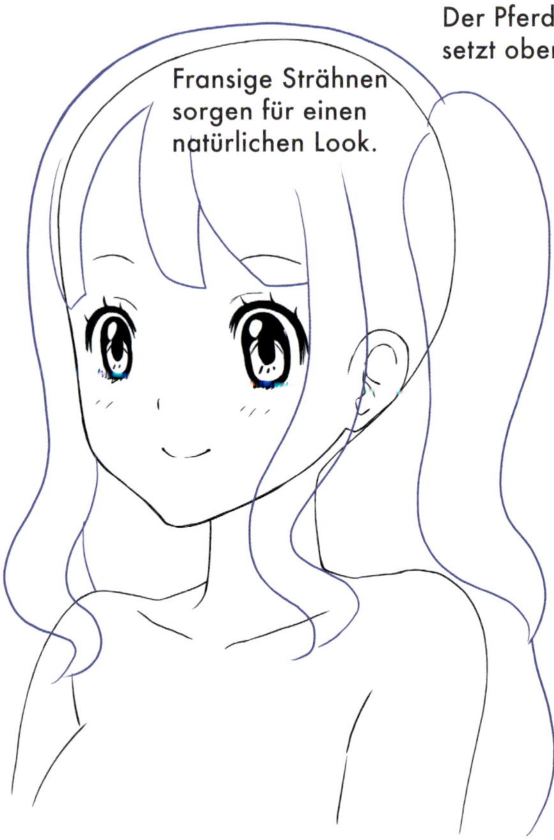

Nach unten hin wird das Haar gewellter.

Die Accessoires sollten nicht größer als die Augen sein, sonst lenken sie von ihnen ab.

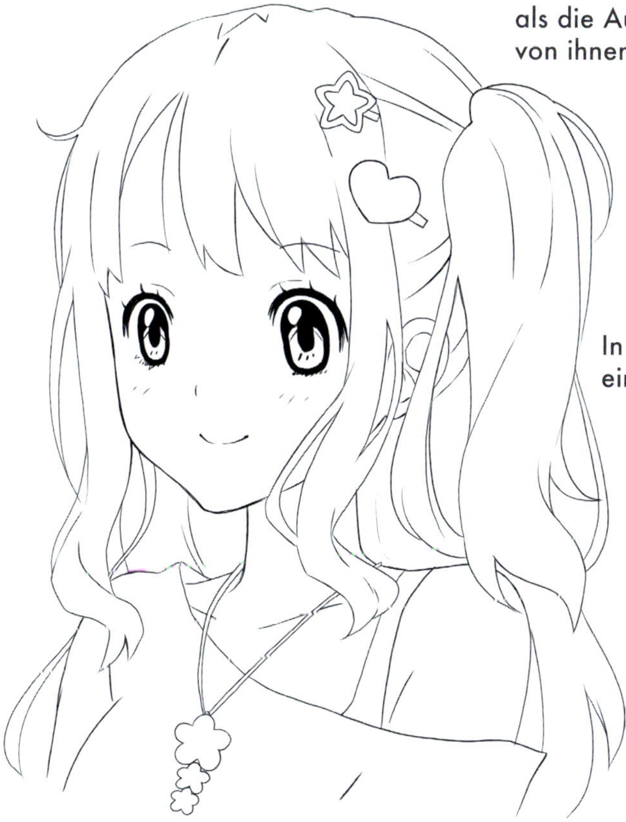

In der Dreiviertelansicht ist nur einer der seitlichen Zöpfe zu sehen.

Der gefranste Pony führt um die Stirn herum.

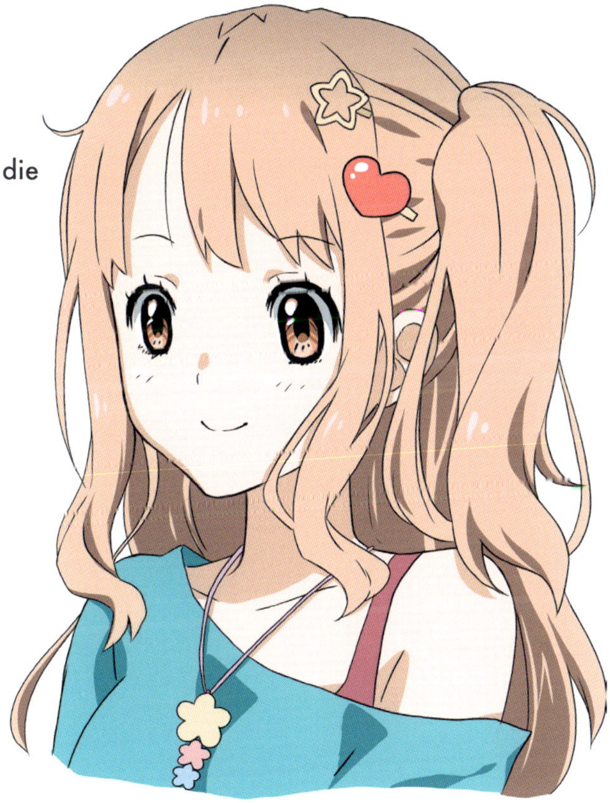

TIPP: PERSPEKTIVE

Der Abschnitt von der hinteren Schulter bis zum Hals ist kürzer als der von der vorderen Schulter bis zum Hals.

AUSDRUCKSSTARKE AUGEN ZEICHNEN

Wie man ausdrucksstarke Manga-Augen zeichnet? Schritt für Schritt! Haltet euch an die einfache Anleitung, und ihr werdet faszinierende Augen erhalten.

1

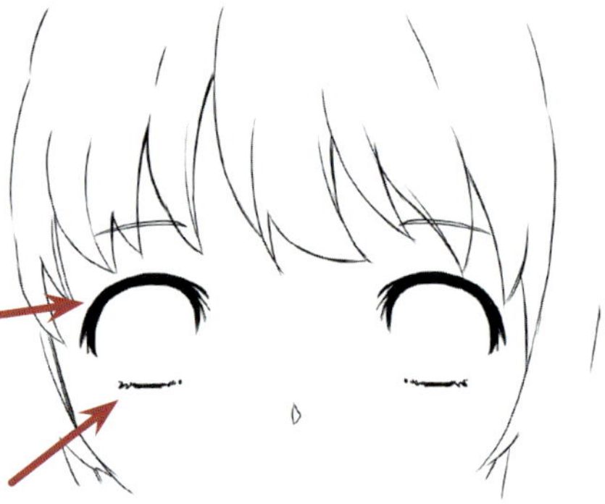

2

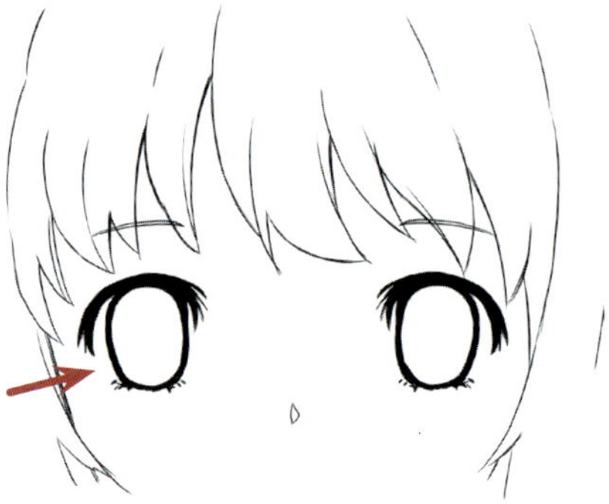

3

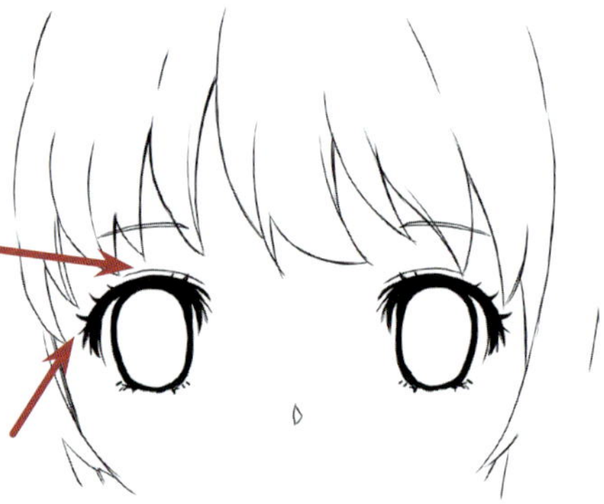

4

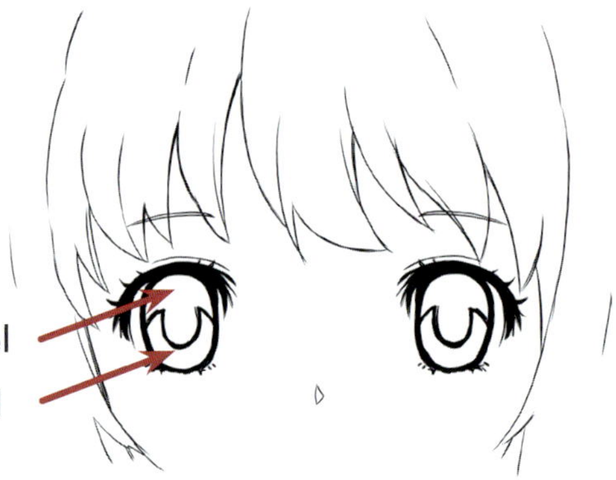

5

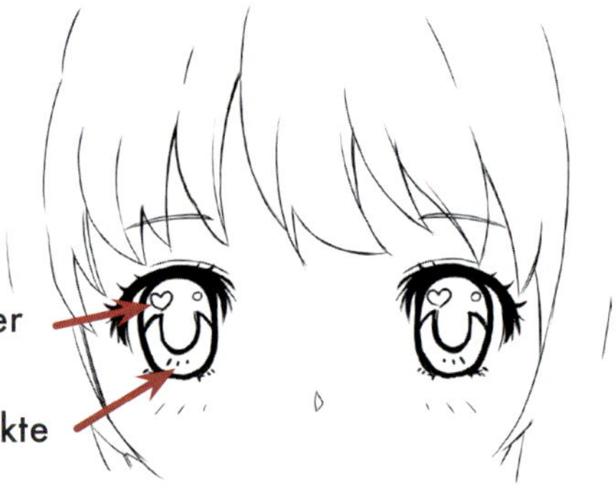

6

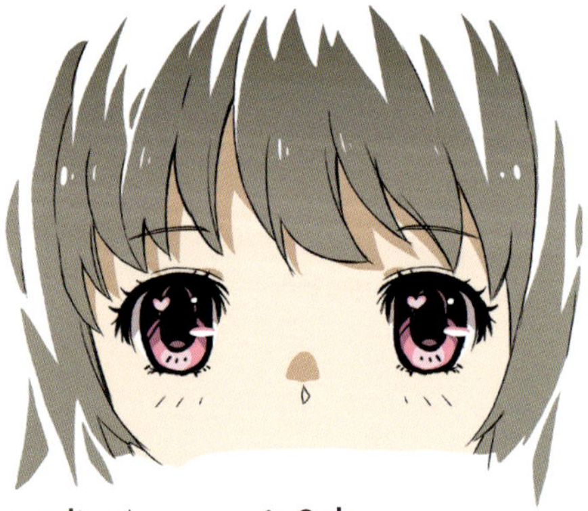

Arbeitet die Augen mit Schwarz, Weiß und einer beliebigen Farbe aus, und werdet dabei von oben nach unten heller.

Probiert diese verbreiteten Augenformen aus. Einen glamouröseren und intensiveren Ausdruck erreicht ihr, indem ihr die Wimpern verlängert und die Lider farbig gestaltet.

ATTRAKTIVE VARIANTEN

SCHWERMÜTIG

Ein schwermütiger Augenausdruck ist reizvoll. Die Lider sollten so aussehen, als würden sie schwer auf dem Augapfel lasten.

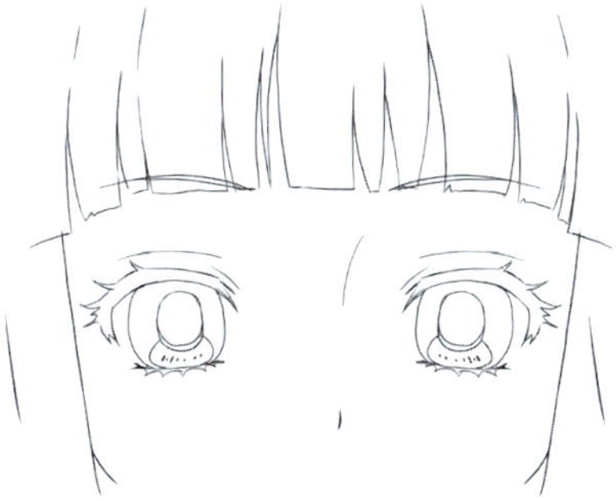

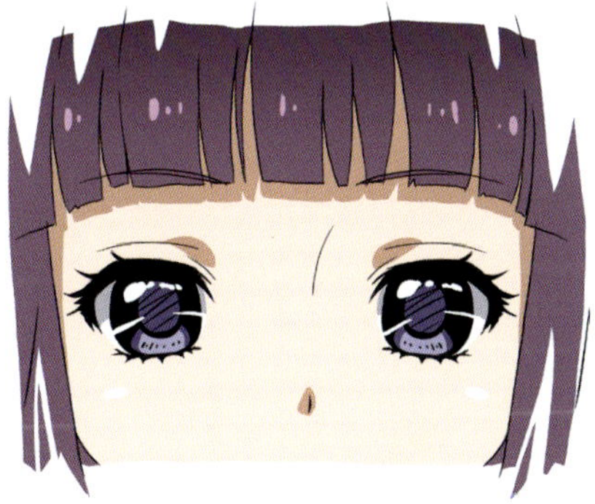

LEBHAFT

Weit geöffnete Augen sorgen für einen lebhaften Ausdruck. Beginnt mit großen Ovalen für die Augäpfel und verteilt reichlich Glanzlichter.

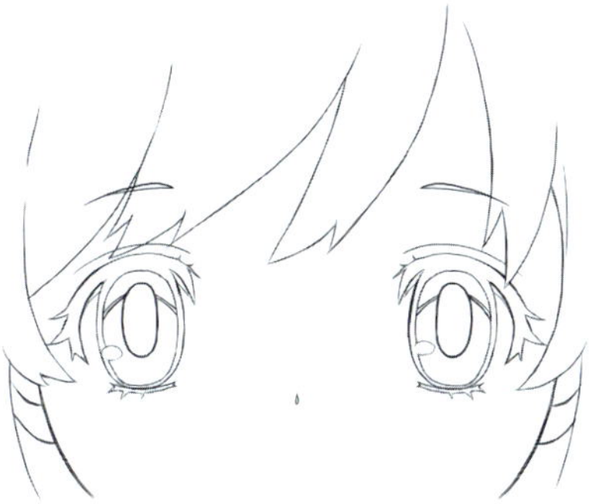

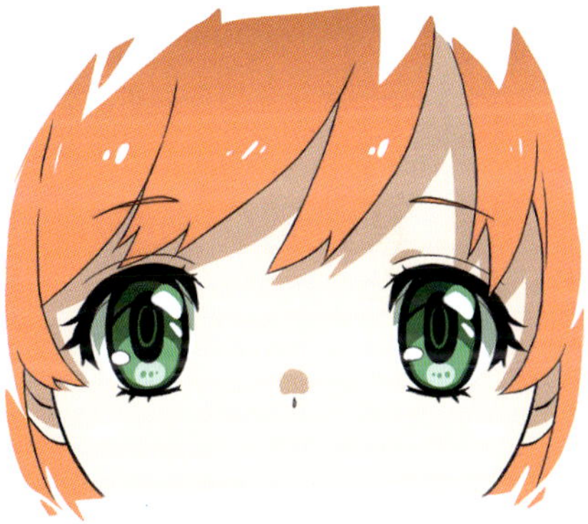

EXTRA-GLAMOURÖS

Zeichnet einige der Glanzlichter in Sternform. Aber auch rechteckige Glanzlichter verstärken den funkelnden Ausdruck.

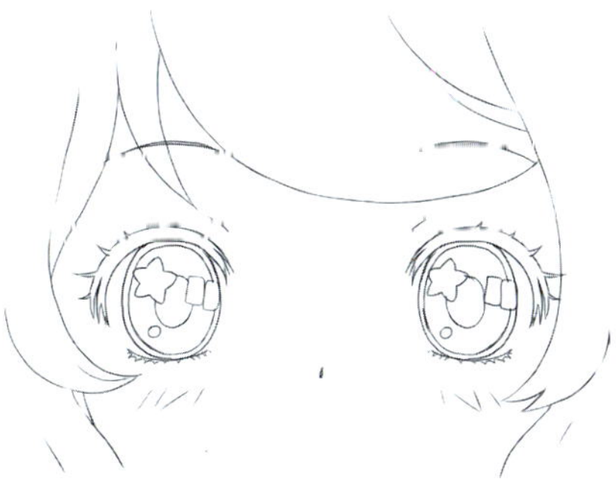

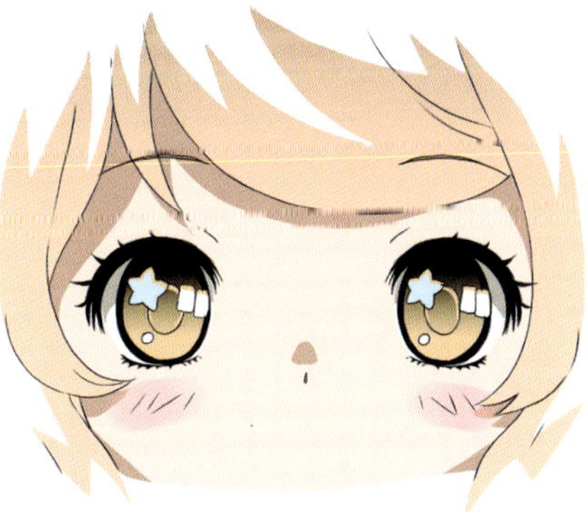

STYLISHE FRISUREN

Auch wenn jede Saison neue Looks bringt, kommen die Manga-Grundfrisuren nie aus der Mode. Hier seht ihr, wie man sie zeichnet.

Zeichnet die Stirn extra groß. So gebt ihr der Frisur mehr Raum.

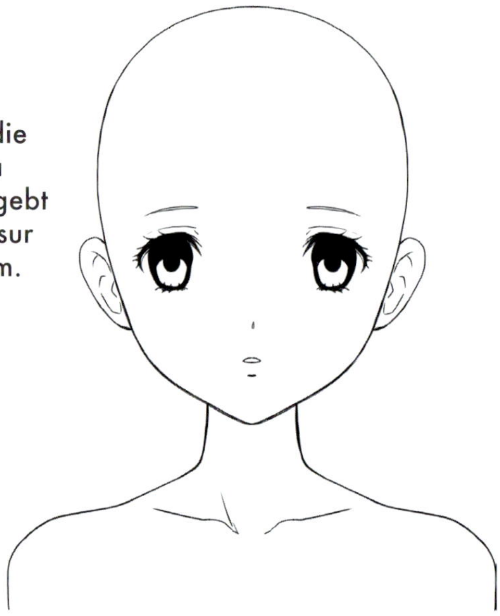

Auf halber Höhe des Kopfes beginnen die Haare sich zu locken.

Die inneren Haarsträhnen verdecken teilweise das Gesicht.

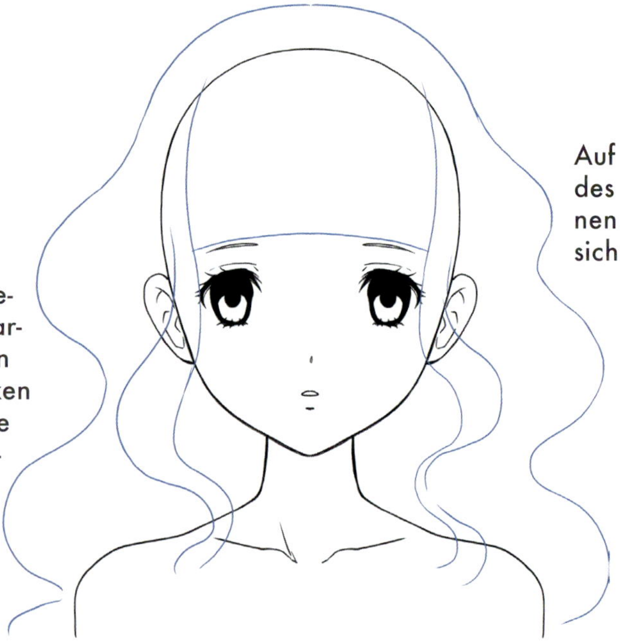

Durch Ponyfransen könnt ihr die Ausrichtung der Frisur deutlich machen.

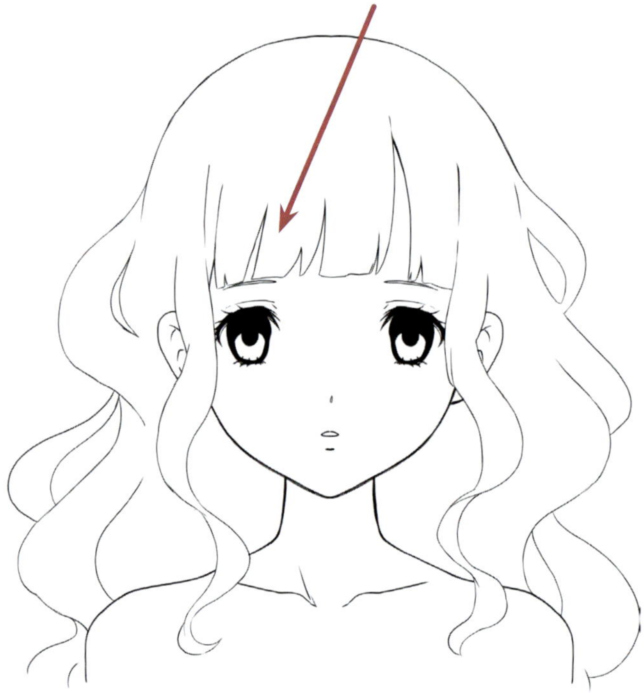

Der Schatten unter dem Pony vermittelt Tiefe.

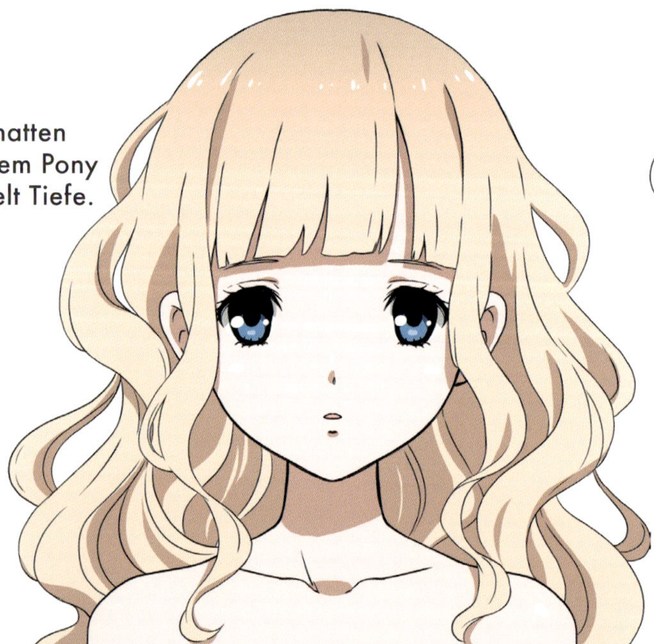

Lockenpracht

Die weiche Lockenpracht zaubert einen hinreißenden Look für bildhübsche Figuren.

Natürlich

Dieser beliebte Look ist cool, casual
und ein bisschen mysteriös!

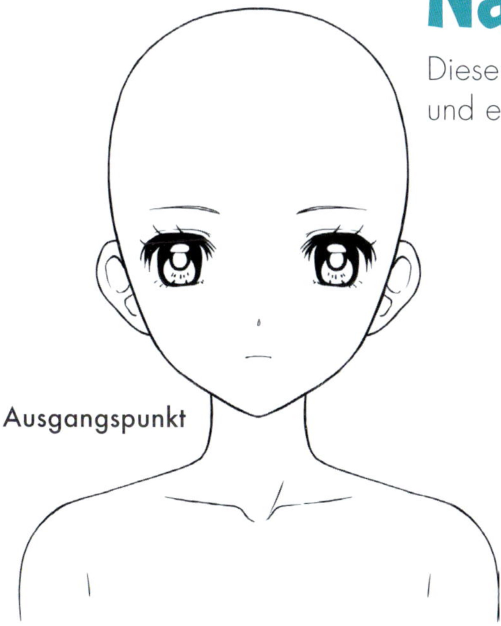

Ausgangspunkt

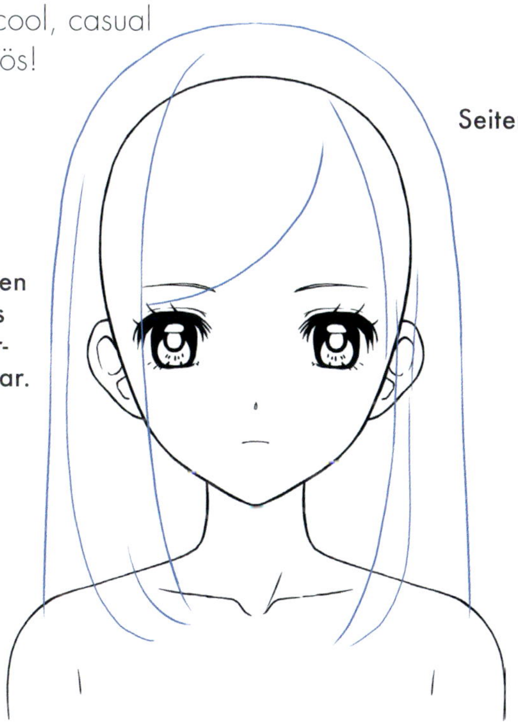

Seitenpartie

Die Haare fallen leicht über das Auge oder verdecken es sogar.

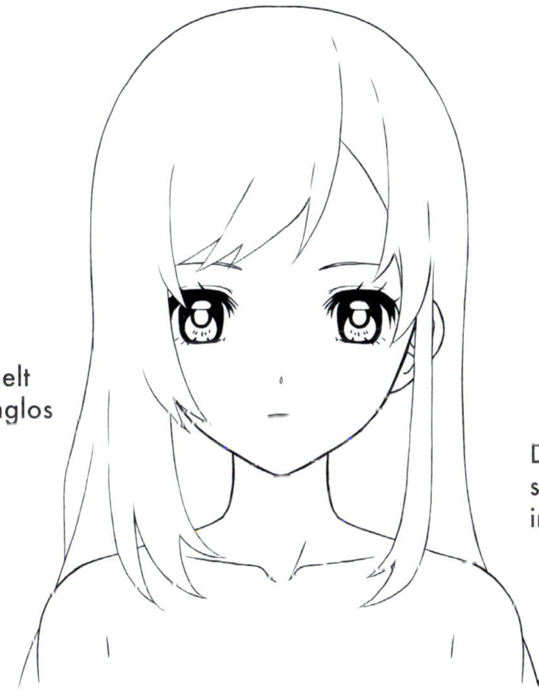

Verwuschelt und zwanglos

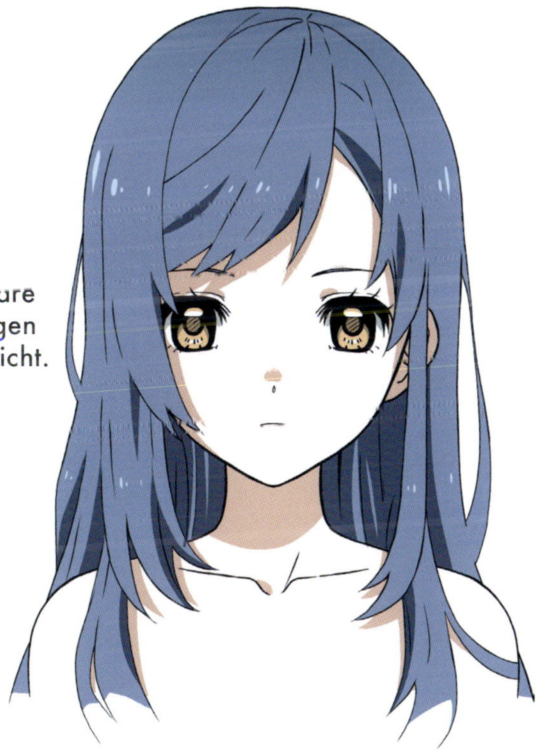

Die Haare schwingen ins Gesicht.

Hohe Zöpfe

Dieser Style funktioniert gut bei High-School-Girls und älteren Teenies.

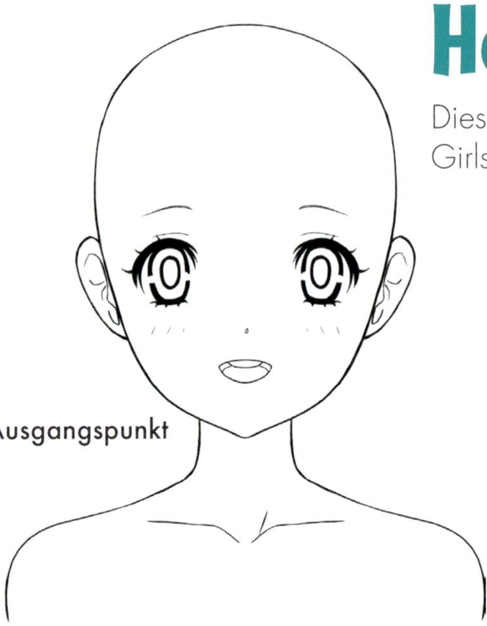

Ausgangspunkt

Den Pony in drei Abschnitte teilen.

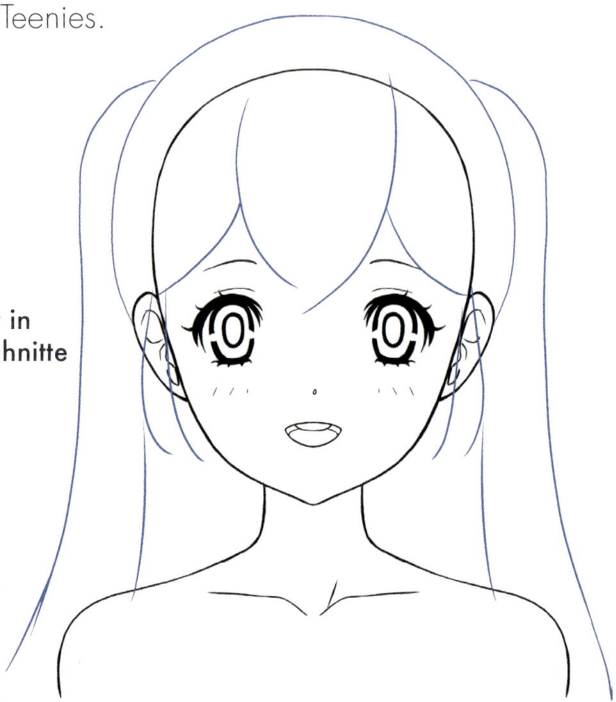

Der Zopf fällt hinter die Schultern.

Einzelne Strähnen stehen ab.

Kürzere Strähnen

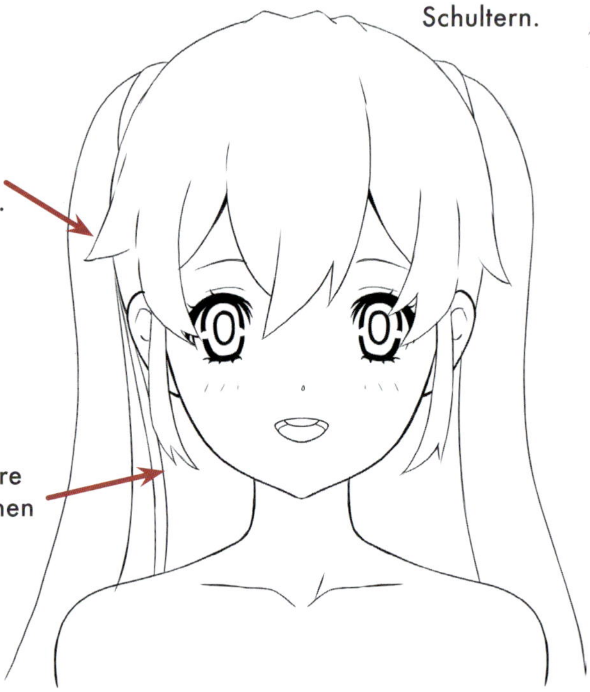

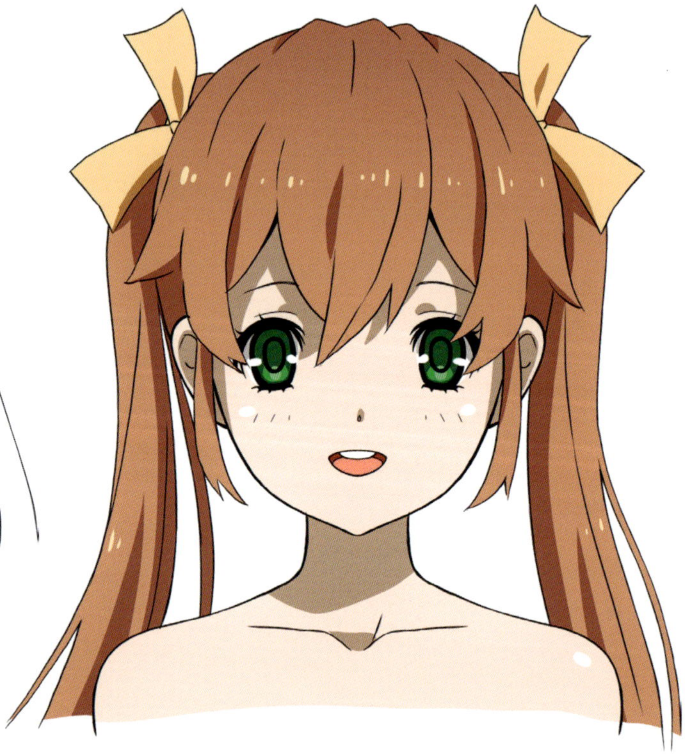

Die hohen Zöpfe verlaufen schwungvoll, sie hängen nicht einfach herab.

Tiefe Zöpfe

Dieser Stil ist besonders gut für Mädchen im beginnenden Teenageralter geeignet.

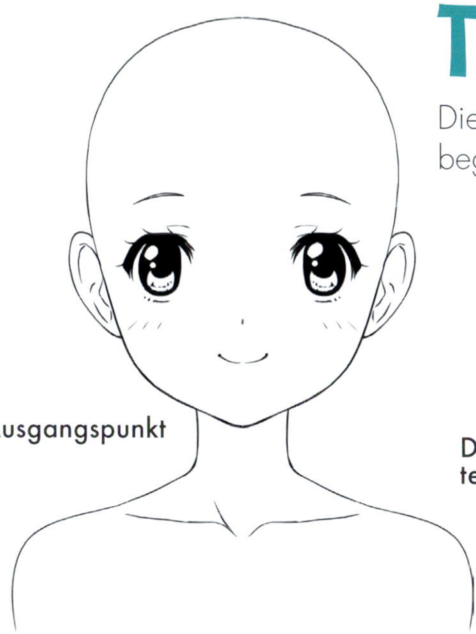

Ausgangspunkt

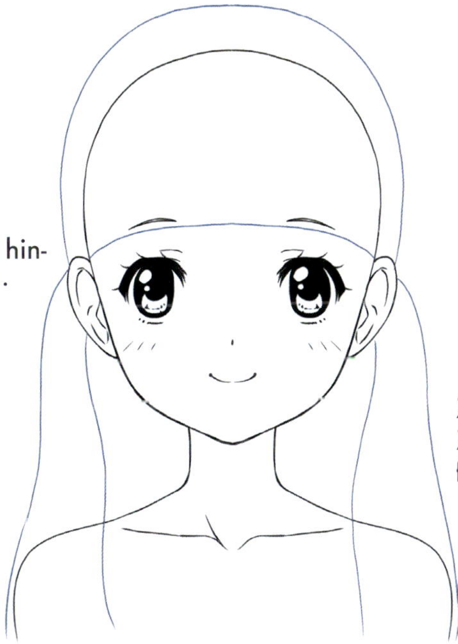

Die Zöpfe setzen hinter den Ohren an.

Zeichnet die Zöpfe locker fallend.

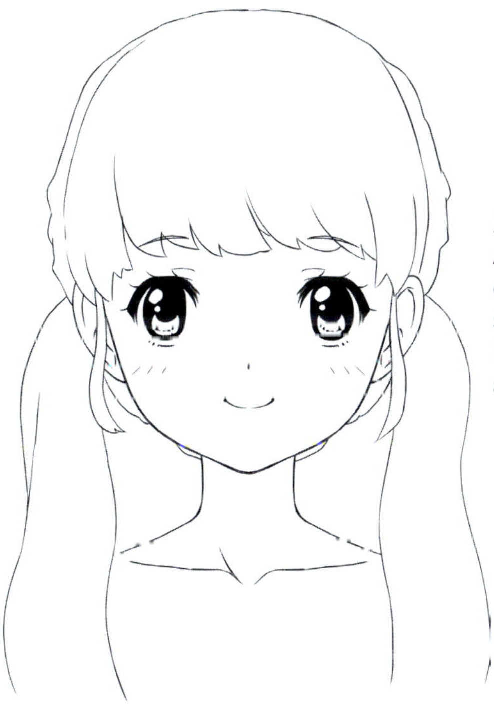

Zeichnet die Augenbrauen, auch wenn sie unter dem Pony verschwinden.

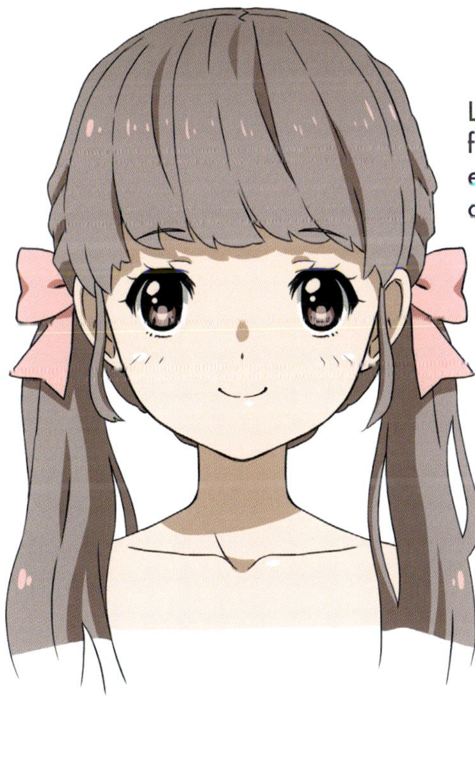

Lockere Ponyfransen für einen natürlichen Look

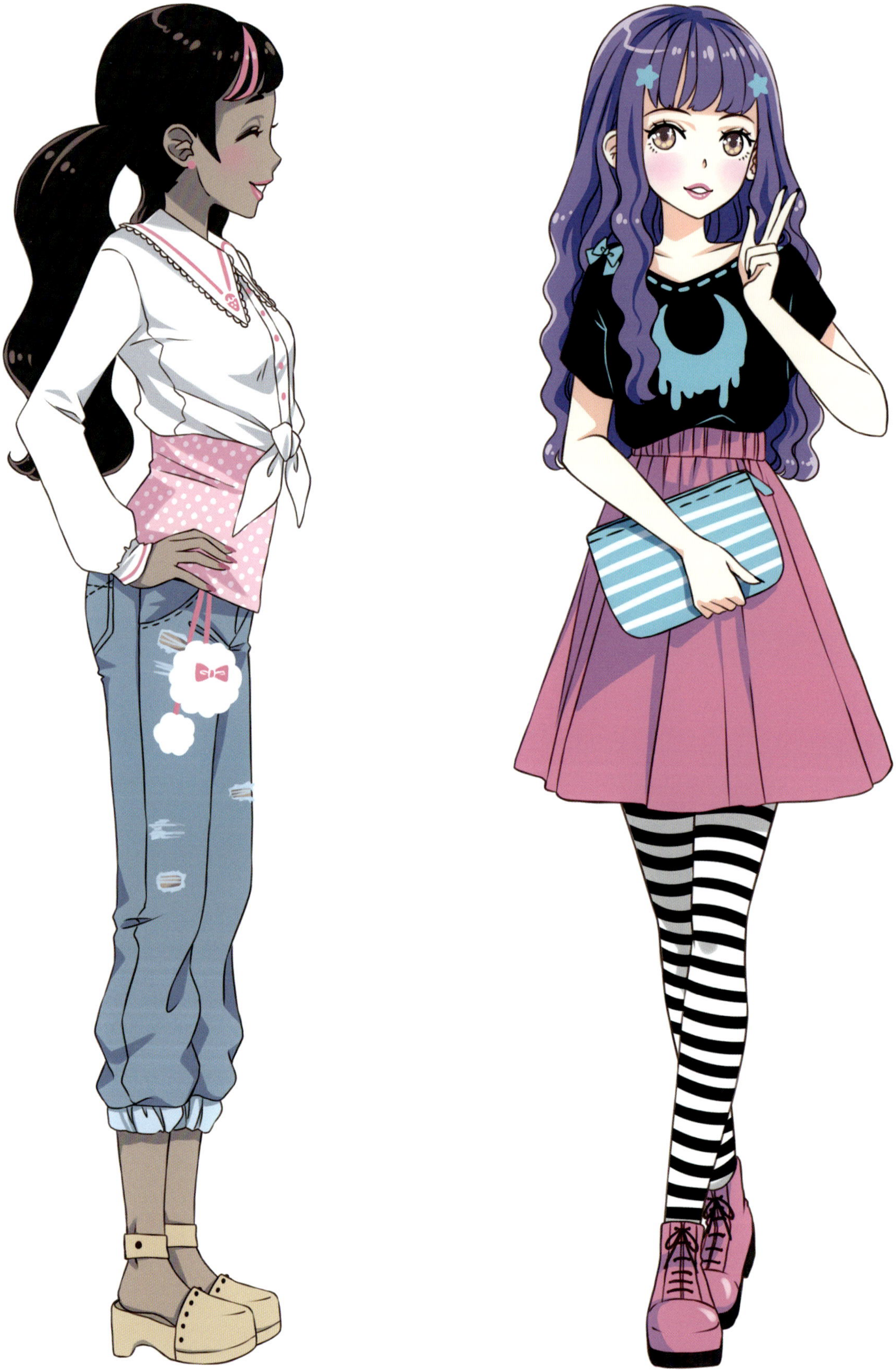

Grundlagen: Körper und Outfits

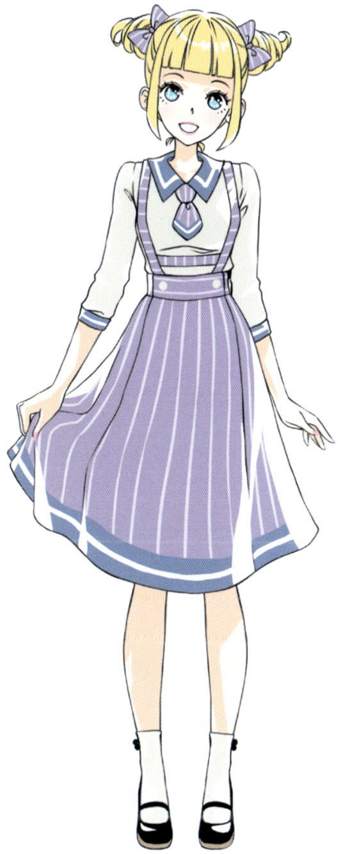

In diesem Kapitel zeige ich euch, wie ihr eine breite Palette gängiger Outfits zeichnet. Am Anfang jeder Anleitung steht der Körper der Figur – denn damit beginnt alles.

Anschließend ergänzen wir die klassischen Outfits eurer Lieblingsfiguren. Doch zuallererst widmen wir uns den Standardlängen von Ärmeln, Röcken und Kleidern.

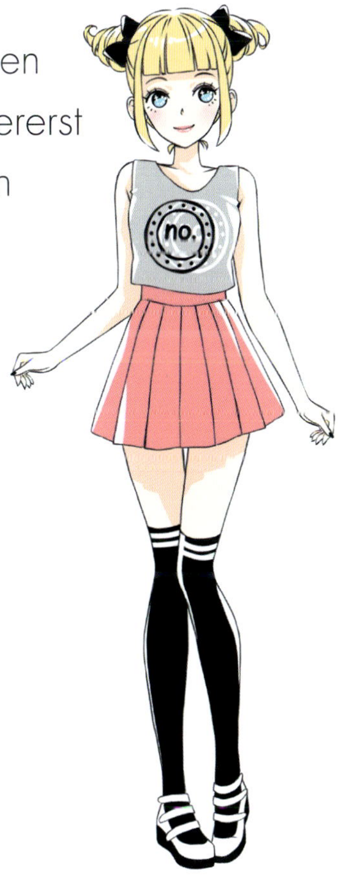

ÄRMEL- UND ROCKLÄNGEN

Die Standardlängen von Ärmeln und Röcken sorgen dafür, dass eure Zeichnungen ansprechend aussehen. Die Standardlängen sind alles andere als willkürlich. Sie lassen die Figur im besten Licht erscheinen. Die richtigen Längen sagen dem Betrachter, dass ihr den Look verstanden habt.

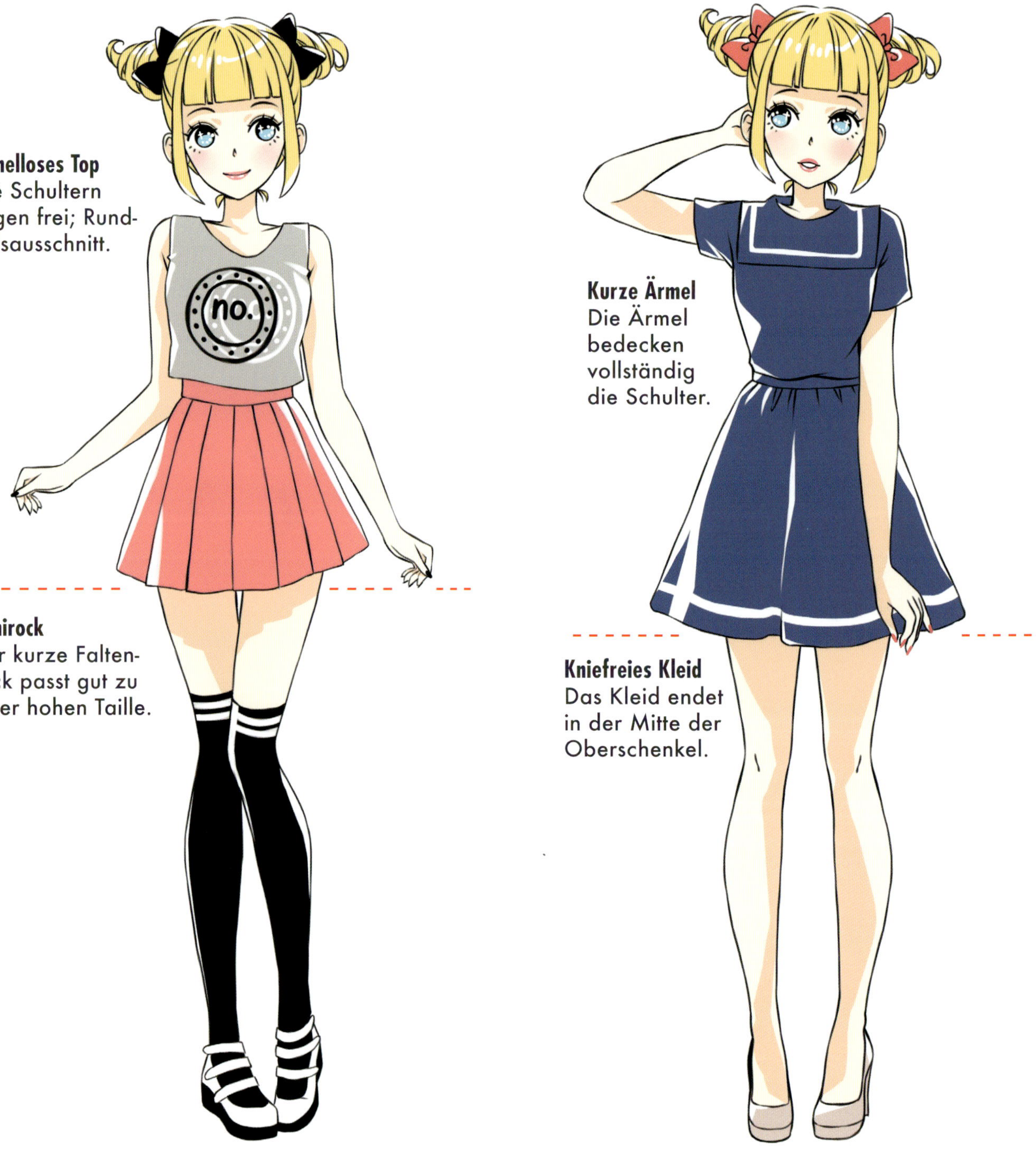

Ärmelloses Top
Die Schultern liegen frei; Rundhalsausschnitt.

Minirock
Der kurze Faltenrock passt gut zu einer hohen Taille.

Kurze Ärmel
Die Ärmel bedecken vollständig die Schulter.

Kniefreies Kleid
Das Kleid endet in der Mitte der Oberschenkel.

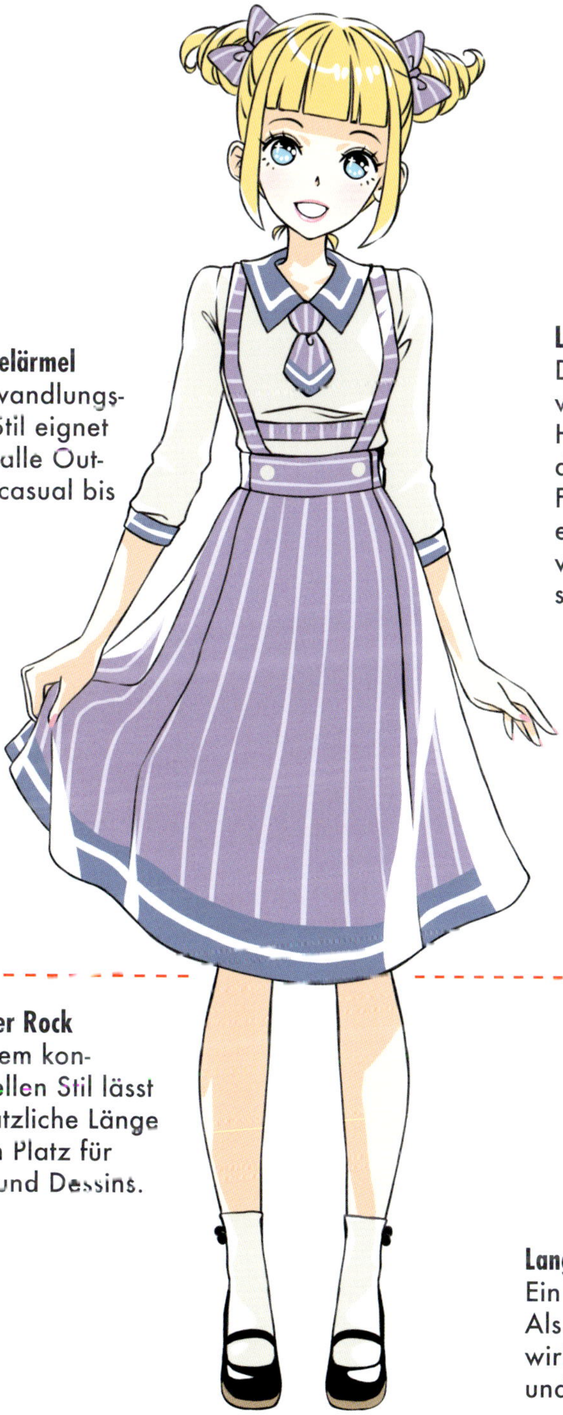

Dreiviertelärmel
Dieser wandlungsfähige Stil eignet sich für alle Outfits von casual bis trendy.

Knielanger Rock
Bei diesem konventionellen Stil lässt die zusätzliche Länge reichlich Platz für Muster und Dessins.

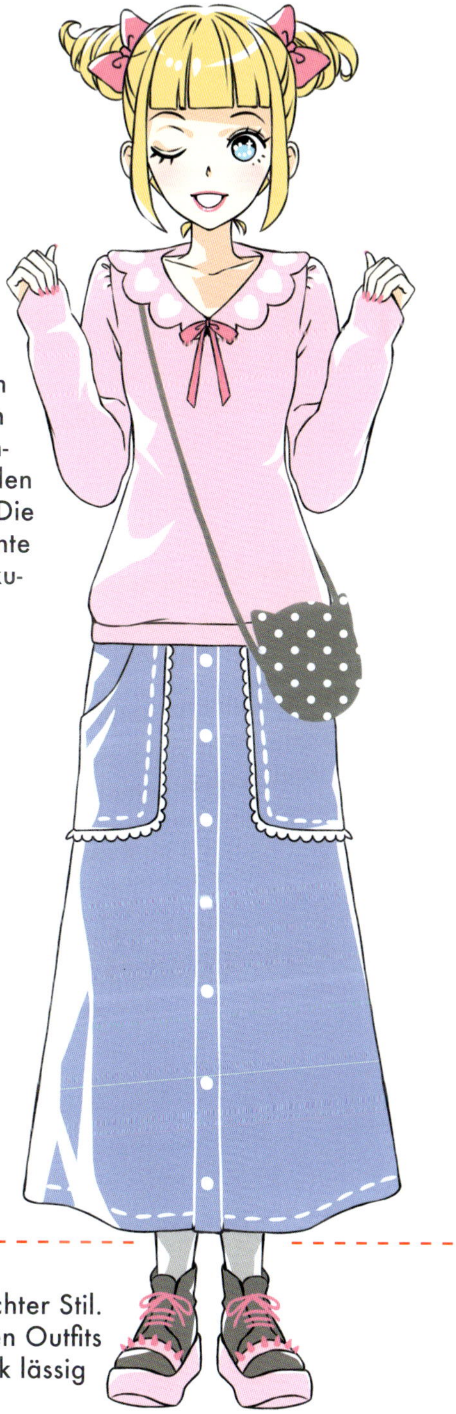

Lange Ärmel
Die Ärmel können wie üblich an den Handgelenken enden oder bis zu den Fingern reichen. Die extralange Variante wirkt besonders kuschelig.

Langer Rock
Ein gefälliger, schlichter Stil. Als Teil eines legeren Outfits wirkt der lange Rock lässig und natürlich.

VOM KÖRPER ZUM KOMPLETTEN OUTFIT

Jeder Manga-Künstler muss drei grundlegende Outfits im Repertoire haben: einmal mit Rock, einmal mit Hose und die Schuluniform. In den Anleitungen findet ihr noch jede Menge anderer Outfits und Stile, doch diese drei Looks sind die Grundlage. Wir werden Schritt für Schritt vom Körper der Figur zum vollständig bekleideten Charakter vorgehen.

Bluse und Rock: Vorderansicht

Das folgende Outfit vereinigt mehrere beliebte Elemente:

- ein Top mit tollem Dessin
- einen schlichten Rock
- gewagte Leggings
- poppige Schuhe
- kräftige Farben

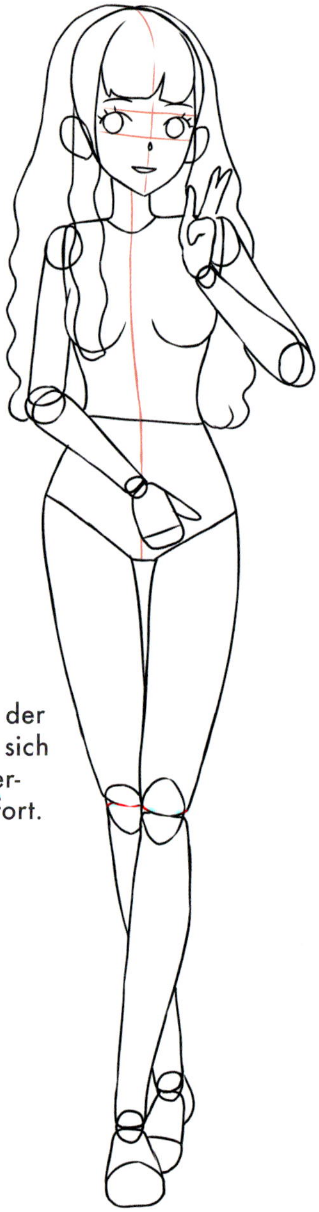

Der Bogen der Hüfte setzt sich in den Oberschenkeln fort.

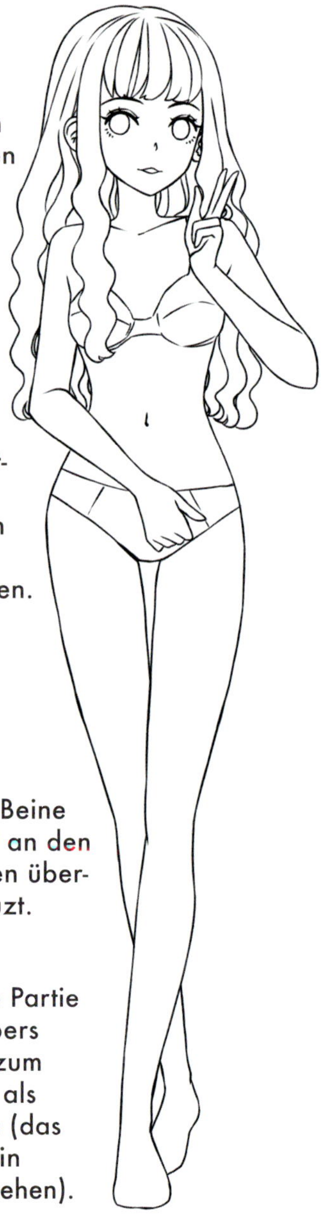

Die lockigen Haarsträhnen fallen teils vor, teils hinter die Schultern.

Die Taille entsteht durch einen sanften einwärts gewölbten Bogen.

Die Beine sind an den Knien überkreuzt.

Zeichnet die Partie vom Knie übers Schienbein zum großen Zeh als gerade Linie (das lässt das Bein elegant aussehen).

V-Ausschnitt

Wenn das Top an der Rocktaille leicht heraushängt, wirkt es seidig weich.

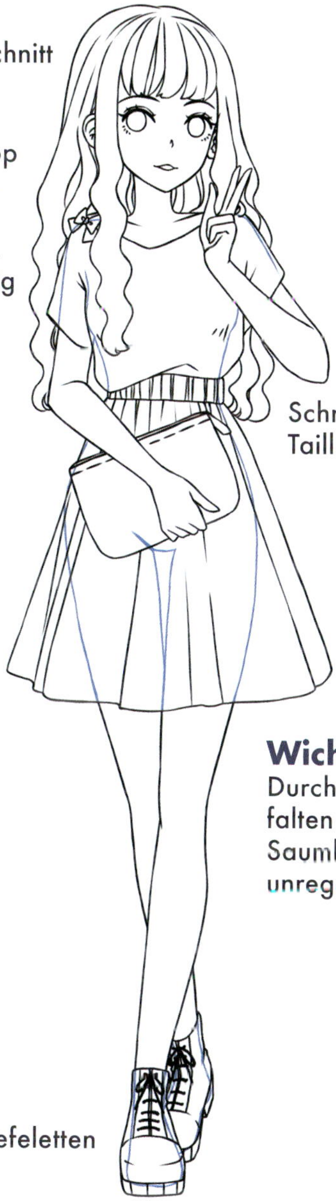

Schmale Taille

Wichtig:
Durch die Rockfalten wird die Saumlinie leicht unregelmäßig.

Stiefeletten

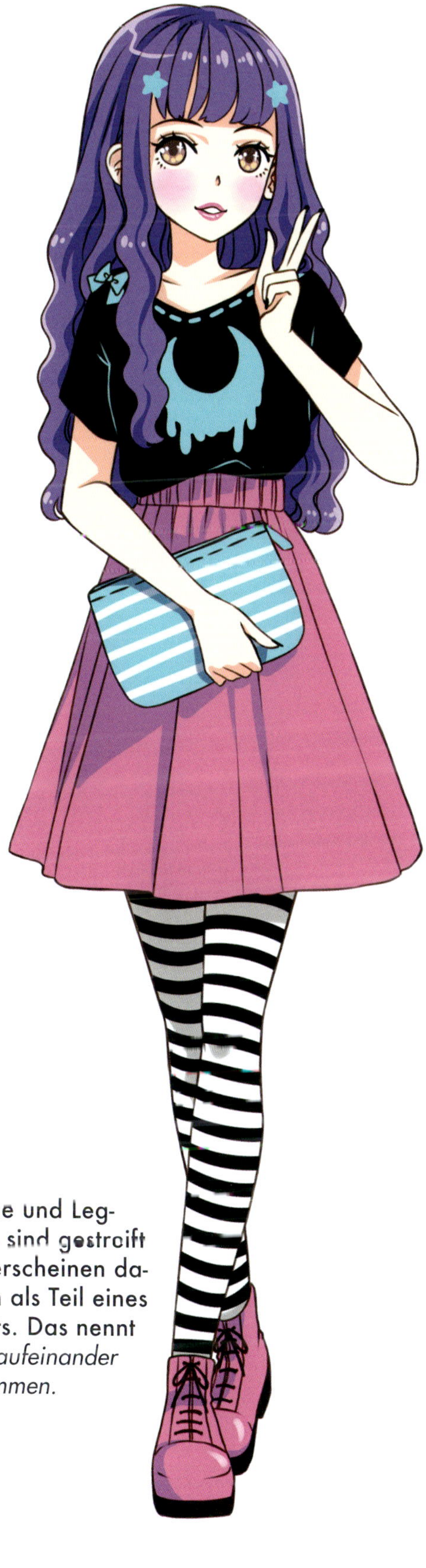

Tasche und Leggings sind gestreift und erscheinen dadurch als Teil eines Outfits. Das nennt man *aufeinander abstimmen.*

Seitenansicht

Hier ein Trick, um in einem Outfit für Abwechslung zu sorgen: Kombiniert Einzelteile mit verschiedener Passform. In diesem Beispiel sitzt das Top locker, der Rock ist weit, und die Leggings sind eng.

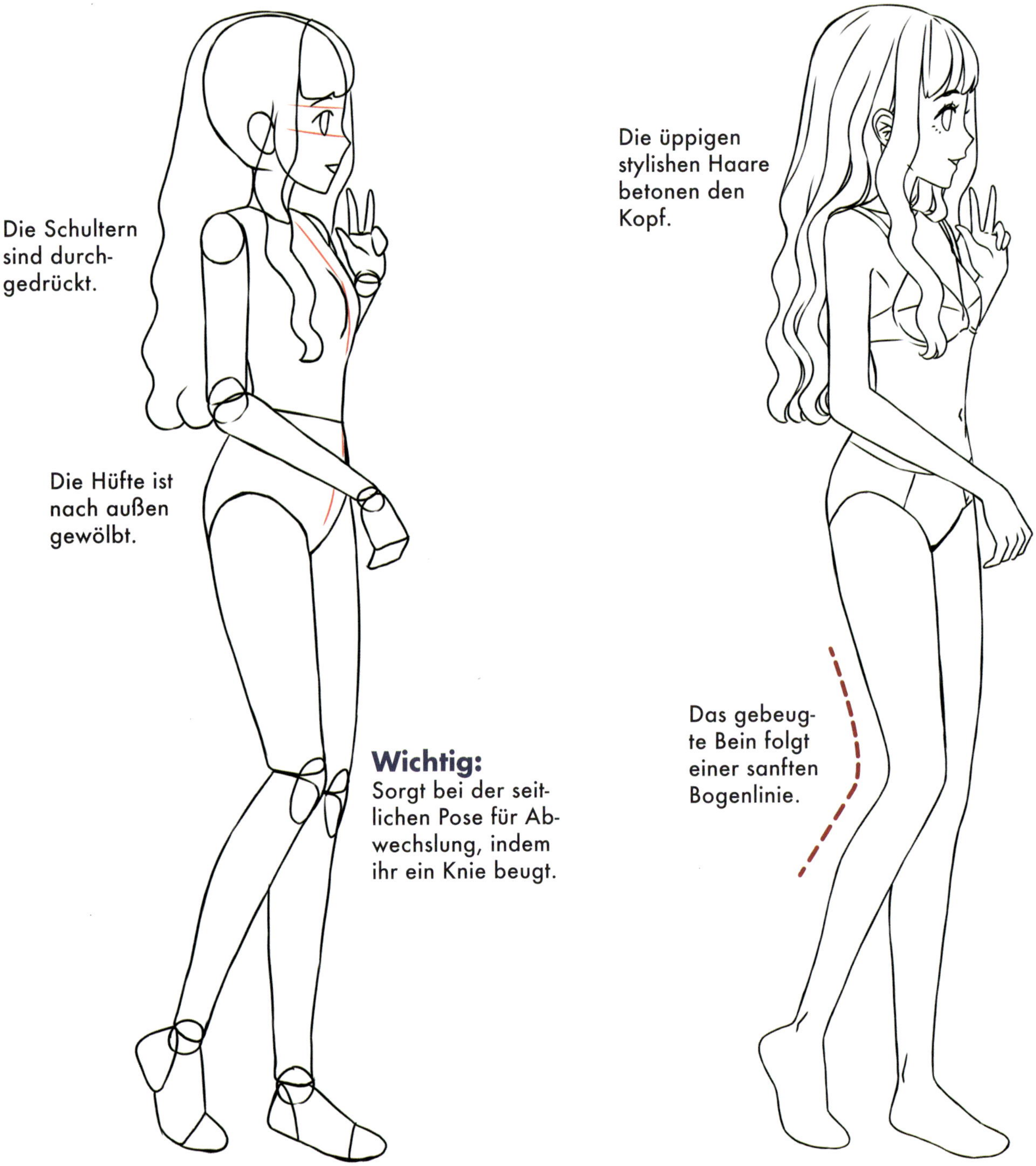

Der Ärmel sitzt locker und weit.

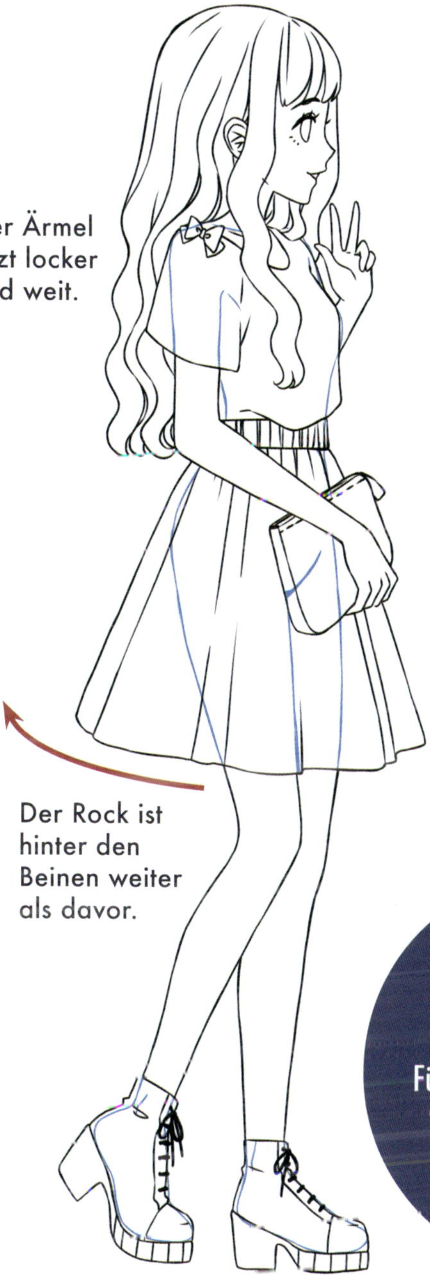

Zeichnet die Falten unregelmäßig. So sieht es natürlich aus.

Der Rock ist hinter den Beinen weiter als davor.

TIPP
Für hohe Absätze skizziert ihr zunüchst die Füße entlang einer abwärtsführenden Diagonale. So schafft ihr den Platz für die Absätze.

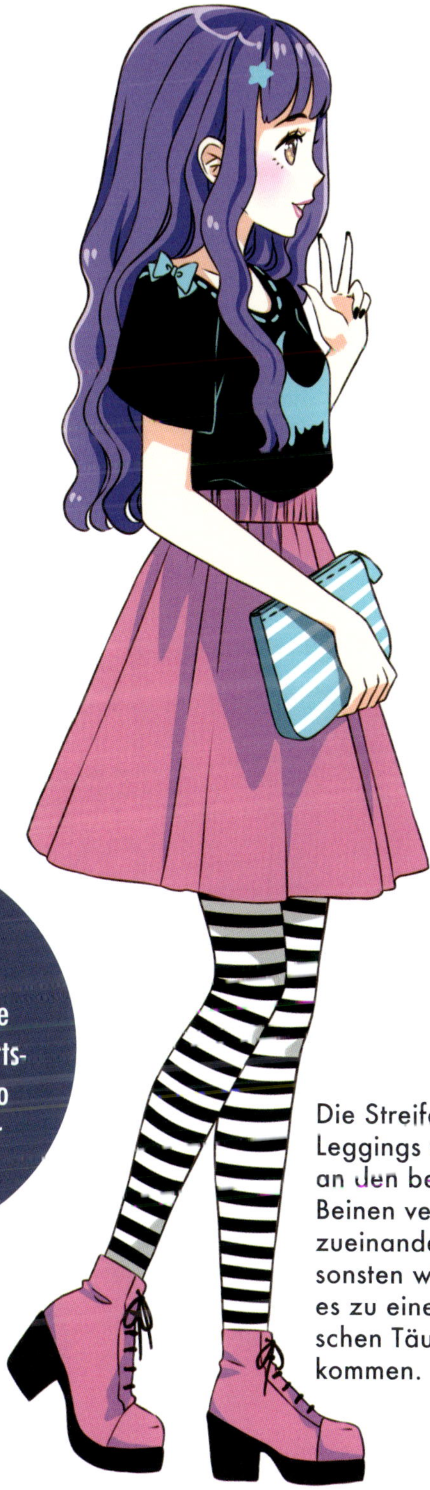

Die Streifen der Leggings verlaufen an den beiden Beinen versetzt zueinander. Ansonsten würde es zu einer optischen Täuschung kommen.

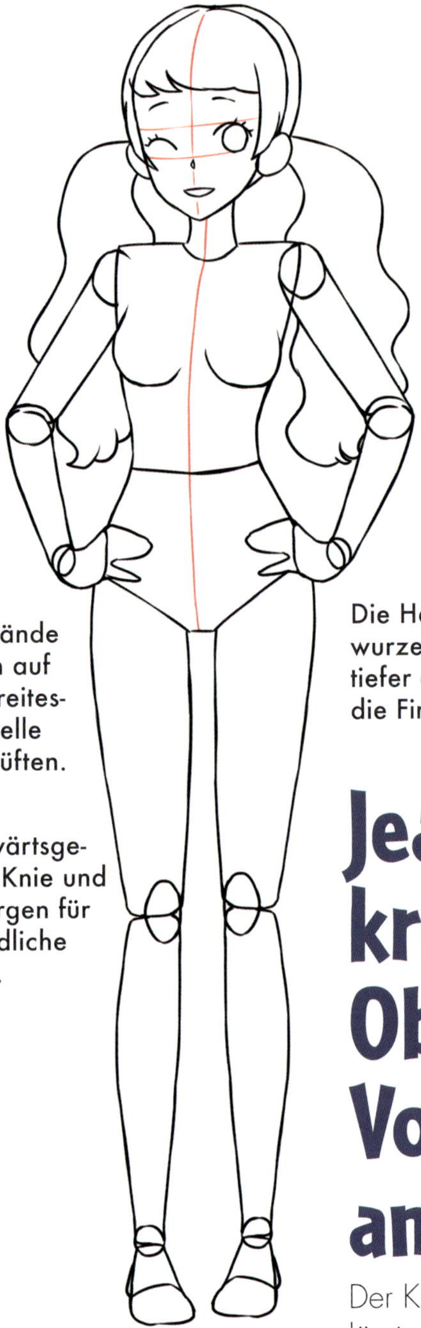

Jeans und kreatives Oberteil: Vorderansicht

Der Kniff bei Jeans ist, sie zugleich lässig und edel aussehen zu lassen. Wie wir das schaffen? Indem wir sie mit künstlichen Rissen versehen! Jedes Loch erhöht den Preis. Leider funktioniert der Trick nicht bei allem. Denn egal, wie viele Kratzer ich in mein Auto hineinfahre: Merkwürdigerweise steigert das nicht seinen Wert!

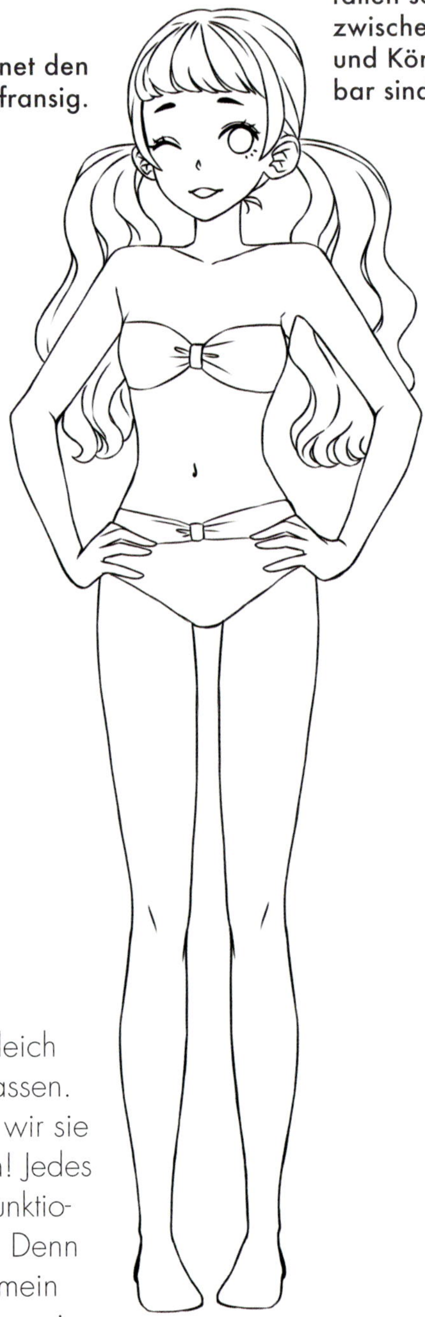

TIPP
Lasst den Stoff Falten werfen und sich bauschen. So wirkt euer Outfit realistisch.

Gerade Schultern ermöglichen den perfekten Sitz des Oberteils.

Kleidungsstücke bauschen sich häufig an ihrem unteren Rand, etwa an den Handgelenken oder am Hosensaum.

Bauschung

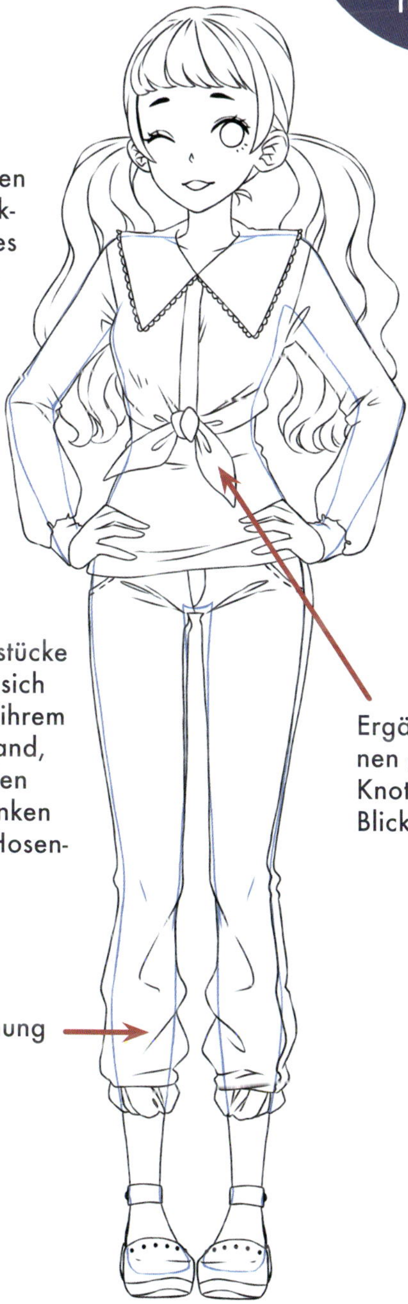

Ergänzt einen großen Knoten als Blickfänger.

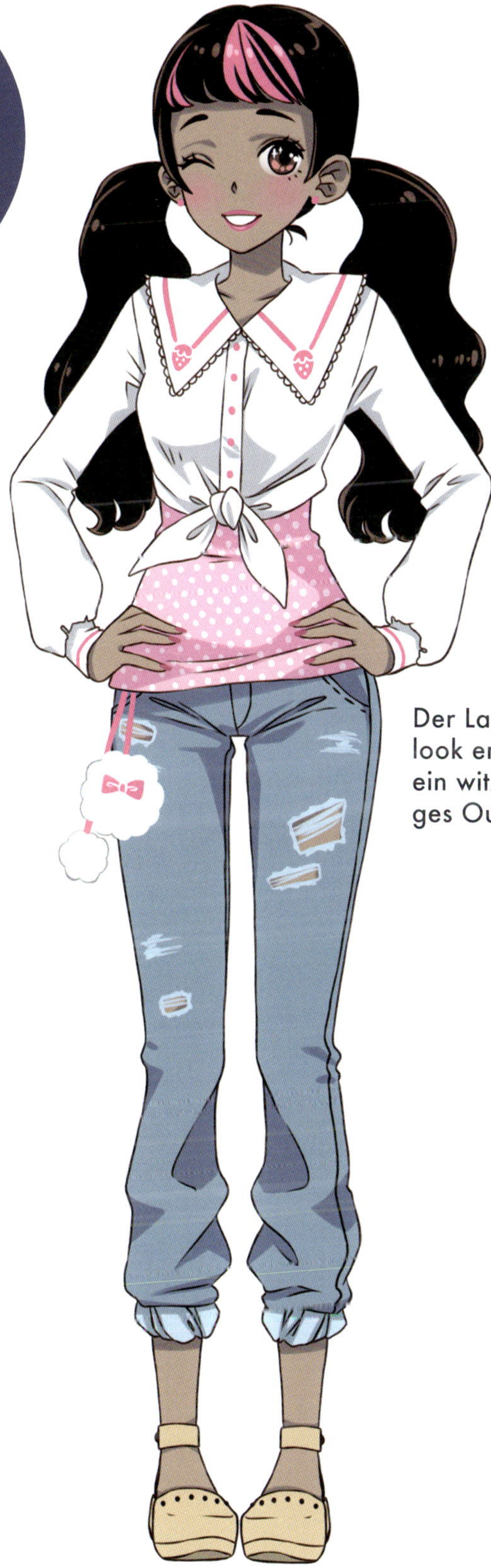

Der Lagenlook ergibt ein witziges Outfit.

Seitenansicht

Diese Seitenansicht einer Stehenden lenkt die Aufmerksamkeit besonders auf drei Rumpfbereiche: Brustbereich, Bauchgegend und Hüften.

RUMPFSEGMENTE

Der Brustbereich mit dem Brustkorb ist der größte Abschnitt des Oberkörpers.

Der Bauch ist am kürzesten, aber auch am flexibelsten.

Der Hüftbereich ist größer, als den meisten bewusst ist.

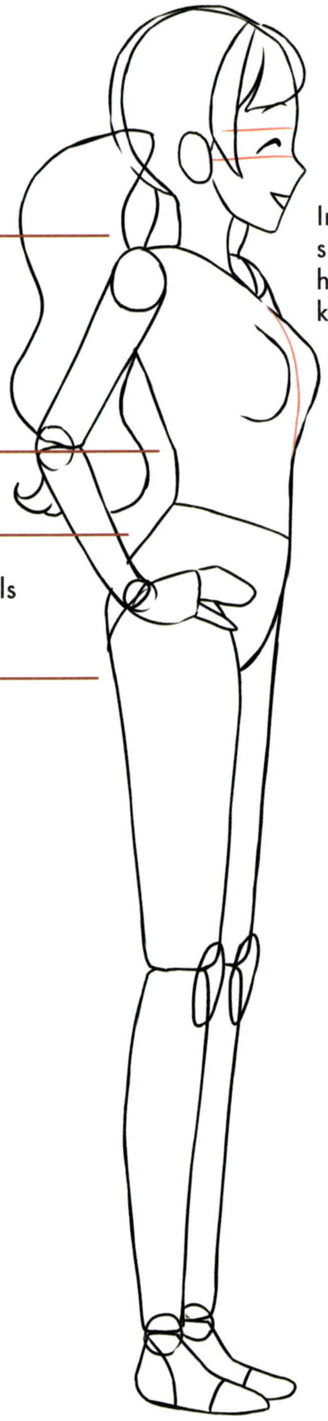

In dieser Perspektive ist die hintere Schulter kaum sichtbar.

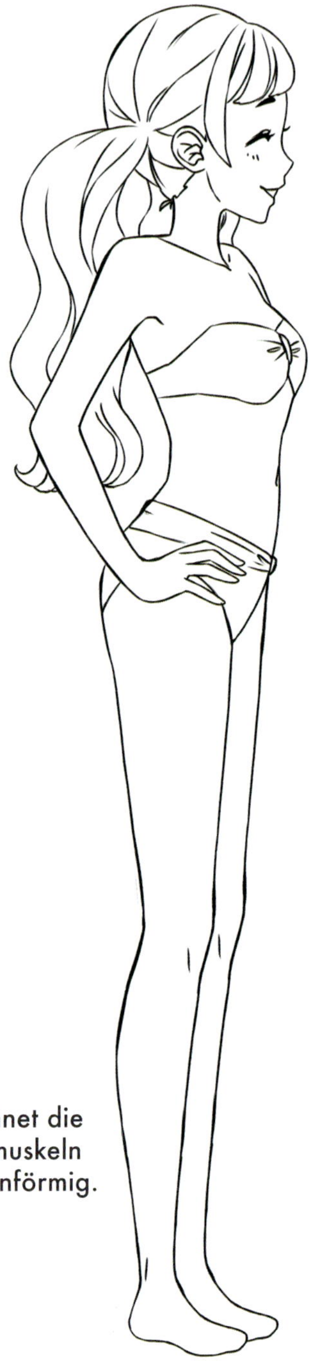

Zeichnet die Beinmuskeln bogenförmig.

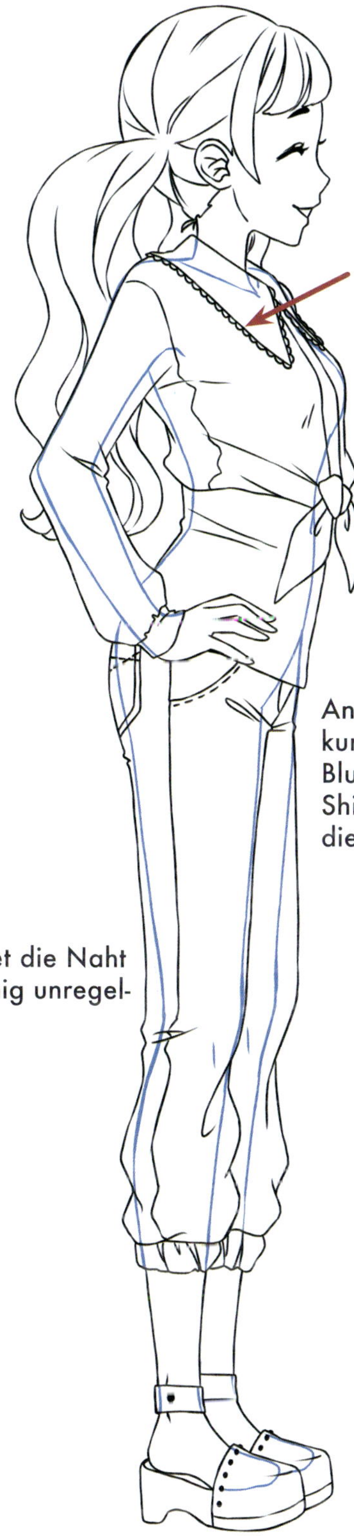

Folgt für den Kragen einer abwärtsführenden Diagonale.

Der Knoten verursacht Zugfalten an der Bluse.

Anders als die kurz geknotete Bluse reicht das Shirt weit über die Taille.

Zeichnet die Naht ein wenig unregelmäßig.

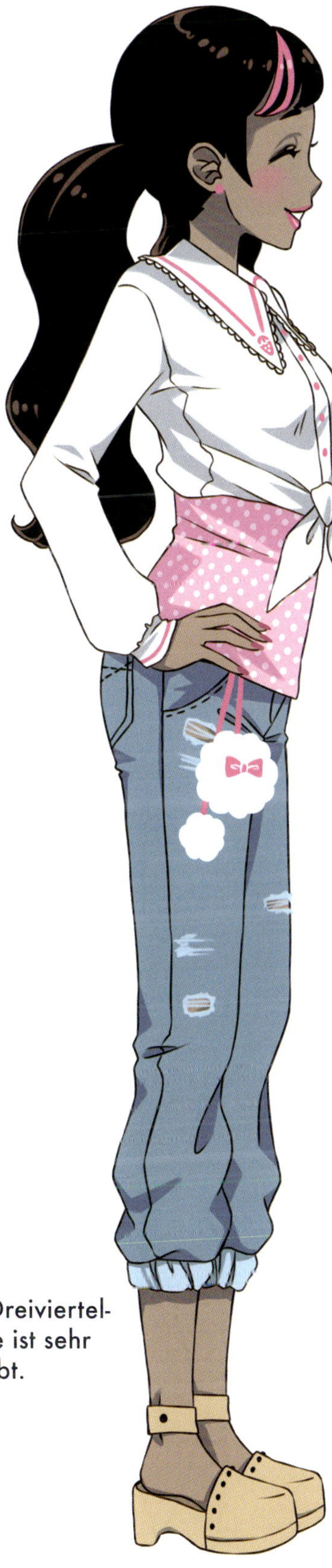

Die Dreiviertellänge ist sehr beliebt.

Schulmädchen-Uniform: Vorderansicht

Die Schulmädchen-Uniform ist das populärste Manga-Outfit überhaupt – und ein Muss für jeden Zeichner der Manga-Fashion. Der Look ist denkbar einfach: Jackett, Rock und Kniestrümpfe. Wieso er dennoch so beliebt ist? Weil man innerhalb der Uniform als äußerem Rahmen zwischen unzähligen Einzelstücken auswählen kann. Durch deren Kombination bewahrt ihr den Eindruck der Uniform, könnt ihr jedoch zugleich eine individuelle Note geben, wie wir im nächsten Kapitel sehen werden!

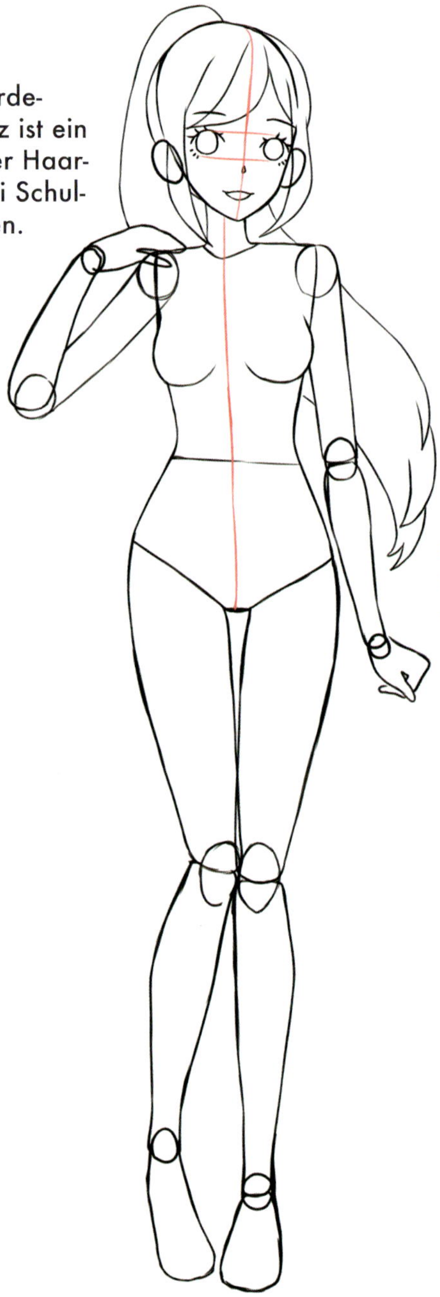

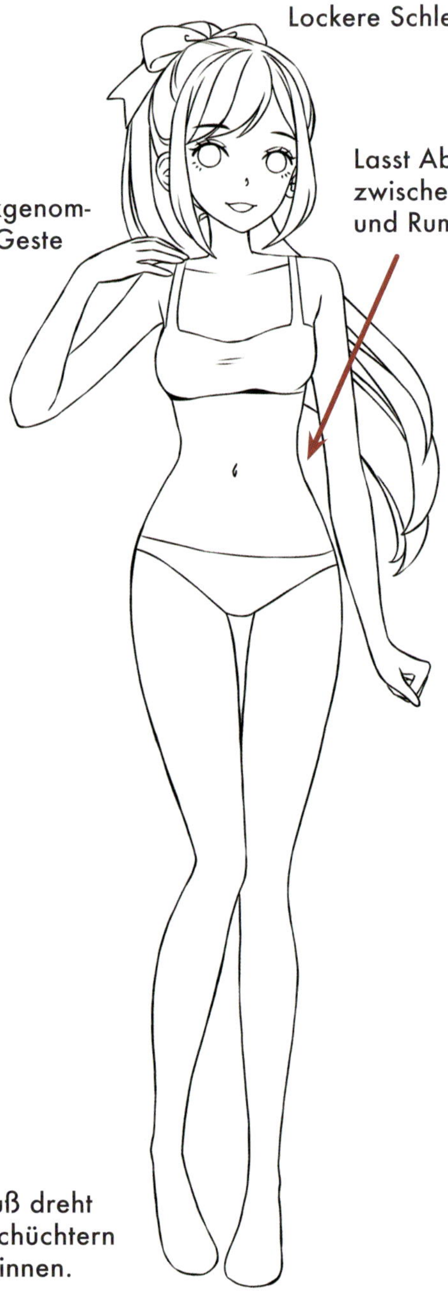

Um die Uniform lebendiger zu machen, ergänzt ihre einen weißen Zierstreifen, und zwar:

- am Revers
- an den Ärmeln
- an den Socken

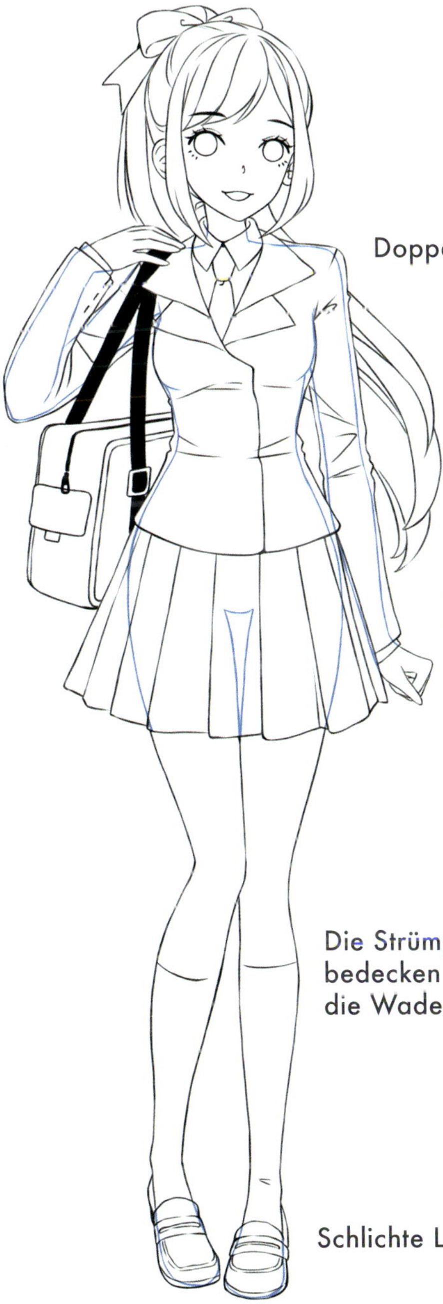

Doppeltes Revers

Fältchen an der Taille

Am Jackenärmel blitzt ein schmaler Streifen der Bluse hervor.

Die Strümpfe bedecken die Waden.

Schlichte Loafer

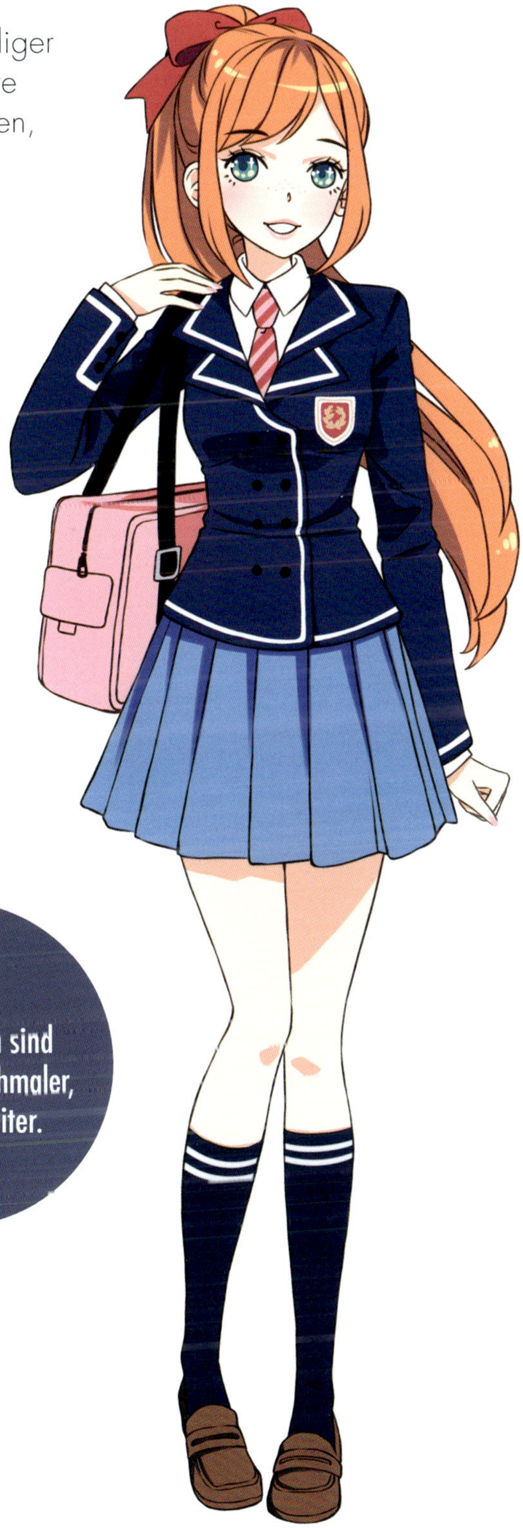

TIPP
Die Rockfalten sind am Bund stets schmaler, am Saum breiter.

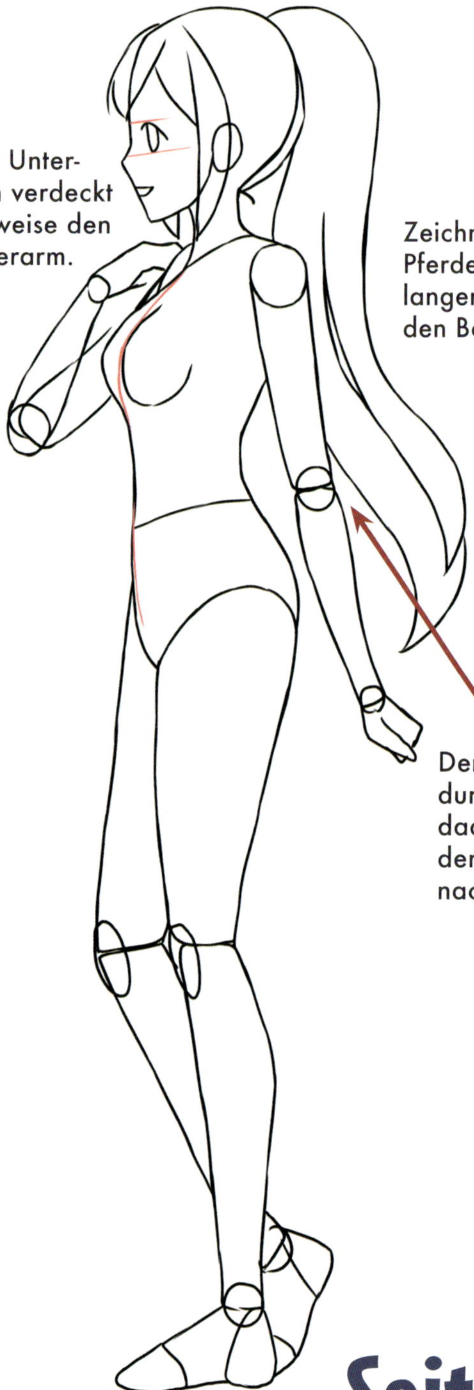

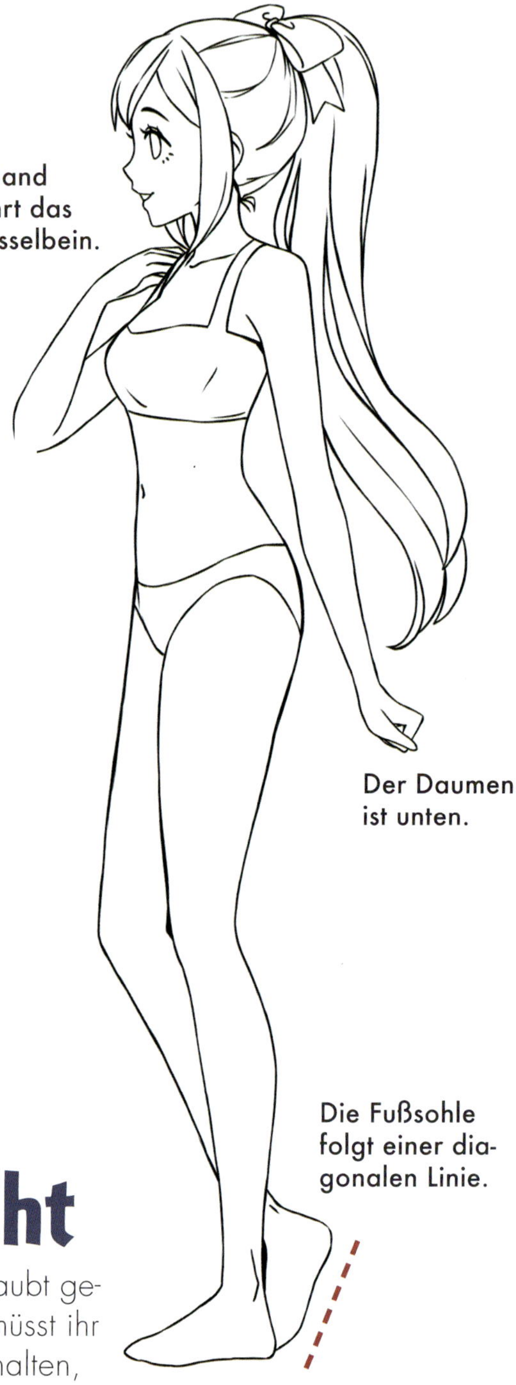

Seitenansicht

Die Schulmädchenuniform erlaubt gewisse Variationen, dennoch müsst ihr euch an die Standardlänge halten, sonst funktioniert das Outfit nicht als Uniform. Schauen wir, was das bedeutet.

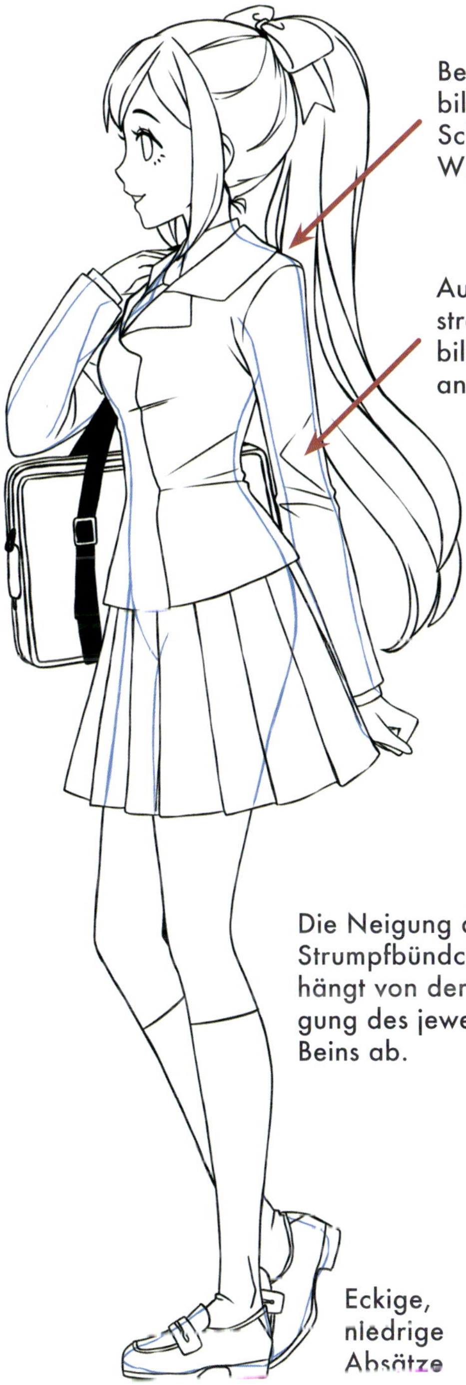

Bei formellen Jacketts bildet sich an der Schulter ein rechter Winkel.

Auch bei durchgestrecktem Ellbogen bilden sich Fältchen an der Armbeuge.

Die Neigung des Strumpfbündchens hängt von der Beugung des jeweiligen Beins ab.

Eckige, niedrige Absätze

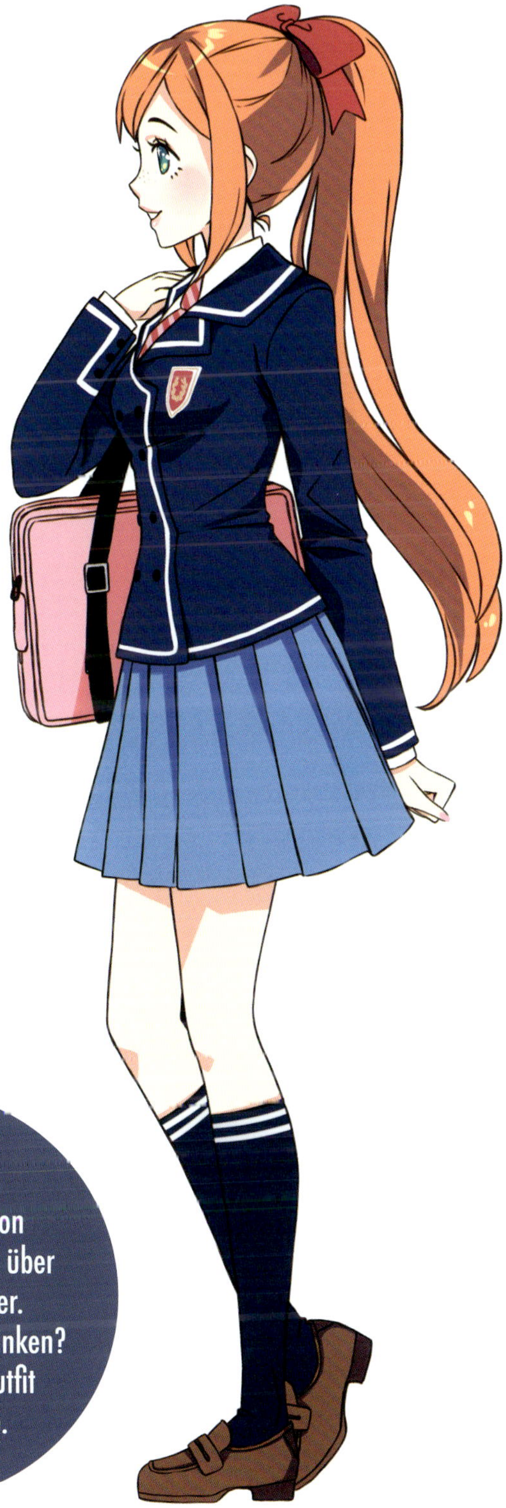

TIPP

Beachtet die Position der Tasche. Sie hängt über der rechten Schulter. Wieso nicht über der linken? Weil sie dort das Outfit verdecken würde.

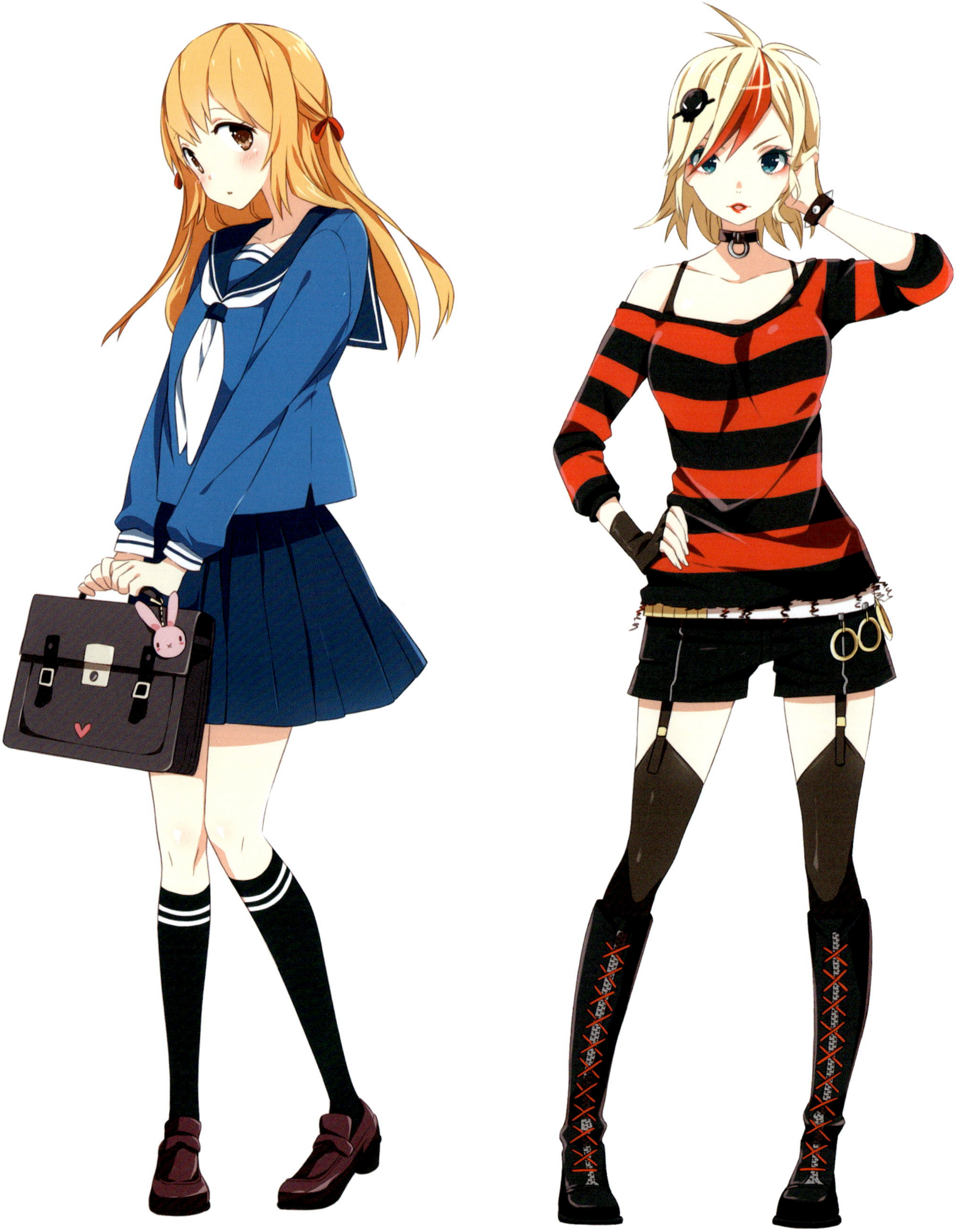

Schuluniform: unkonventionell interpretiert

Das zentrale Outfit eines jeden Manga-Charakters ist die stylishe Schuluniform. In diesem Kapitel zeige ich euch, wie ihr die populärsten Varianten und die entsprechenden Charaktere zeichnet. Die passende Kleidung für eine Figur zu finden bringt Spaß. Wir werden die Outfits variieren, mit Accessoires spielen und Farben, Muster und Zierstreifen kombinieren. Und zum Schluss pfeifen wir auf die Konventionen und loten mit megacoolen Outfits die Grenzen aus.

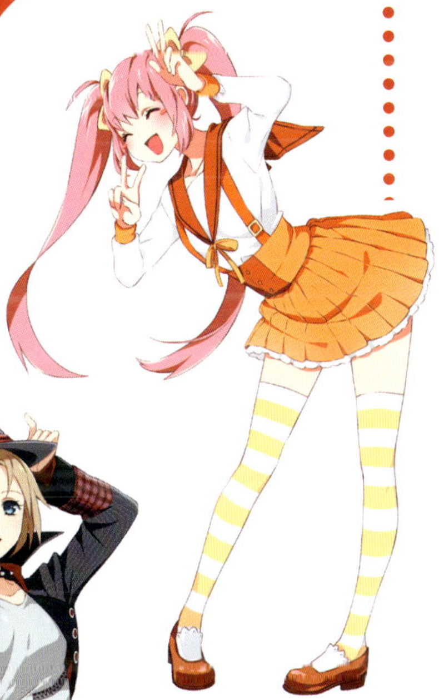

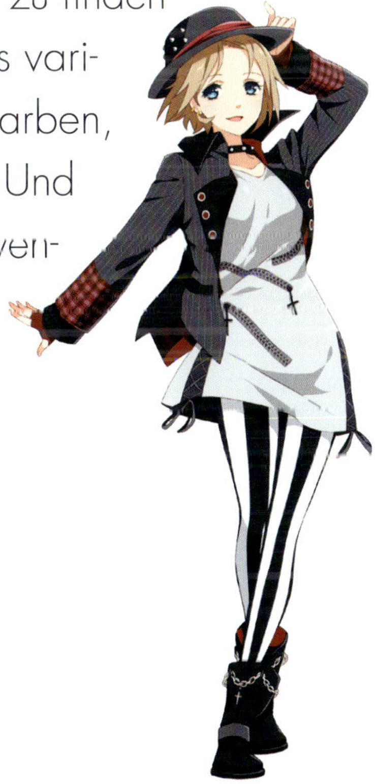

SCHULE IN COOL

Eigentlich steht hinter dem Konzept der Uniform der Gedanke einer einheitlichen Kleidung. Mangas dagegen erlauben sich bei Schuluniformen eine große stilistische Breite. Jeder dieser Stile trägt dazu bei, einen bestimmten Charakter zu etablieren. Hier lernt ihr, wie ihr durch kleine Abwandlungen eines Outfits einige gängige Charaktere erschaffen könnt.

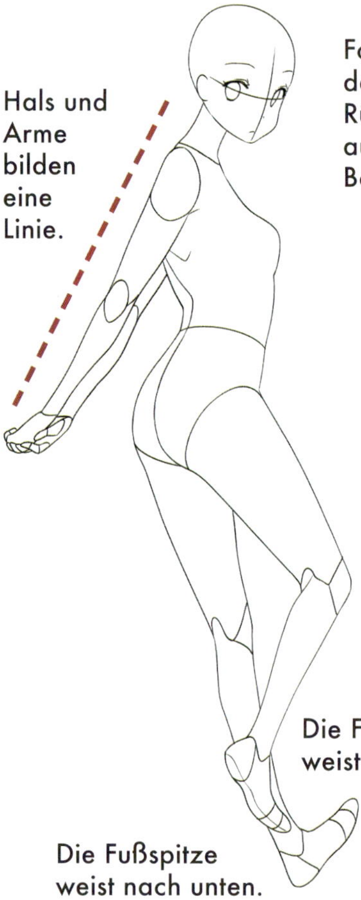

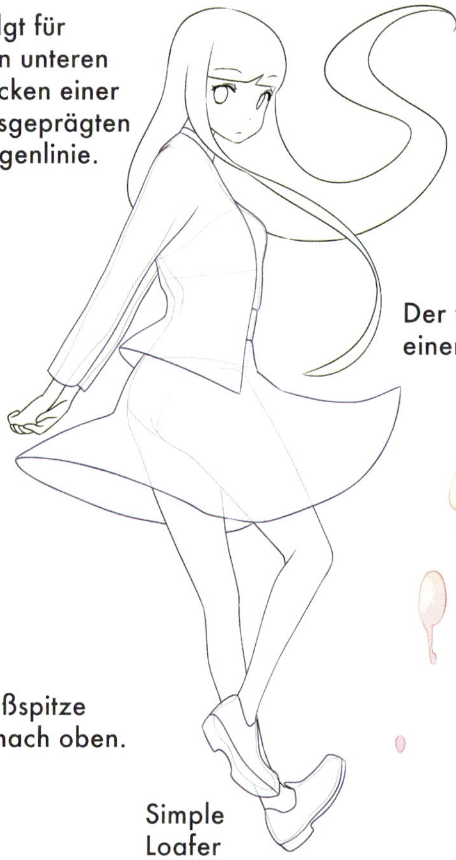

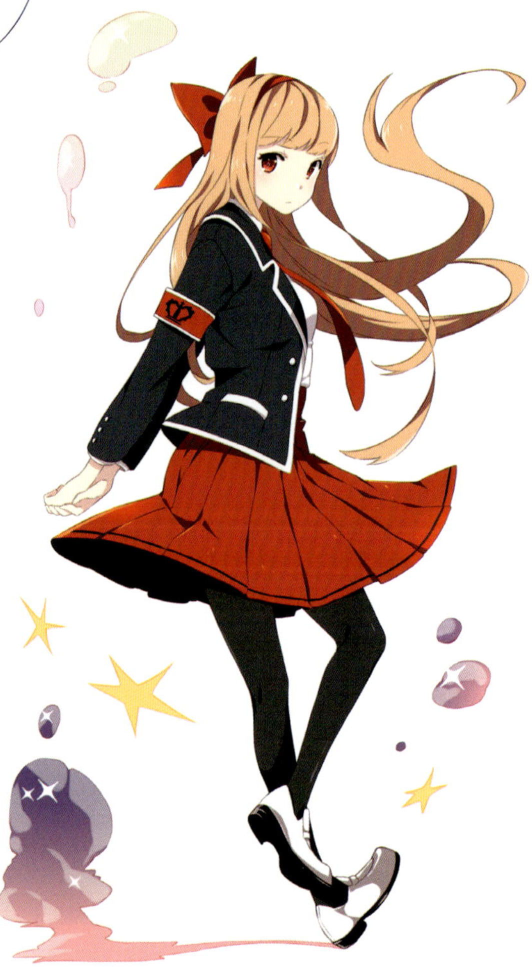

Die Geheimnis-volle

Die Geheimnisvolle hat etwas zu verbergen. Möglicherweise stammt sie aus einer anderen Dimension, in der die Zeit nicht nur vorwärts, sondern auch rückwärtsläuft. Sie kann gleichzeitig zu früh und zu spät zum Unterricht erscheinen. Eine äußerst praktische Dimension für jede Schülerin.

Die Schüchterne

Widersprüche machen eine Figur interessant. Diese können in der Geschichte deutlich werden, aber auch in der Kleidung. Einer der häufigsten Charaktertypen ist das schüchterne Mädchen. Bei ihr besteht die Widersprüchlichkeit darin, dass sie unsterblich verliebt ist, ihm aber noch nicht einmal in die Augen schauen kann. Ihre weit geschnittene Kleidung zeigt, dass sie gehemmt und zurückhaltend ist. Ihre Uniform ist eher konventionell.

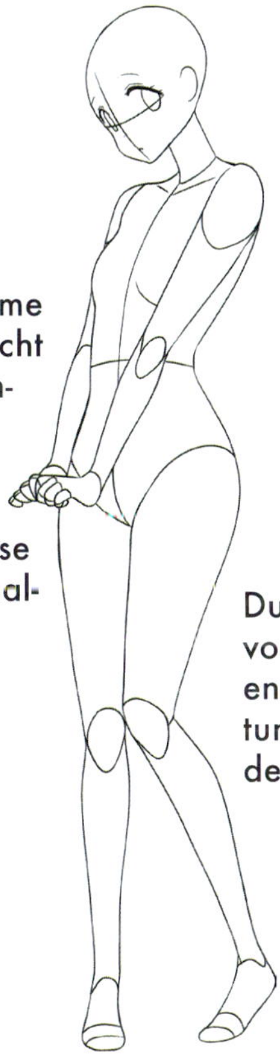

Die Arme sind dicht beisammen.

Nervöse Handhaltung

Durch das nach vorn gedrehte Knie entsteht eine Haltung der Bescheidenheit.

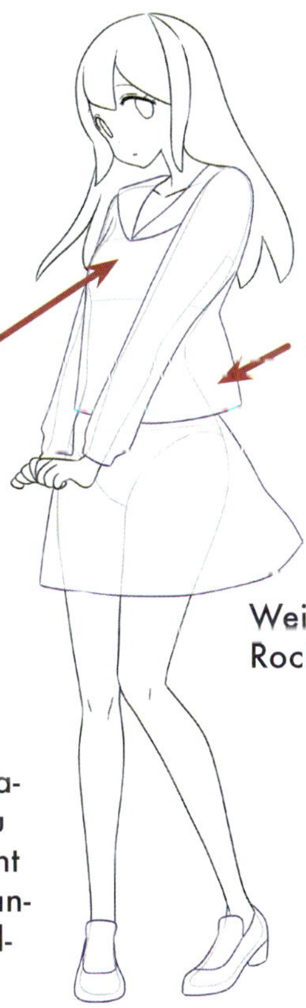

Breiter, v-förmiger Kragen

Lasst Raum zwischen Bluse und Körper.

Weiter Rock

Zeichnet die Loafer ein wenig zu groß. So entsteht ein leicht amüsanter und befremdlicher Look.

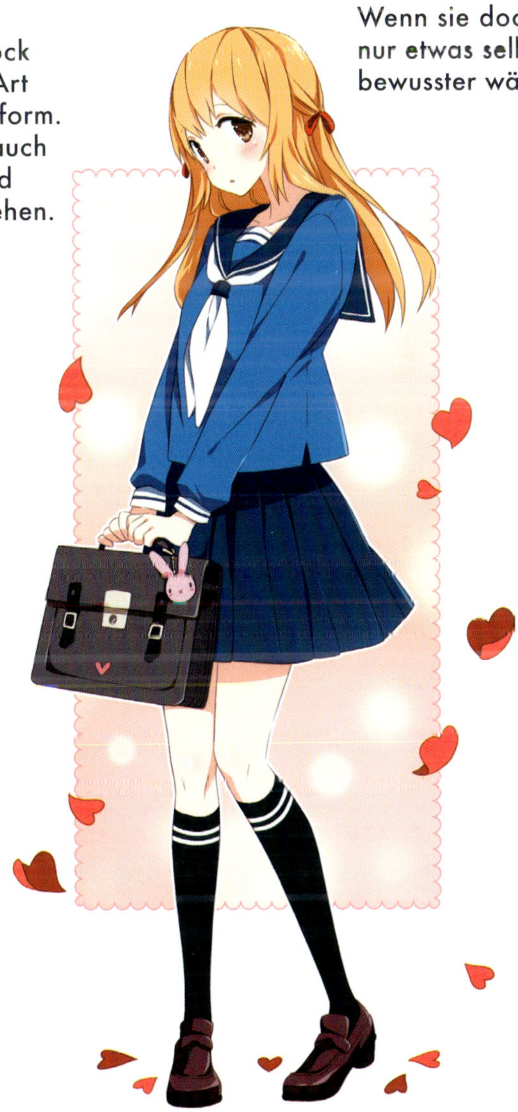

Bluse und Rock bilden eine Art Matrosenuniform. Diese kann auch aus Rock und Jackett bestehen.

Trotz der eher schlichten Frisur wird deutlich, dass sie hübsch ist. Wenn sie doch nur etwas selbstbewusster wäre!

Der Bücherwurm

Dieser bezaubernde Charakter versinkt derart tief in der Welt der Bücher, dass diese für sie lebendig erscheint. Die große Brille verleiht ihr ein gelehrtes Aussehen, zu dem die konservative Uniform passt.

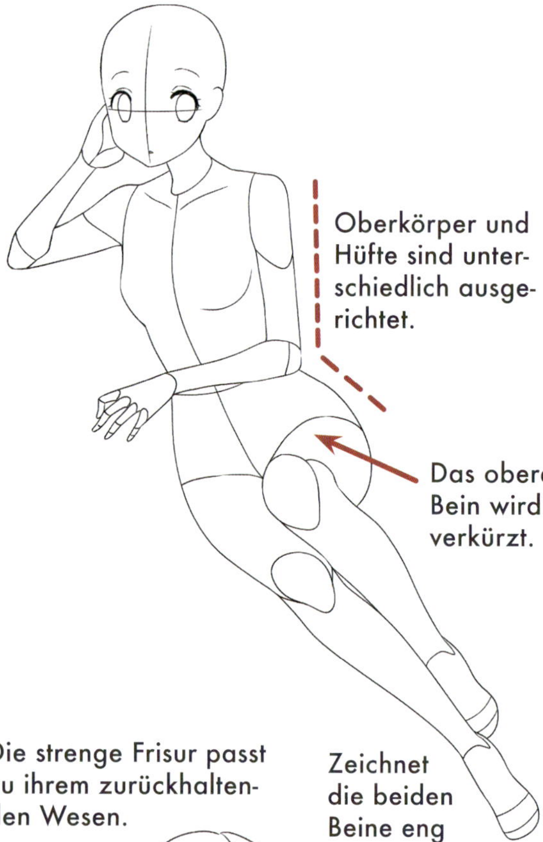

Die strenge Frisur passt zu ihrem zurückhaltenden Wesen.

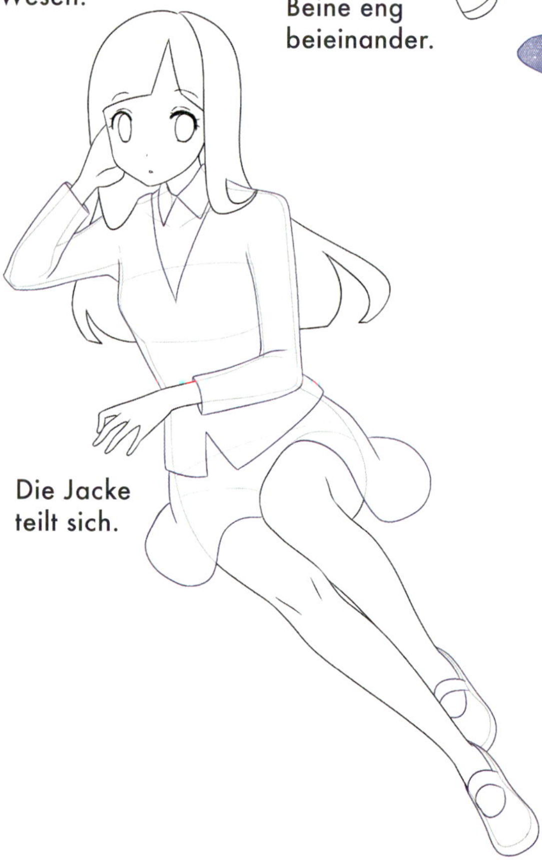

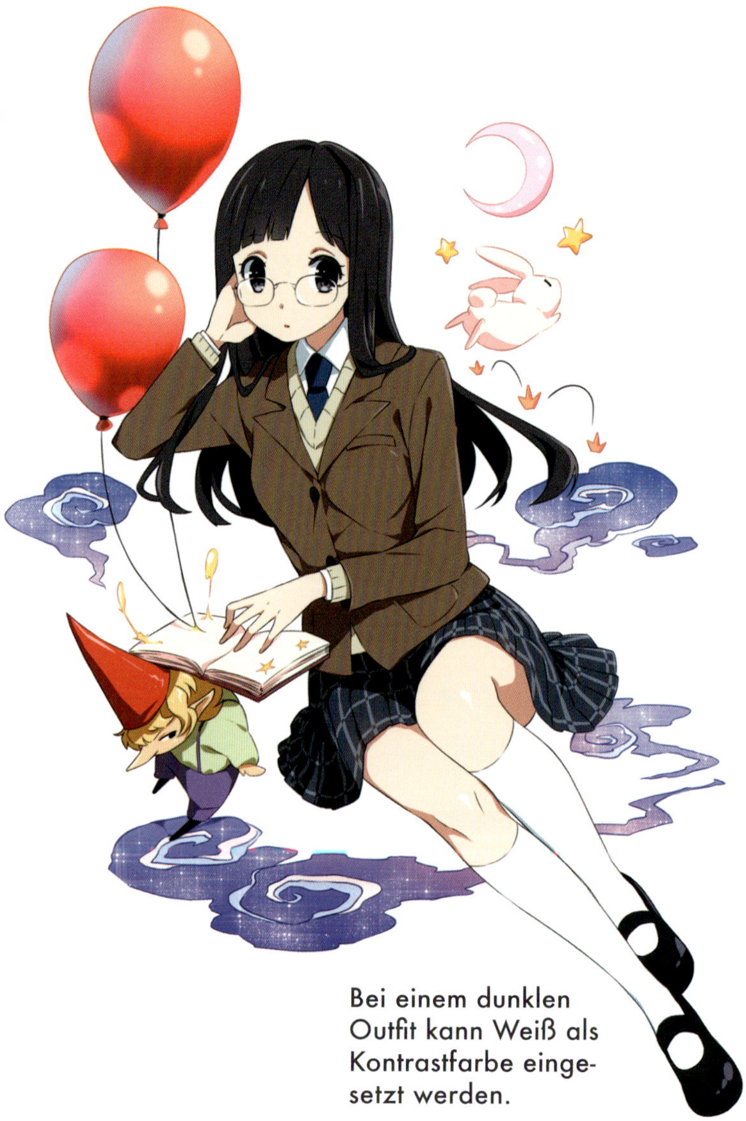

Bei einem dunklen Outfit kann Weiß als Kontrastfarbe eingesetzt werden.

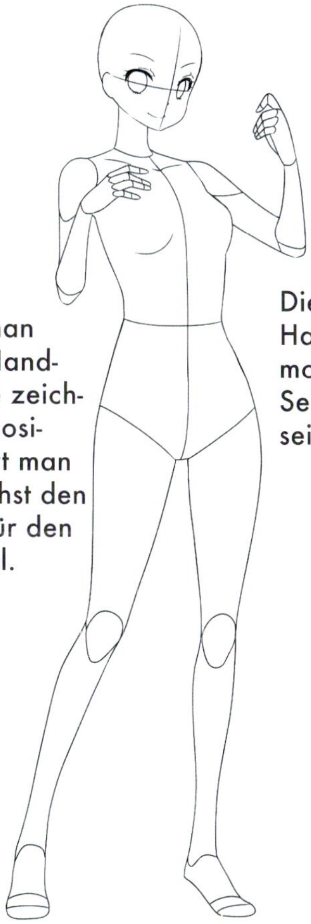

Will man eine Handtasche zeichnen, positioniert man zunächst den Arm für den Henkel.

Die aufrechte Haltung demonstriert ihr Selbstbewusstsein.

TIPP
Je fieser eine Figur ist, desto süßer das Outfit.

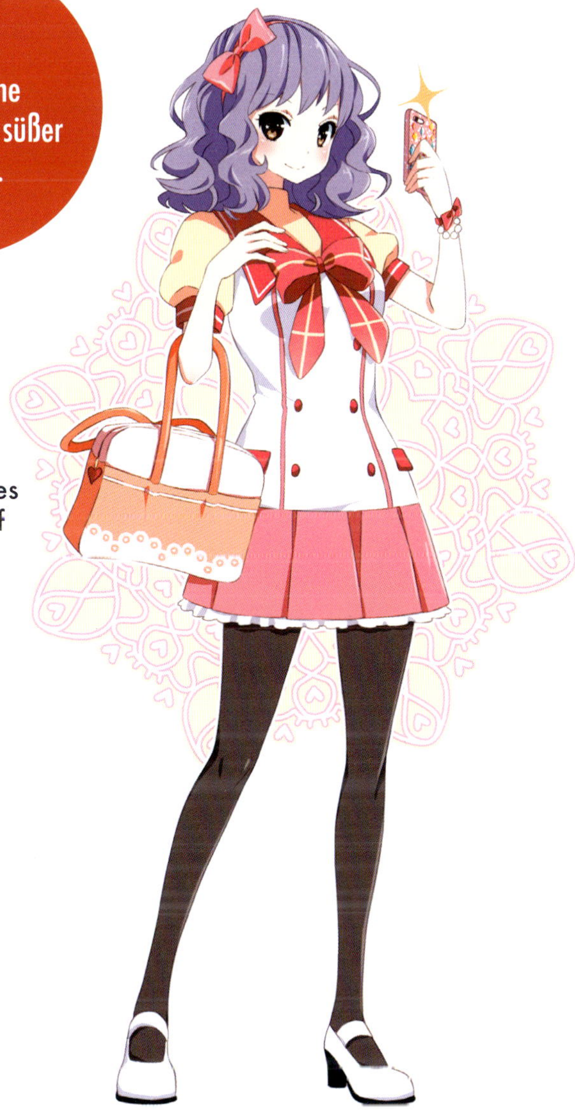

Verwendet fröhliche Farben und Accessoires wie etwa den Haarreif und die süße Tasche.

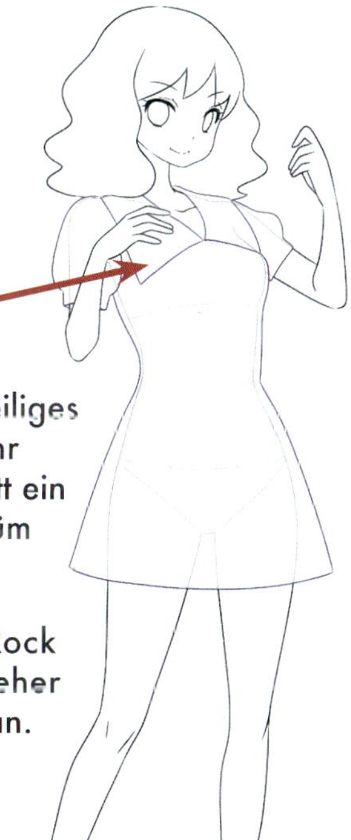

Extrabreiter Kragen

Skizziert ein einteiliges Kleid, aus dem ihr im nächsten Schritt ein zweiteiliges Kostüm macht.

Der Rock liegt eher eng an.

Die Hinterhältige

Der Gegensatz zwischen ihrem verschlagenen Charakter und ihrem zuckersüßen Outfit ist einfach köstlich. Und das Handy? Das hat sie nicht für Selfies. Sondern um ihre Klassenkameradinnen heimlich zu fotografieren und sie später zu erpressen. Möge ihr verziehen werden!

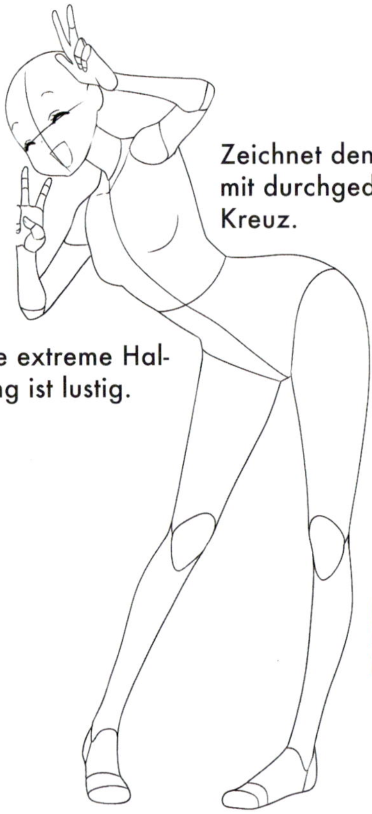

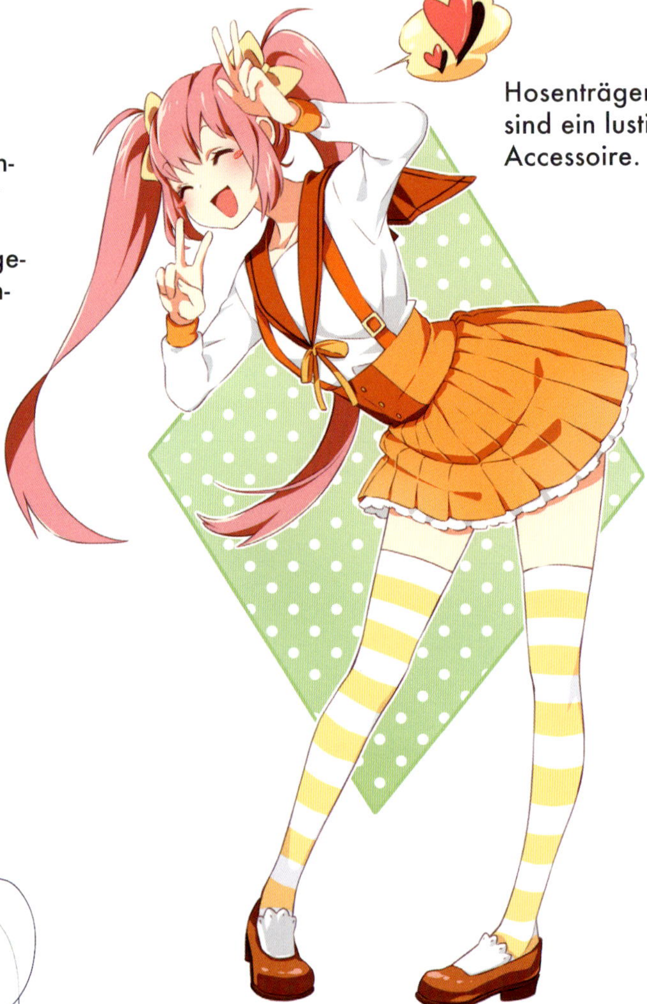

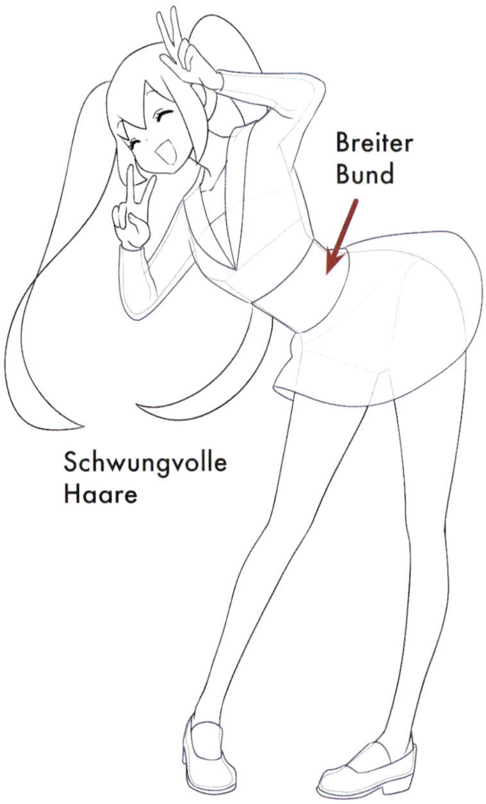

Die Ausgeflippte

Jeder Film braucht eine komische Figur wie sie. Die größten Lacher erntet sie oft unbewusst. Ihr Outfit ist bunt und schrill. Orange, Gelb und Pink passen nicht wirklich zusammen. Weshalb sie kombinieren? Weil es lustig ist!

Die Aufrichtige

Die Aufrichtige ist unverzichtbar. Sie setzt den moralischen Maßstab, dem die anderen zwangsläufig nicht genügen. Der ehrliche Look ist attraktiv und zugleich zurückhaltend. Die Farben sind neutral. Sie sucht nicht das Rampenlicht. Ihr macht es nichts aus, als Letzte das Klassenzimmer aufzuräumen. Auf welchem Planeten lebt sie?

Der Kopf ist nach links (auf dem Blatt) gedreht.

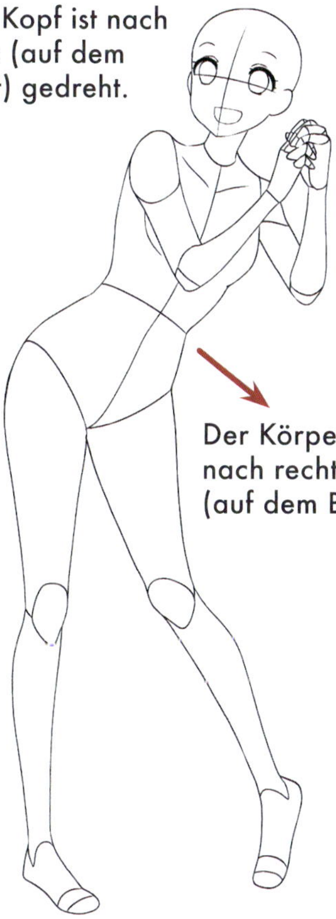

Der Körper zeigt nach rechts (auf dem Blatt).

Der Pullunder sitzt tief auf den Hüften.

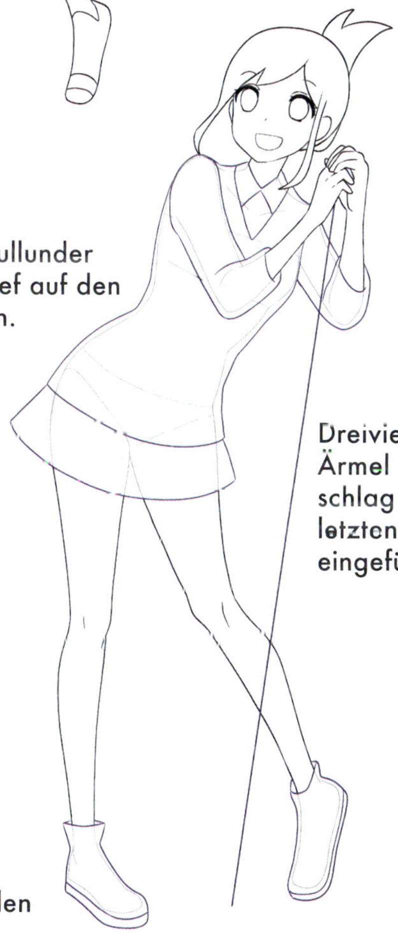

Dreiviertellange Ärmel (der Aufschlag wird im letzten Schritt eingefügt)

Dicke Sohlen

An der Taille bilden sich mehrere Falten.

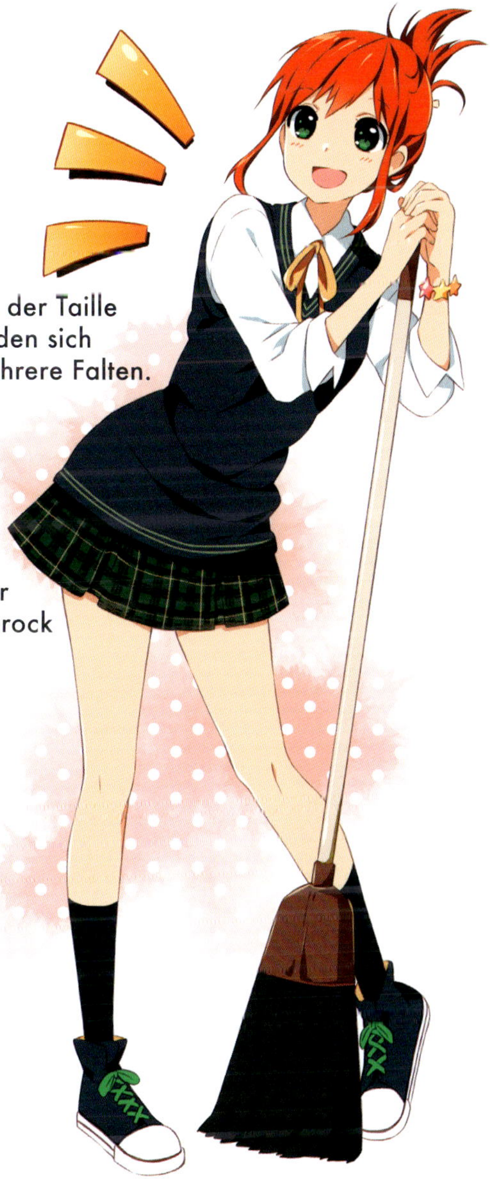

Kurzer Faltenrock

Grüne Schuhbänder sind ein verspielter Farbtupfer.

TRENDY OUTFITS

Wenn die Schuluniform für Tradition steht, stehen diese Outfits für das komplette Gegenteil. In diesem Kapitel lernt ihr, durch unerwartete Kombinationen faszinierende Outfits zu gestalten. Diese Looks nähern sich der Subkultur und gehen bis an die Grenzen der Mainstream-Mode. Der avantgardistische Stil ist ein guter Kontrast zum Schulmädchen-Look.

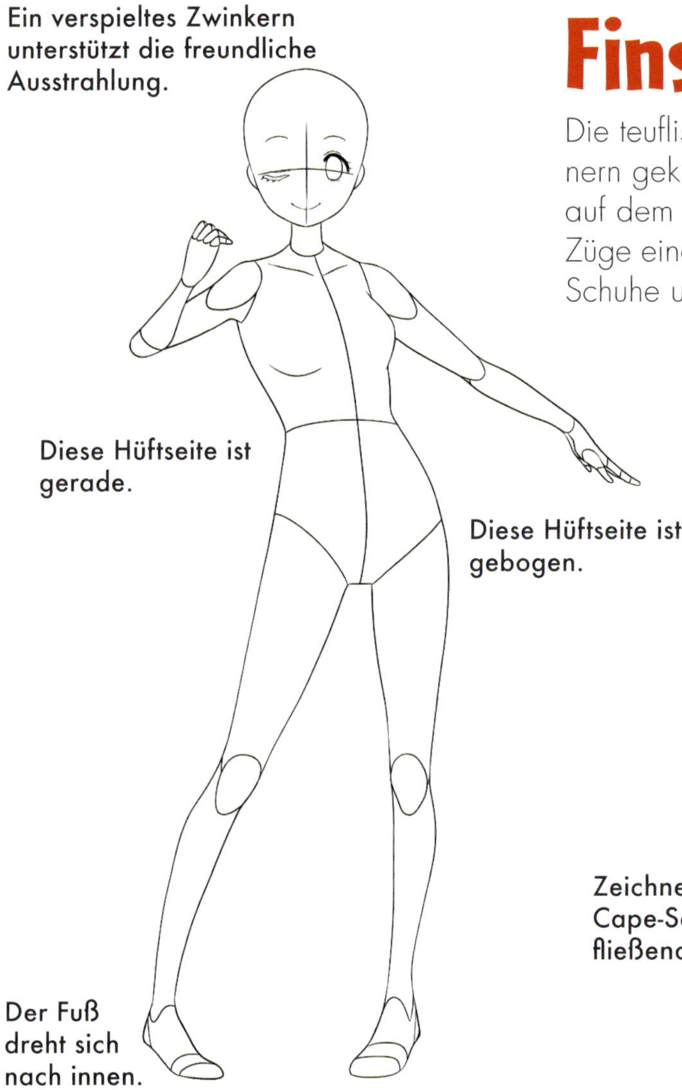

Finster und niedlich

Die teuflische Mütze wird von harmlosen kleinen Hörnern gekrönt. Und bei den großen weißen Flecken auf dem Cape handelt es sich in Wirklichkeit um die Züge eines Gespenstergesichts. Passende Armstulpen, Schuhe und Tasche komplettieren das Outfit.

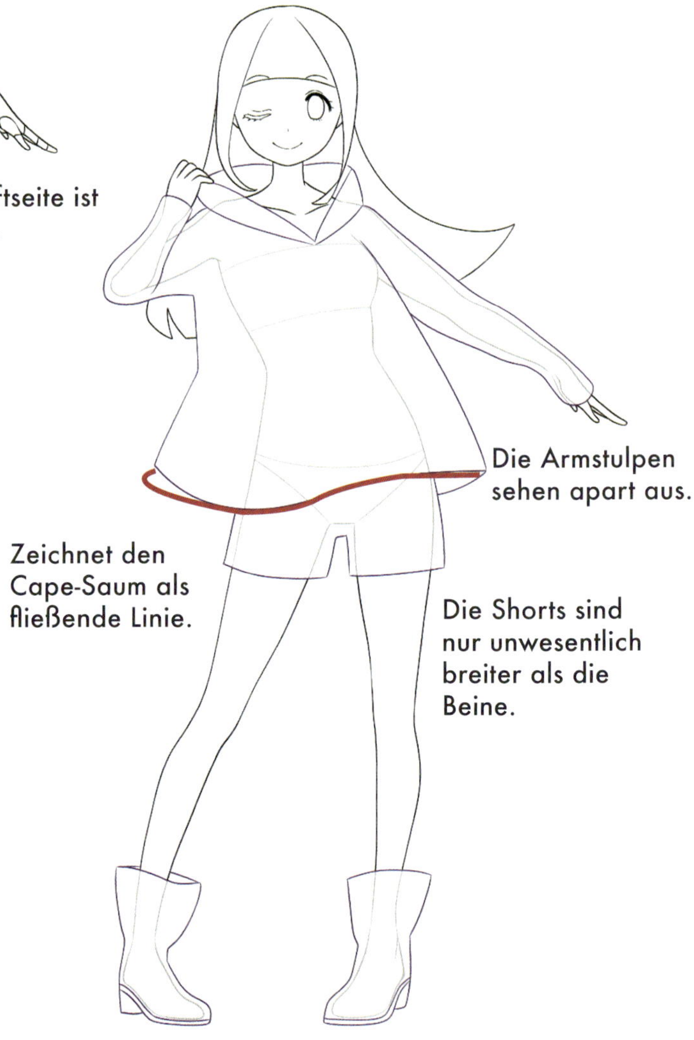

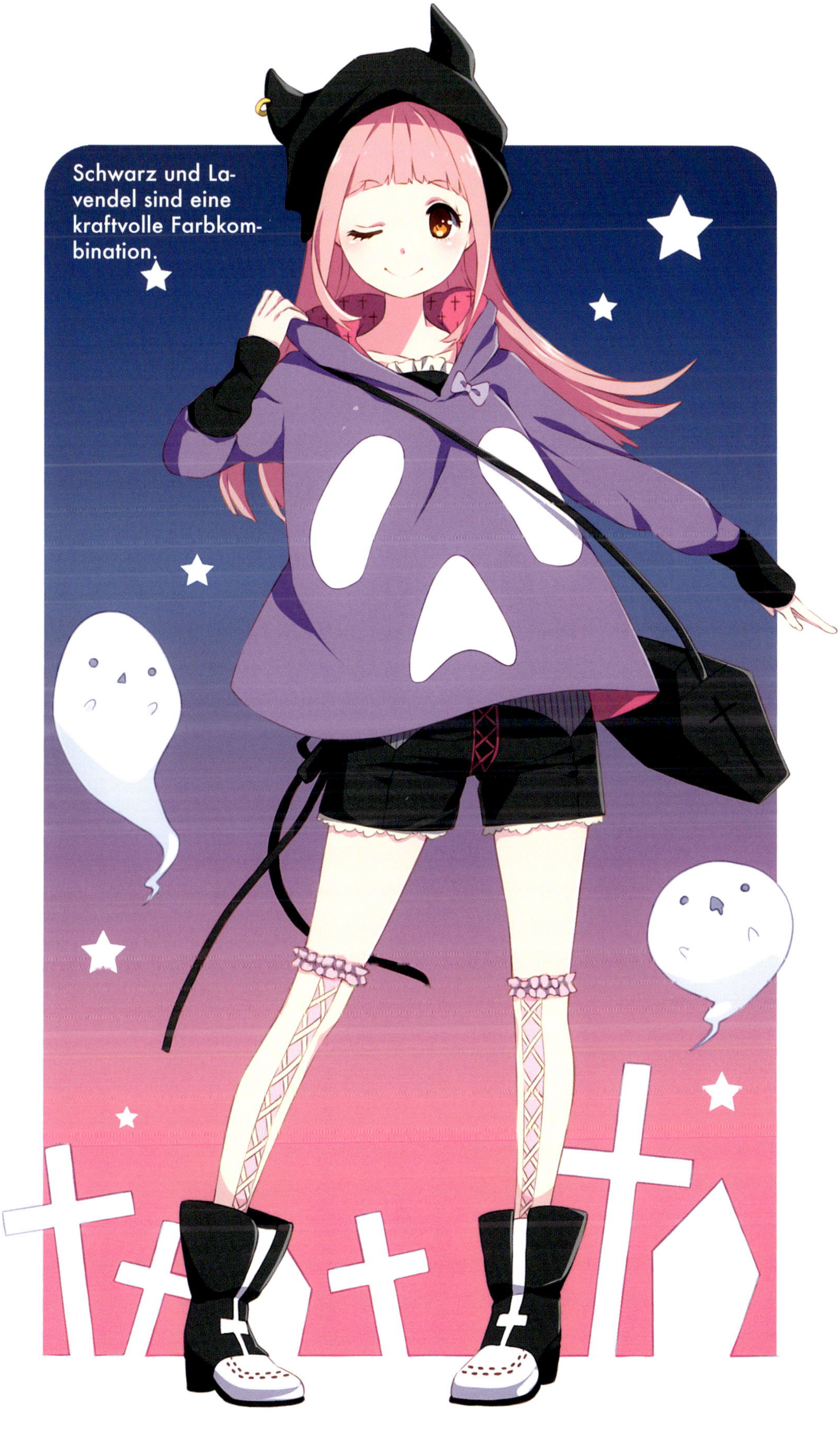

Schwarz und Lavendel sind eine kraftvolle Farbkombination.

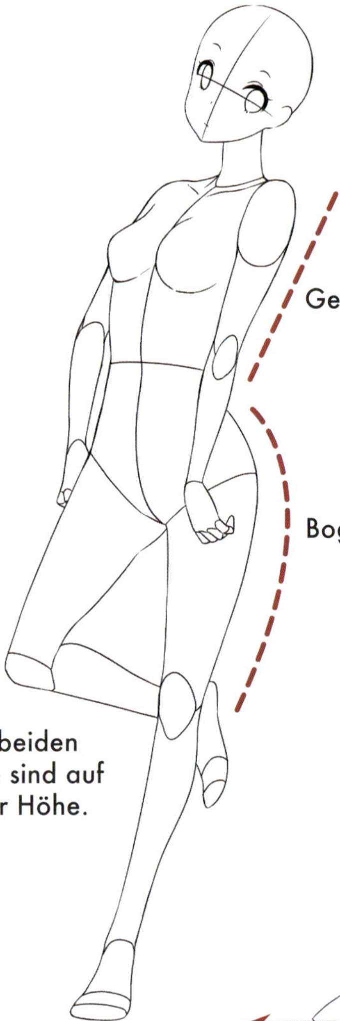

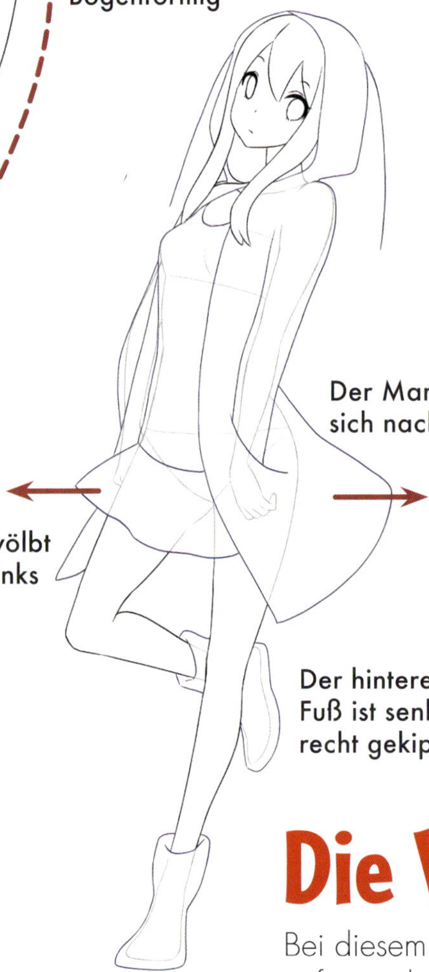

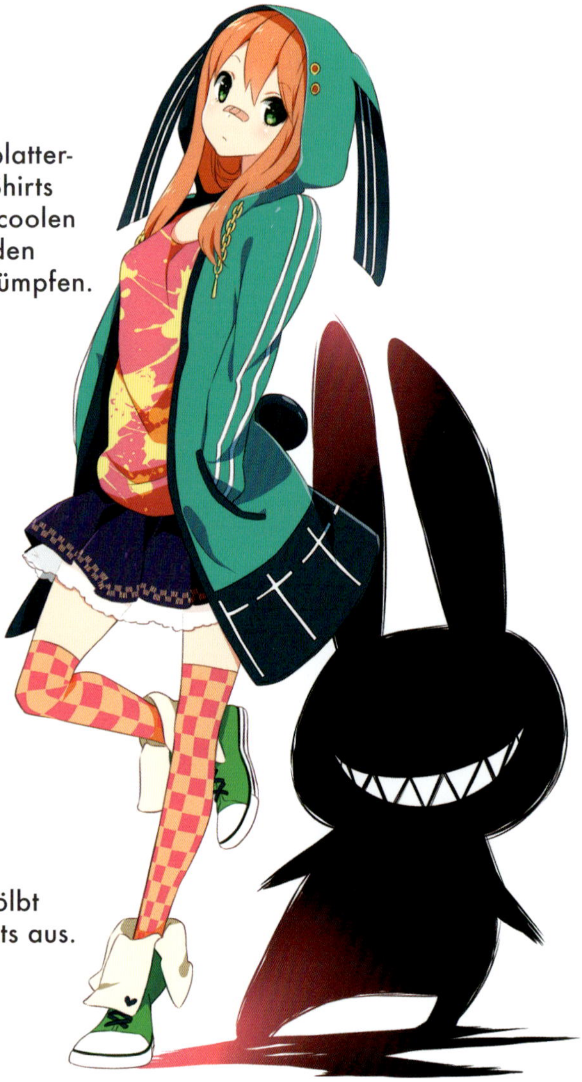

Die Verspielte

Bei diesem witzigen Outfit sollen die einzelnen Teile nicht aufeinander abgestimmt werden, genau im Gegenteil. Jedes Teil für sich macht gute Laune und nimmt sich nicht allzu ernst. Muster spielen eine wichtige Rolle: Kombiniert sie so, dass sie sich richtig schön beißen!

Zerfetzt und zugenäht

Es gibt Menschen, die viel Geld hinlegen, um so auszusehen, als könnten sie sich keine neuen Kleider leisten. Dieses „zusammengewürfelte" Outfit wirkt wie spontan übergeworfen. Allerdings steckt viel Arbeit dahinter, bis die Sachen aussehen wie vom Flohmarkt.

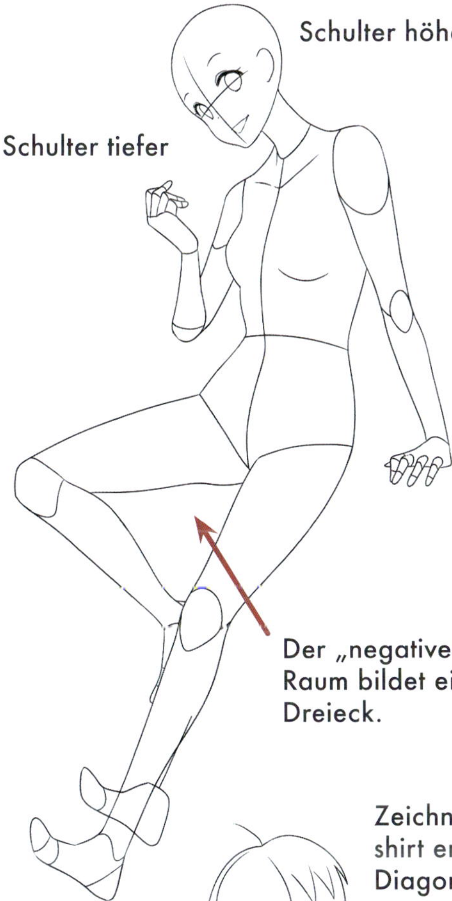

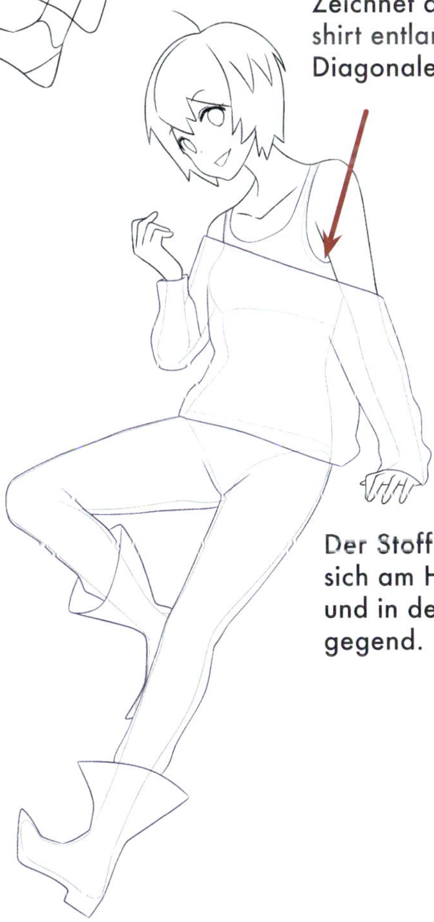

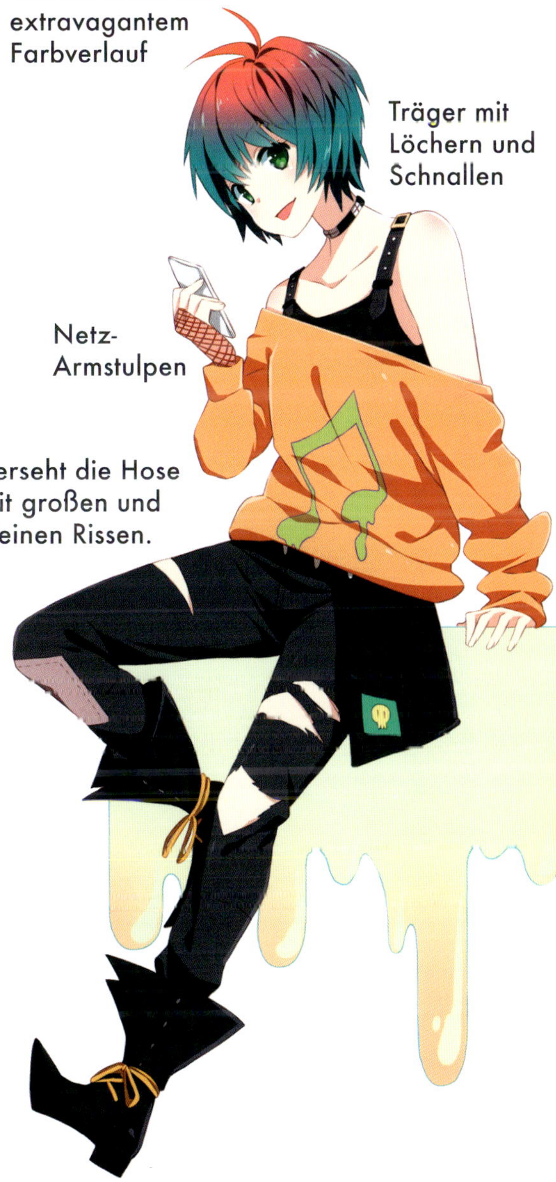

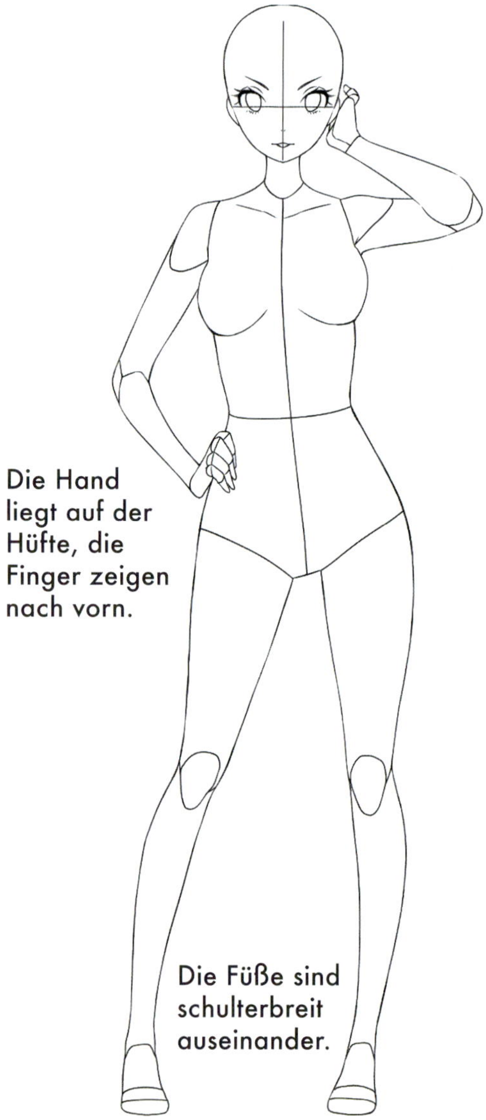

TIPP
Ungebändigte Haare eignen sich hervorragend für etwas schräge Figuren.

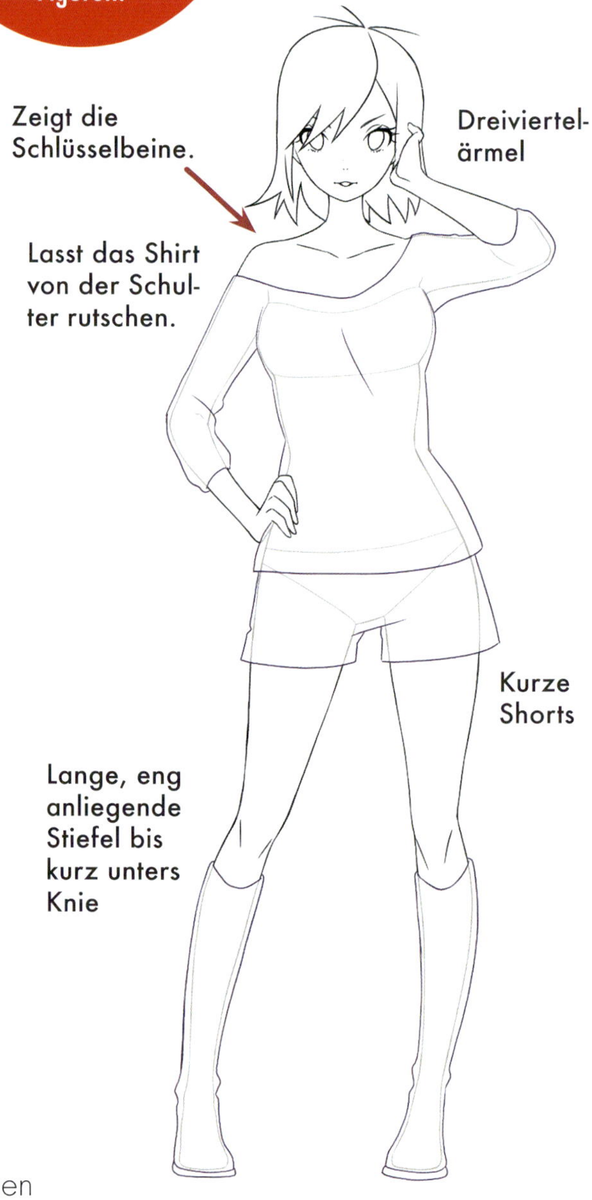

Schräg und schick

Gebt eurer Figur einen schrägen und trotzdem stylishen Look. Das ist das Richtige für eine wunderschöne Heldin, die zugleich einen Hauch Gefahr ausstrahlen soll. Der Stil ist streng, die Muster sind gewagt und die Farben dynamisch. (Die Kombination von Schwarz und Rot ist stets sehr ausdrucksstark.)

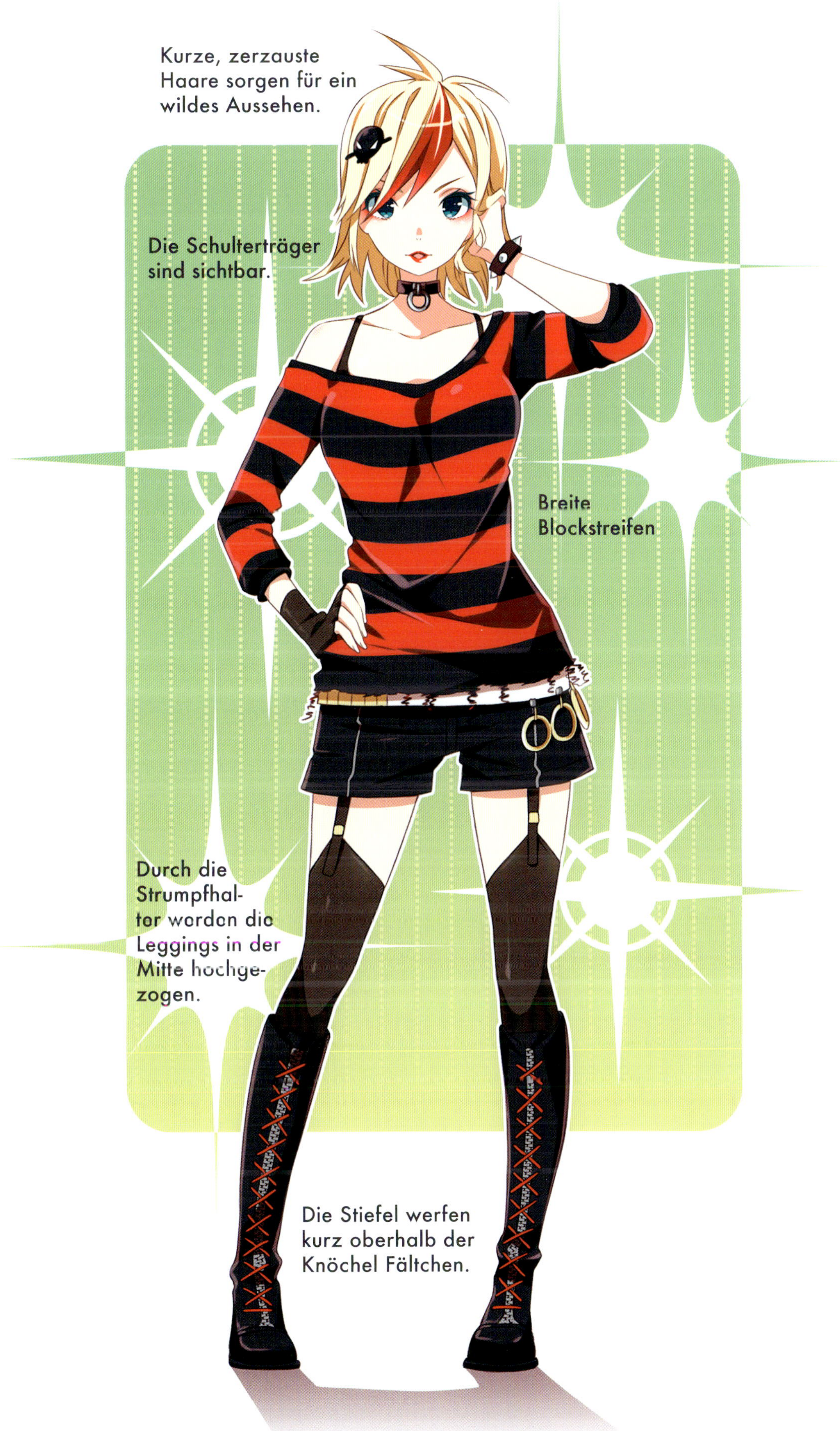
Kurze, zerzauste Haare sorgen für ein wildes Aussehen.
Die Schulterträger sind sichtbar.
Breite Blockstreifen
Durch die Strumpfhalter werden die Leggings in der Mitte hochgezogen.
Die Stiefel werfen kurz oberhalb der Knöchel Fältchen.

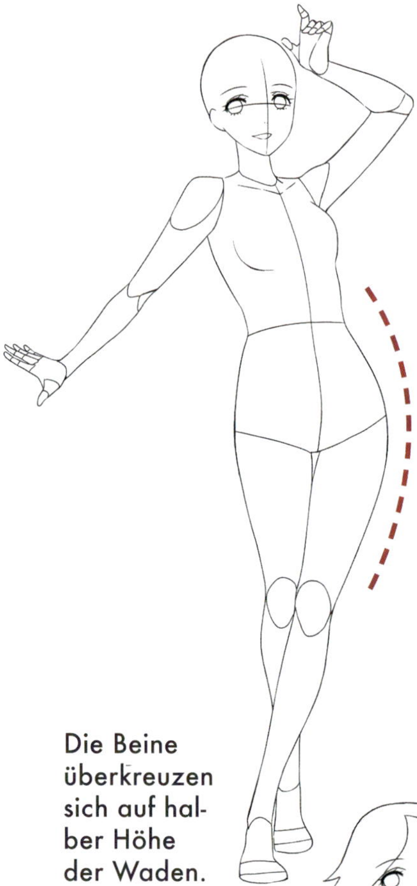

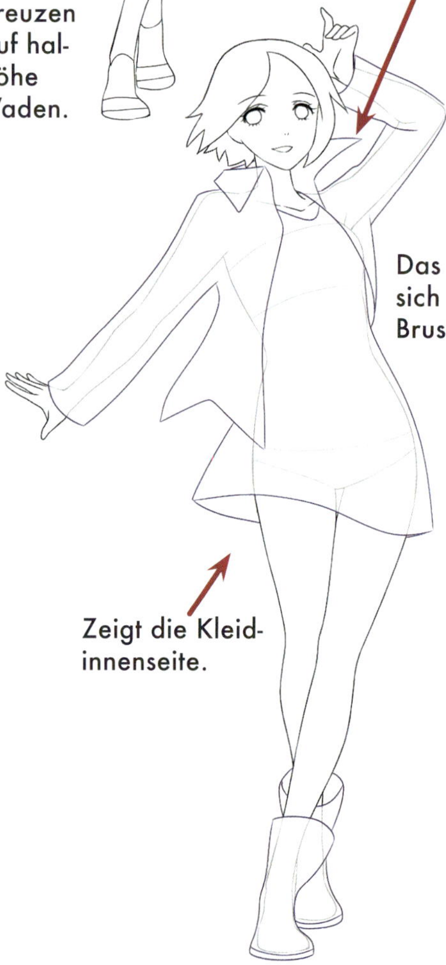

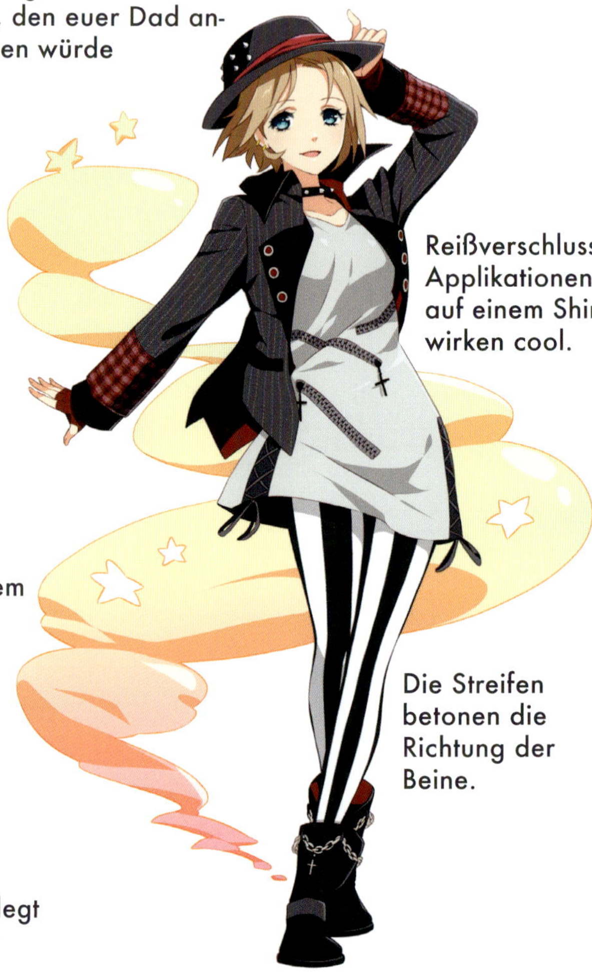

City Cool

Die poppige Neuinterpretation des Geschäftsanzugs bedient sich bei Jackett und Fedora-Hut. Doch mit den gestreiften Leggings und den Stiefeln dürfte sie kaum von einer Bank angestellt werden. Als ob sie das wollte!

Schuluniform außer Rand und Band

Dieses Outfit verstößt gegen den Dresscode jeder Schule, doch kein Lehrer würde sich trauen, das zu sagen. Diese Uniform ist für die Schule gedacht, allerdings sollte diese Schule besser auf dem Mars sein. Kurz gesagt: Dies ist die perfekte nonkonformistische Interpretation der Konformität, eine vollkommene Mischung aus Klassisch und Unkonventionell.

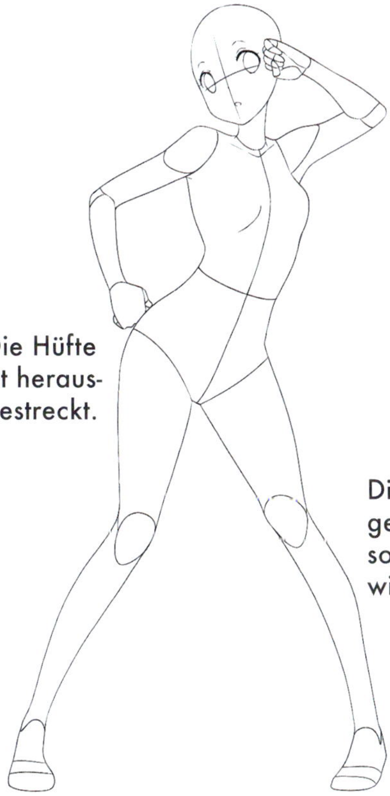

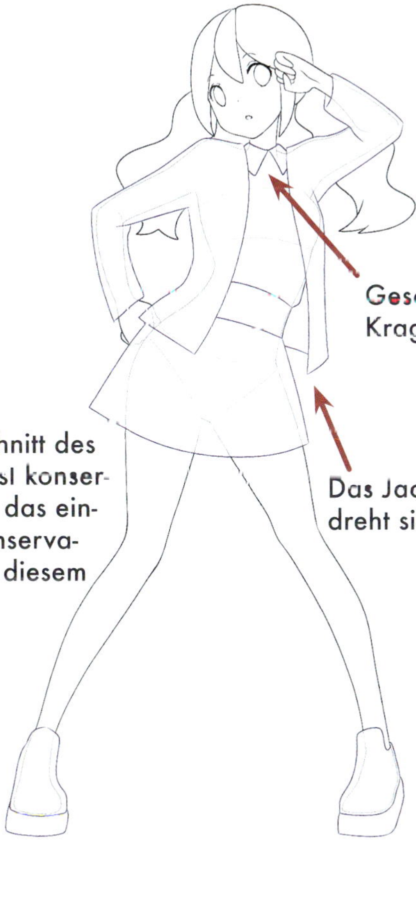

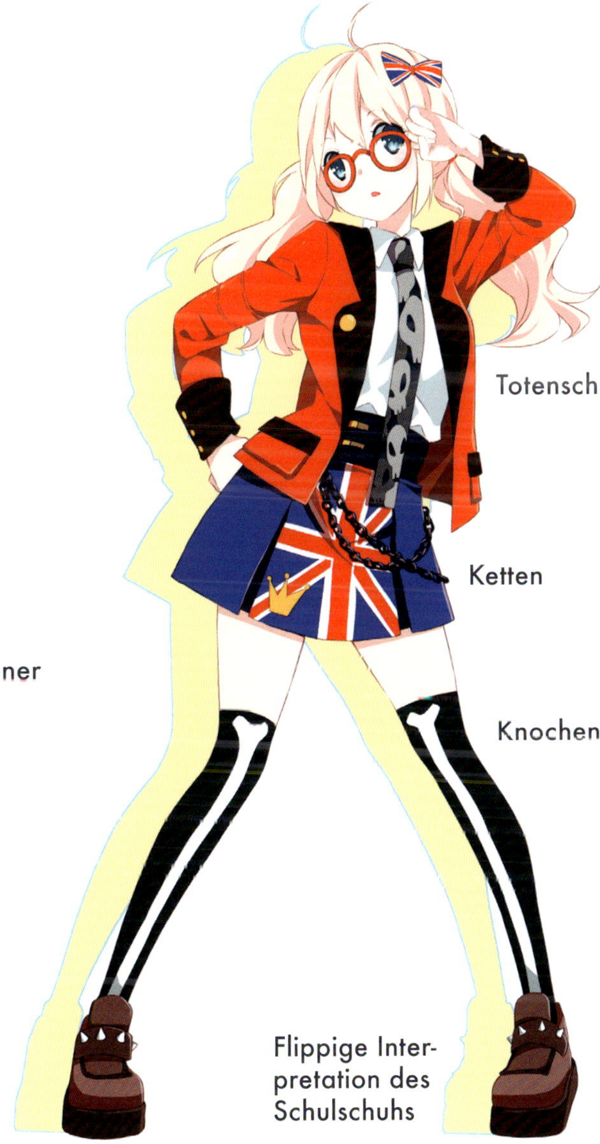

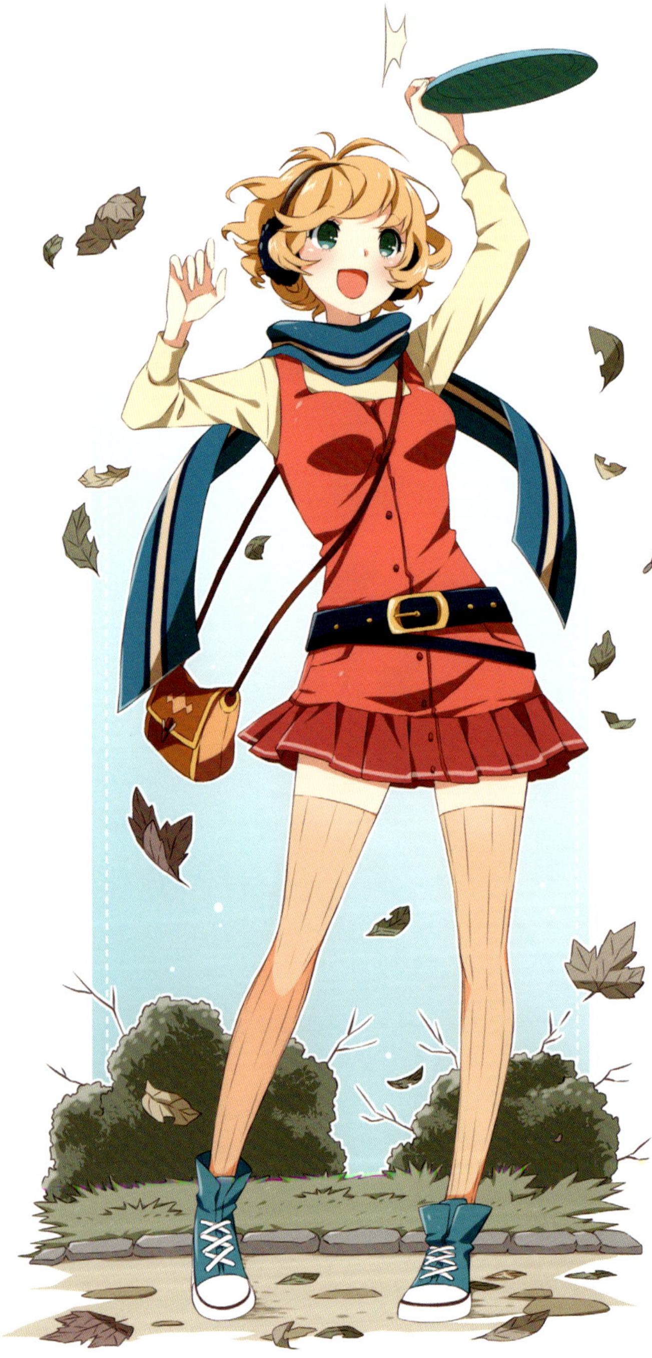

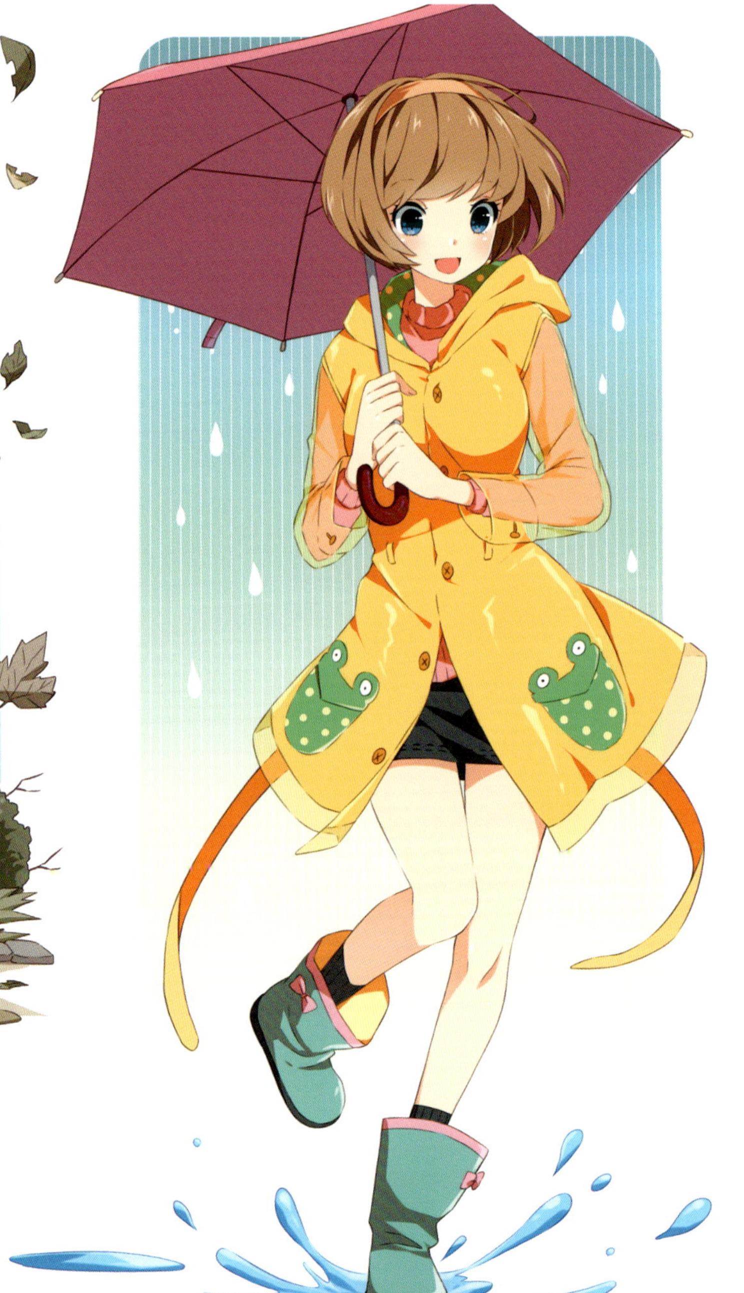

Jahres-zeiten

Die Jahreszeiten warten mit großartigen Anlässen für Modethemen auf. Jede Jahreszeit hat ihre ganz eigenen Motive: im Sommer den Strand, im Herbst die Apfelernte, im Winter die Feiertage und im Frühling die Steuern. (Notiz an mich selbst: besseres Beispiel für Frühling suchen.) Darüber hinaus hat jede Jahreszeit ihre eigene Farbpalette. Und die Launen des Wetters verwandeln Fashion-Posen in lustige Szenen.

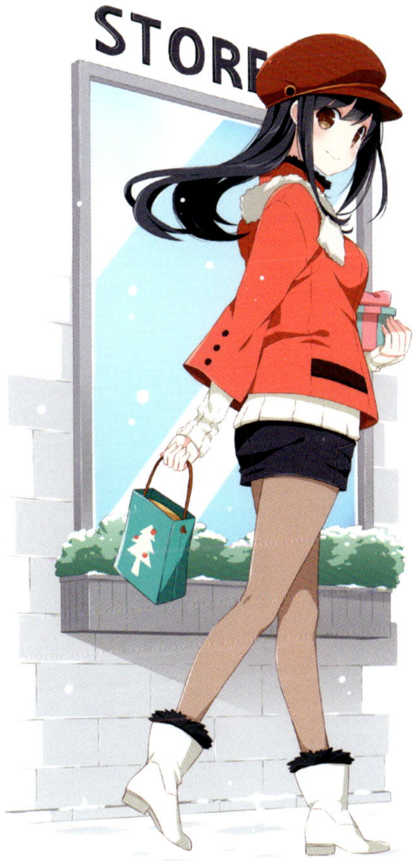

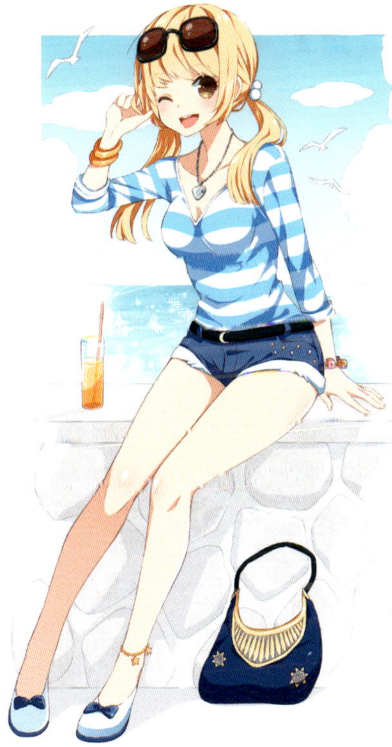

HERBST

Der Herbst steckt voller Romantik. Paare fahren in Pferdekutschen durch den Park. Von den Bäumen trudeln die Blätter. Die Outfits bestehen aus mehreren Lagen in kräftigen Gelb-, Orange- und Rottönen. Im Café genießt ihr eine heiße Schokolade mit Schlagsahne und 1200 Kalorien. Und nicht zu vergessen die herbstlichen Familientreffen mit Verwandten, denen ihr das ganze Jahr über aus dem Weg gegangen seid.

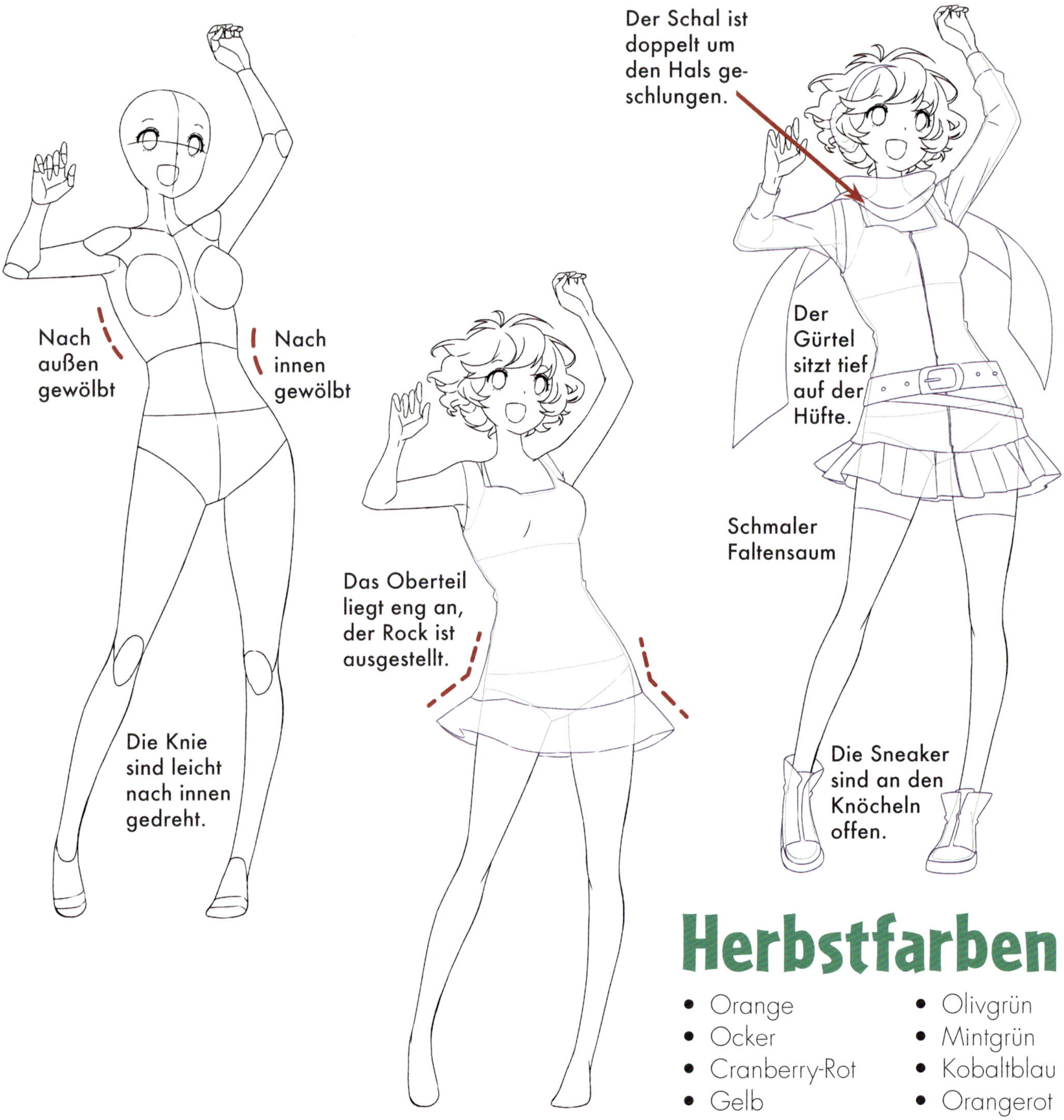

Herbstfarben

- Orange
- Ocker
- Cranberry-Rot
- Gelb
- Olivgrün
- Mintgrün
- Kobaltblau
- Orangerot

TIPP
Das Outfit einer Figur sollte die jeweilige Jahreszeit deutlich machen.

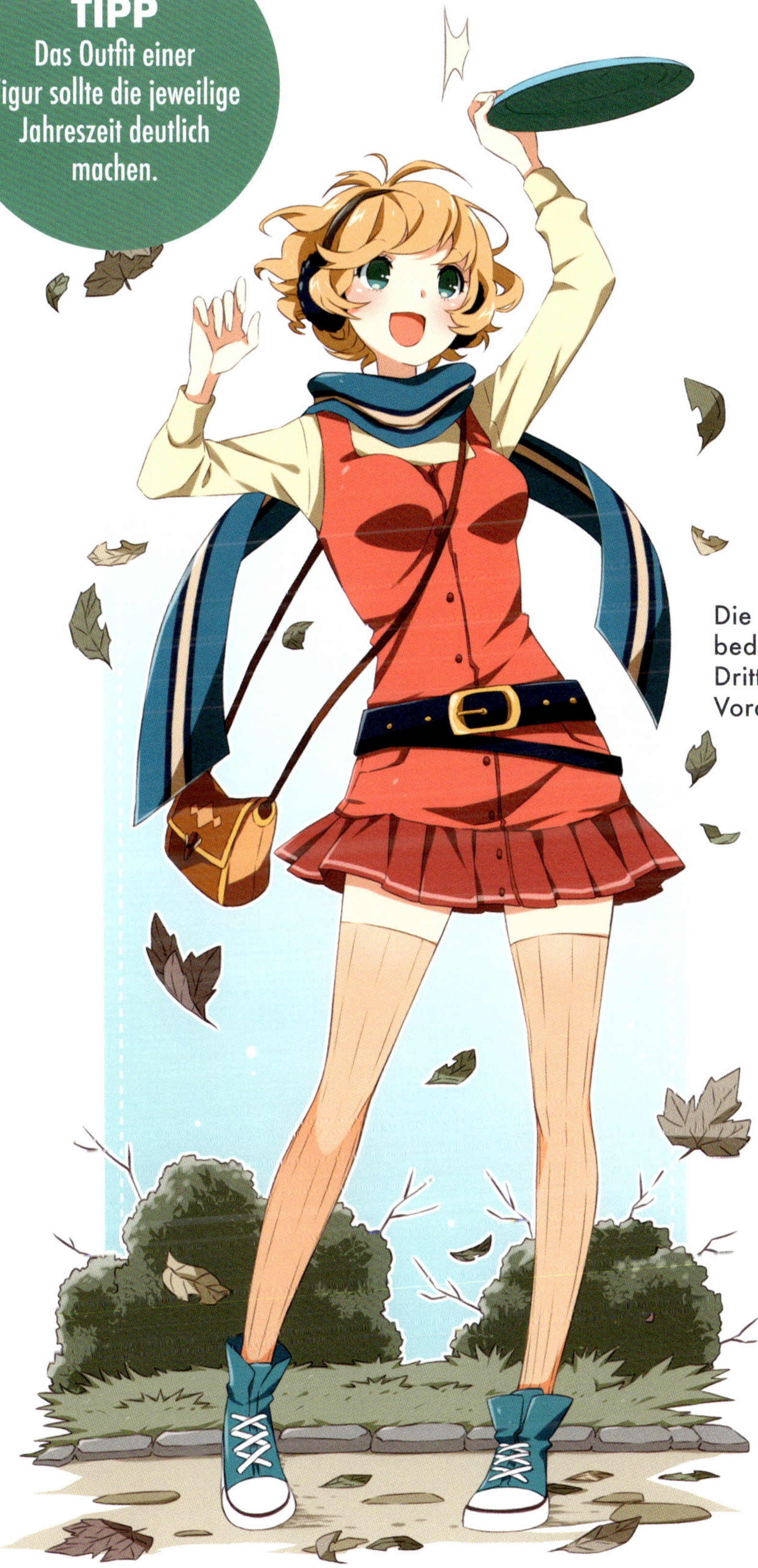

DETAIL: DIE TASCHE

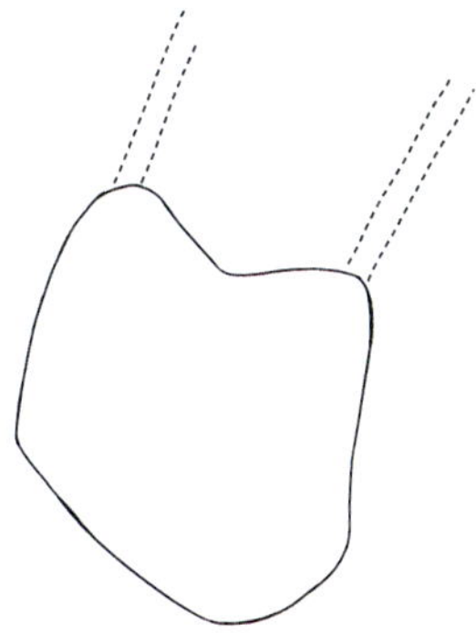

Beginnt mit einer unregelmäßigen Form.

Die Klappe bedeckt zwei Drittel der Vorderseite.

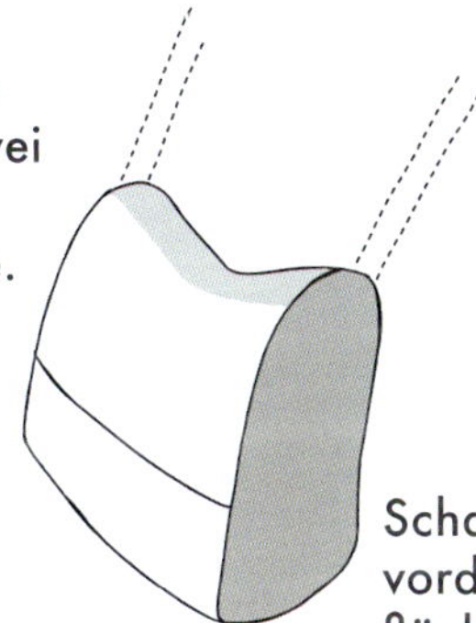

Schattiert die vordere Seitenfläche ab.

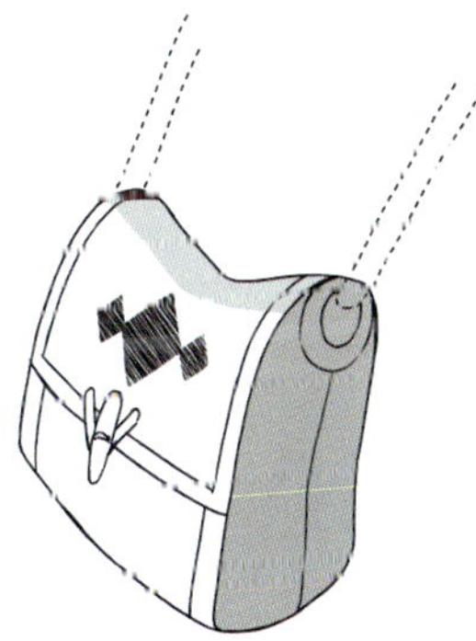

Fügt Nähte und Muster ein.

WINTER

Jedes Jahr wieder stellt der Winter die Frauen vor dasselbe Problem: warm oder stylish? Hier seht ihr ein typisches Manga-Mädchen, das in seinem Winterjäckchen zwar ziemlich schick aussieht, allerdings bis auf die Knochen durchgefroren ist. Im Winter sind mehrere Lagen Kleidung ein Muss, daher blitzt unter der Jacke ein leichter Pullover hervor. Die Mütze sollte zur Jacke passen, damit das Ganze ein Outfit ist und nicht nur zusammengewürfelte Einzelteile.

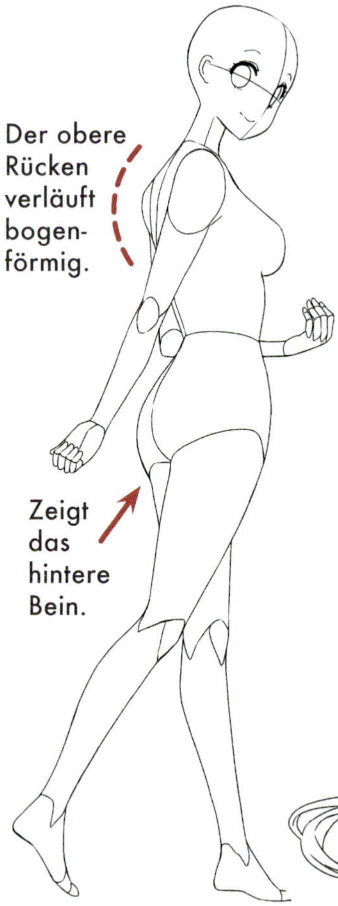

Winterfarben

- Tauben- und Marineblau
- Türkis
- Rot und Rosa
- Moosgrün
- Cremefarben
- Grautöne

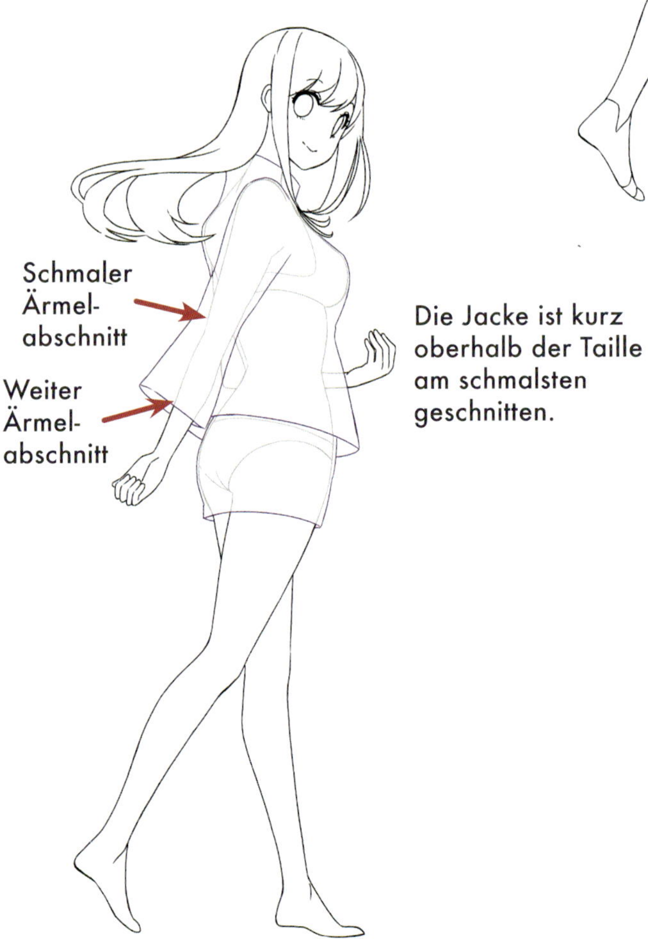

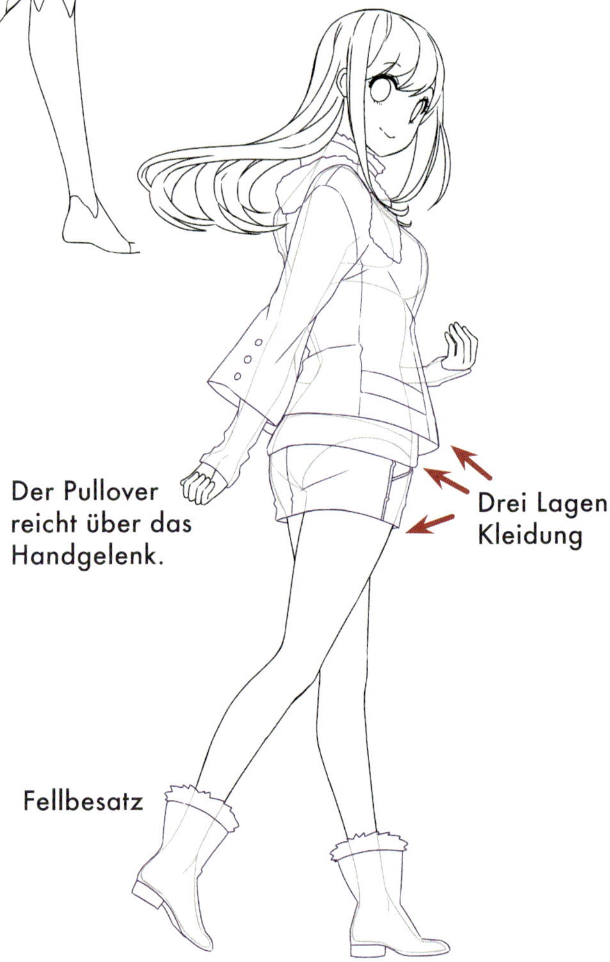

DETAIL: DIE STYLISHE MÜTZE

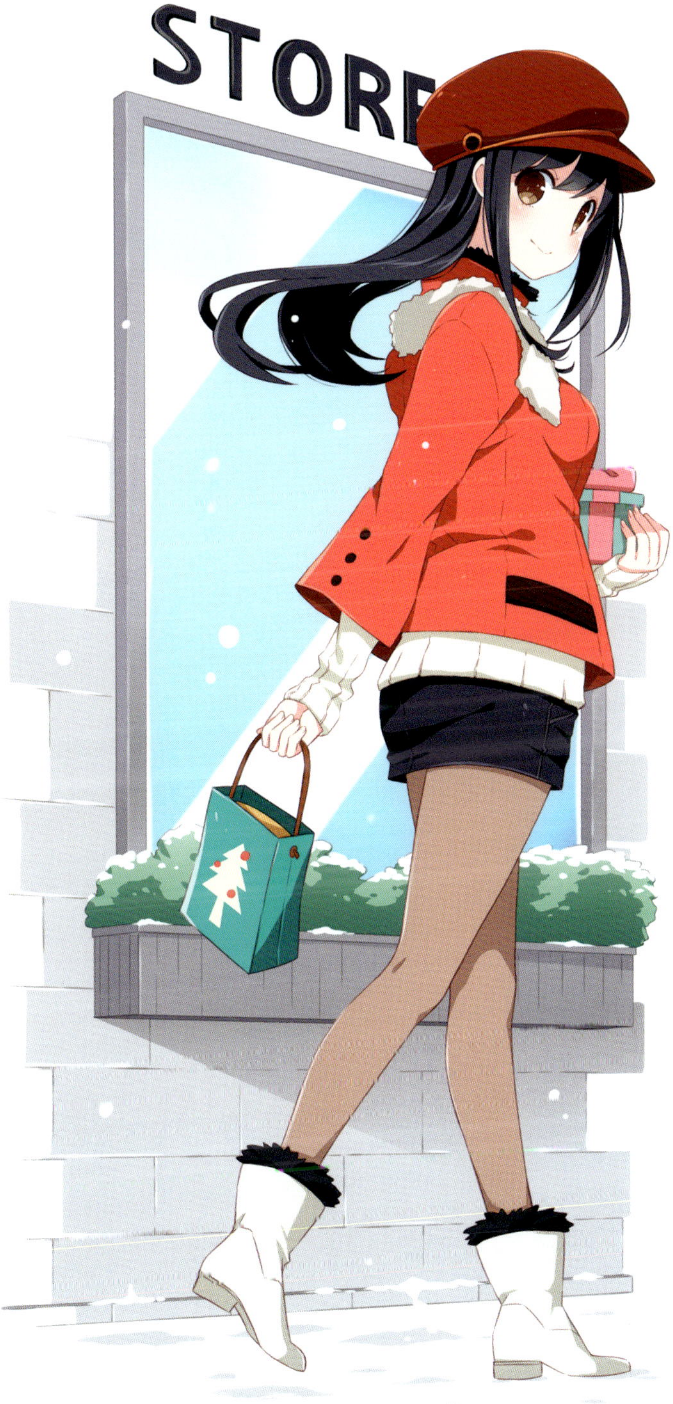

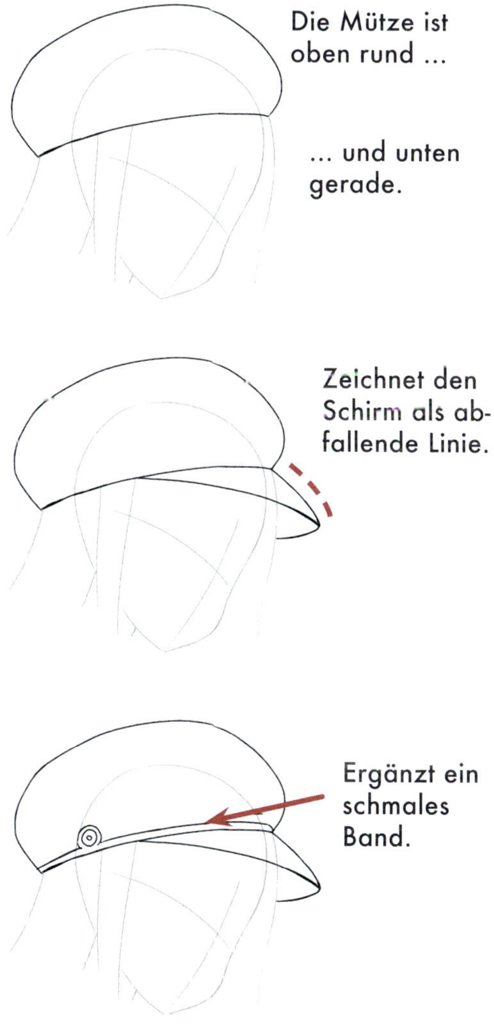

TIPP

Den Fellbesatz an mehreren Stellen zu wiederholen verleiht Winter-Outfits einen reizenden Akzent.

FRÜHLING

Die Frühlings-Outfits sind so farbenfroh wie eine blühende Blumenwiese. Doch der Frühling ist auch eine regnerische Jahreszeit. Allerdings lassen die Menschen sich nach den Monaten drinnen von ein bisschen Regen nicht abschrecken. Sie greifen sich ihren Schirm, flanieren durch den Regen und springen in Pfützen, sodass die Kleider der anderen nass gespritzt werden.

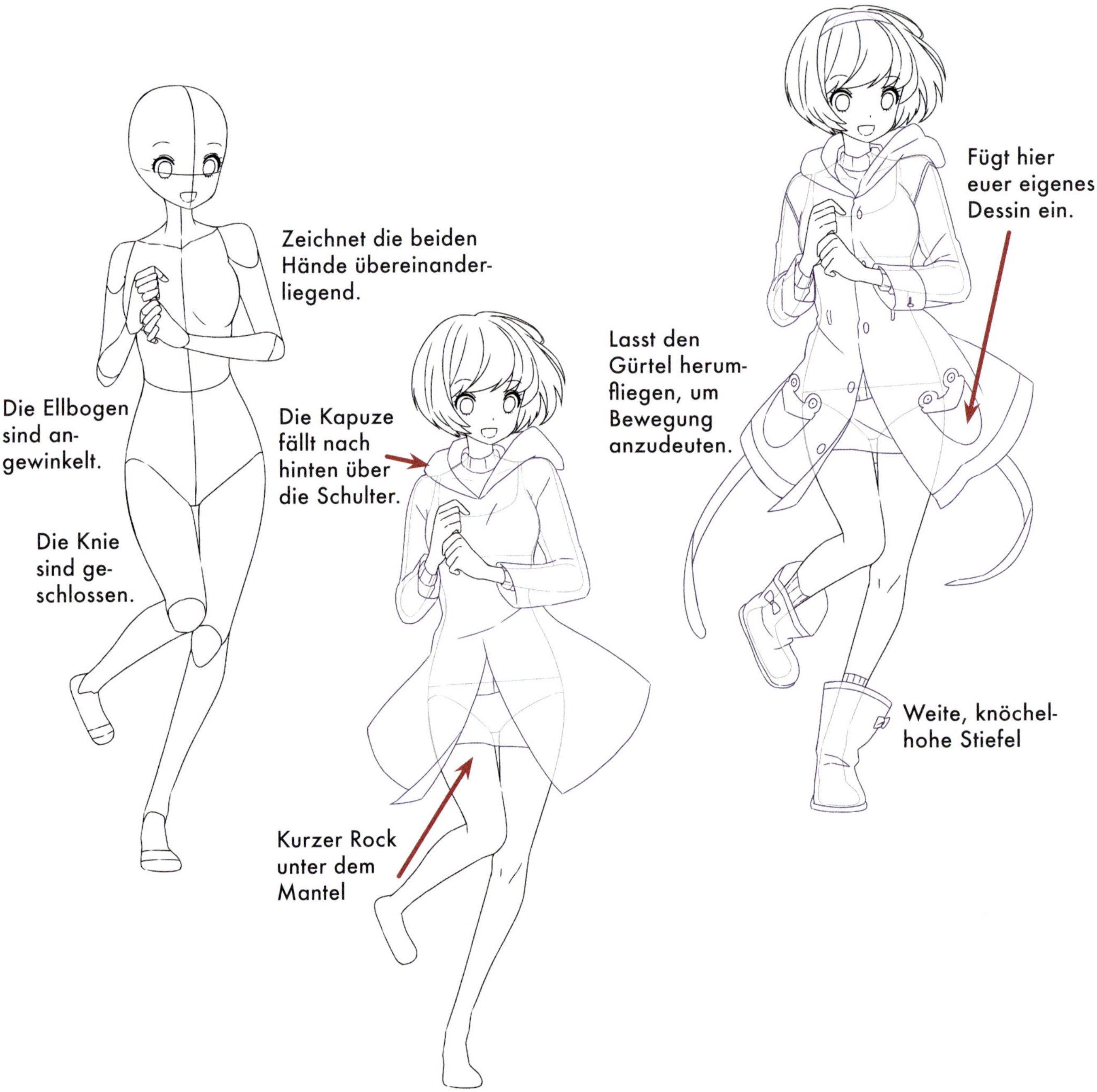

Frühlingsfarben

- Gelb
- Pink
- Türkis
- Korallenrosa
- Braungrau
- Eisblau
- Lindgrün
- Sandfarben

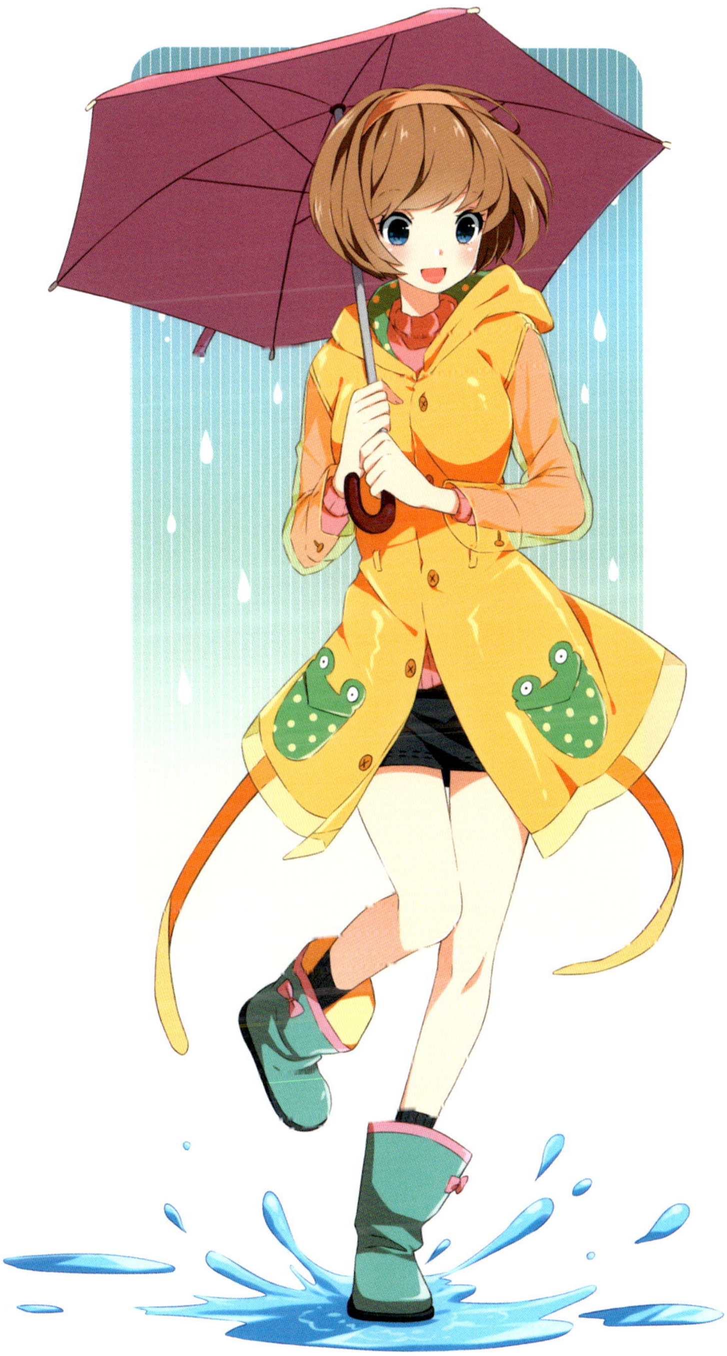

ANLEITUNG: EIN REGENSCHIRM

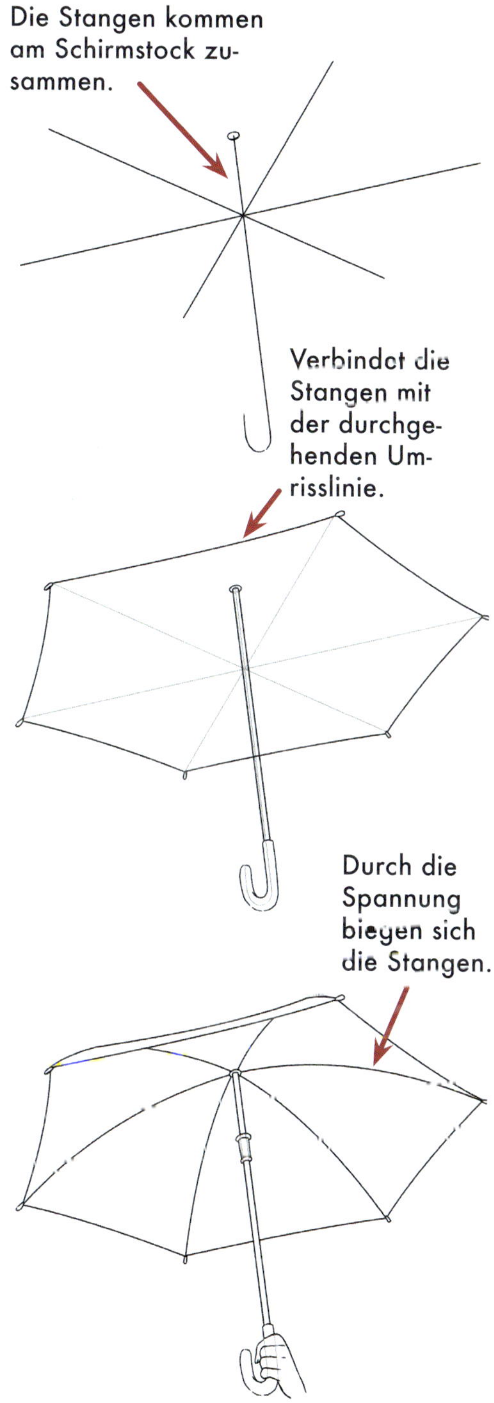

SOMMER

Blauer Himmel, weiße Wölkchen und das funkelnde Meer sind der ideale Hintergrund für die Sommermode. Kombiniert für einen sonnigen Look leuchtende Kleider und kühne Muster. Beachtet, wie hervorragend das blau-weiße Top das Blau und Weiß von Himmel und Meer widerspiegelt.

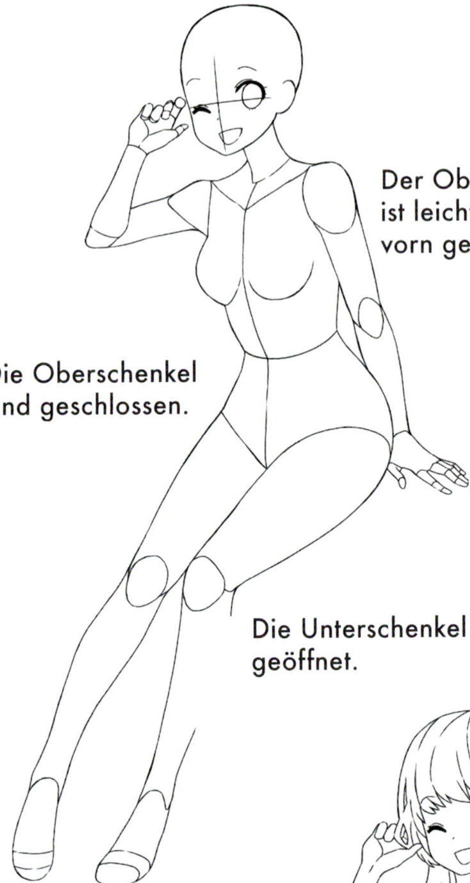

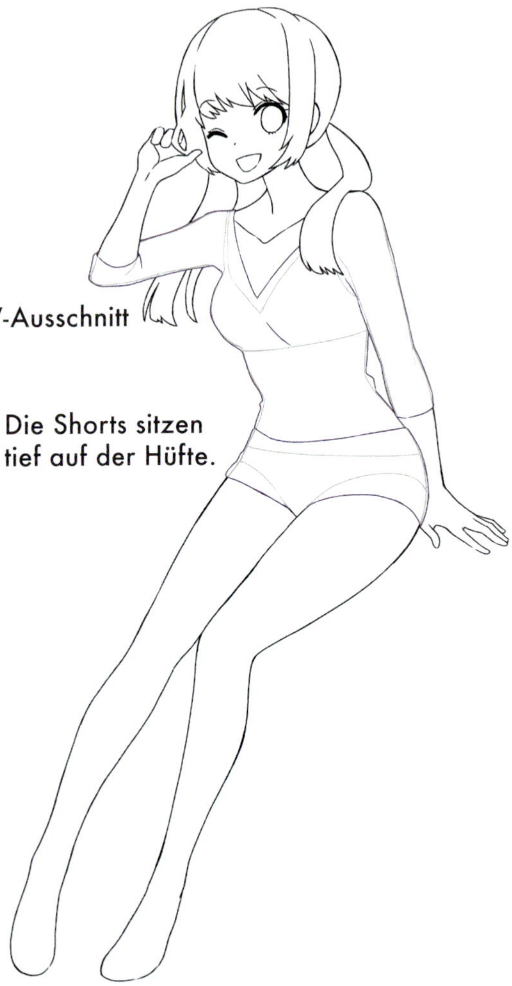

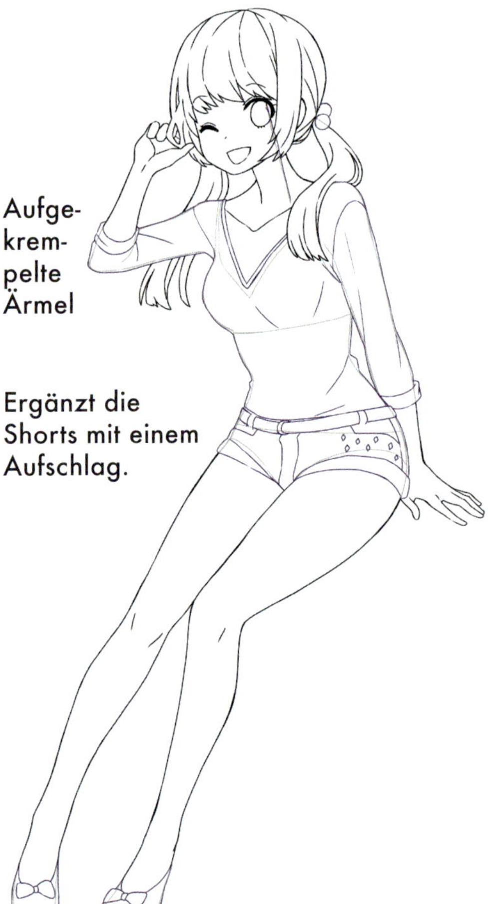

Sommerfarben

- Weiß
- Gelbgrün
- Himmelblau
- Grau
- Schwarz
- Jeansblau
- Neonrosa
- Sandfarben

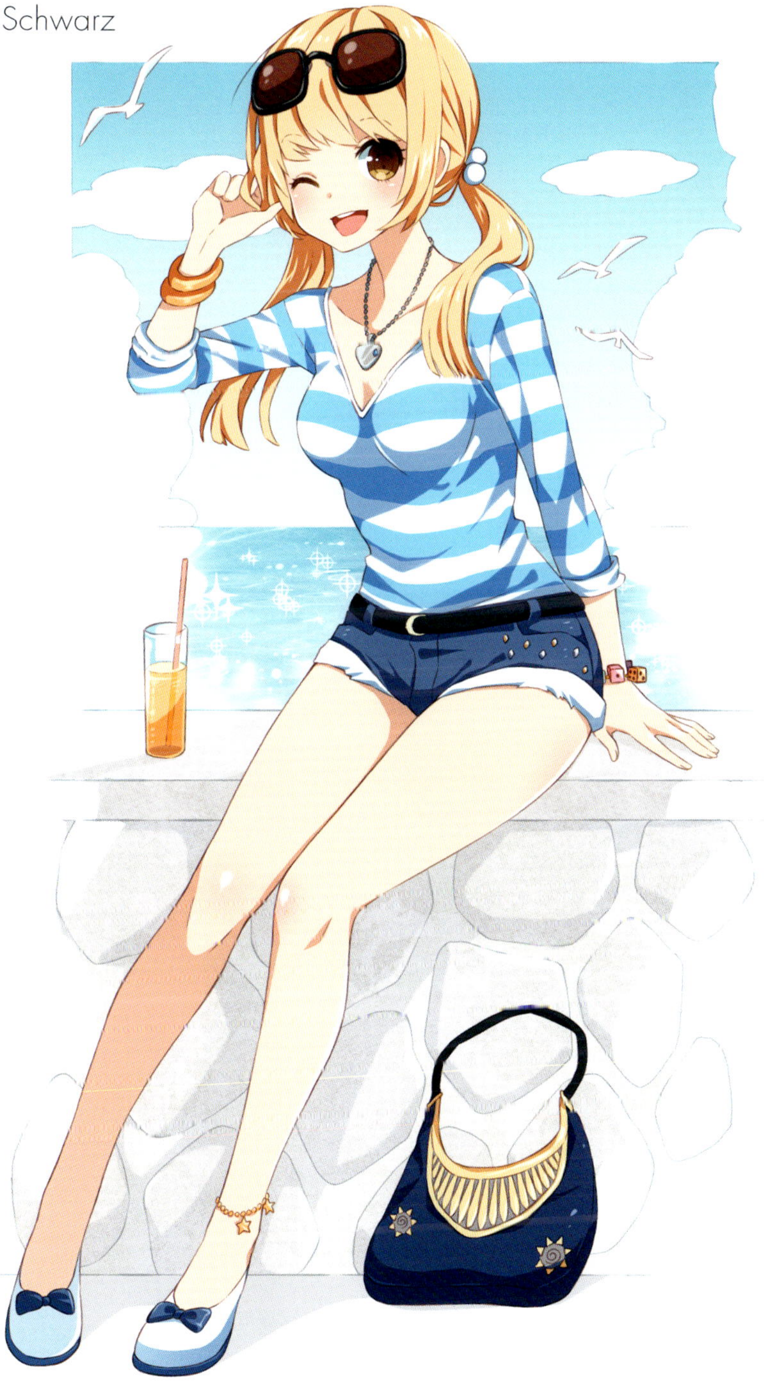

ANLEITUNG: EINE SONNENBRILLE

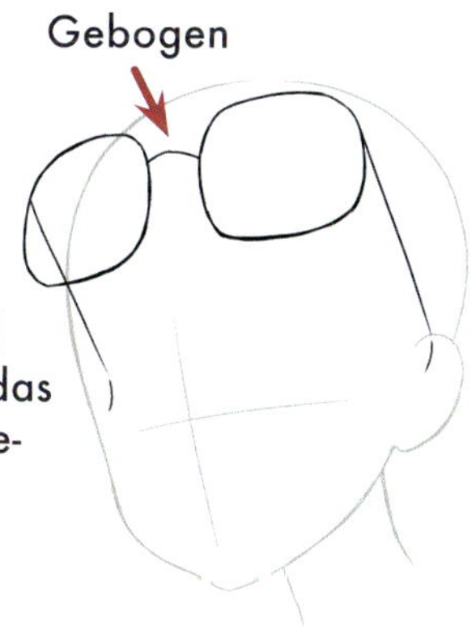

Der Bügel ist durch das Glas zu sehen.

Zeichnet den Rahmen oben schmaler …

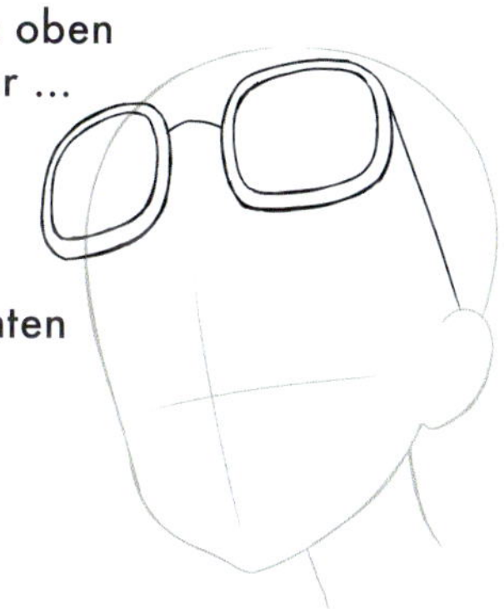

… und unten breiter.

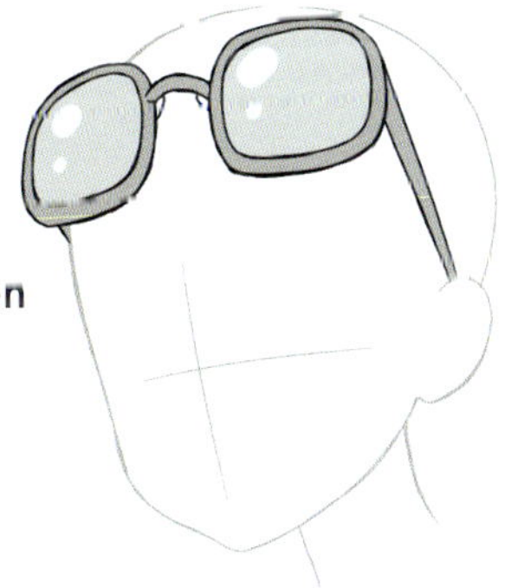

Ergänzt Reflexionen auf den Gläsern.

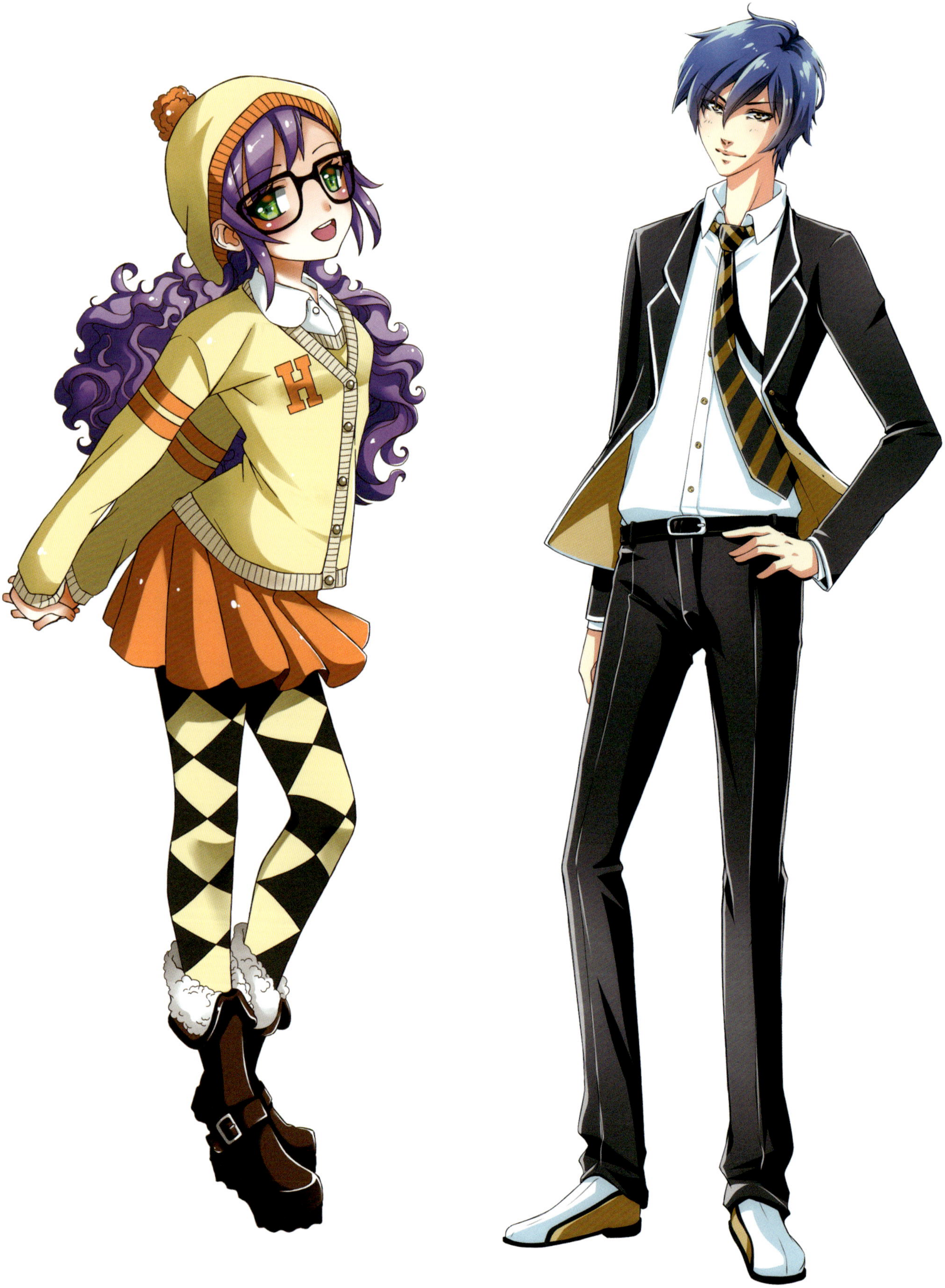
H

Mode mit Spaßfaktor

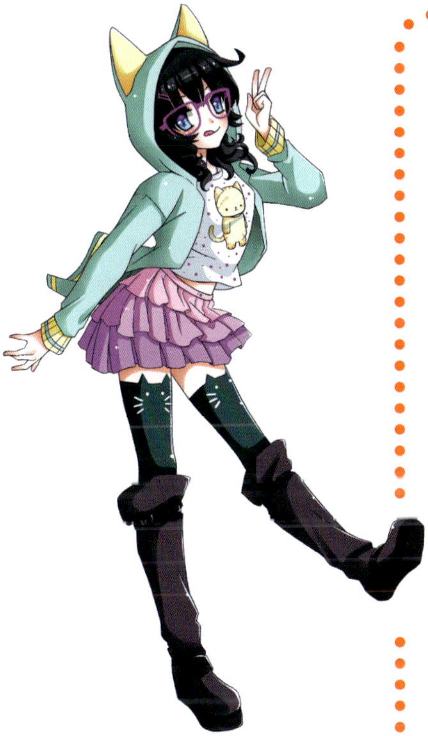

Bisher haben wir verbreitete Stile und Genres gezeichnet. Doch die Menschen ziehen sich auch spontan an, sie greifen nach diesem Top und jenem Rock und improvisieren, insbesondere wenn sie es eilig haben. Stellt euch vor, wie eure Manga-Figur ihren Schrank öffnet und nach ihren Lieblingsstücken greift – um Freunde zu treffen, ihren Hund Gassi zu führen oder ins Kino zu gehen.

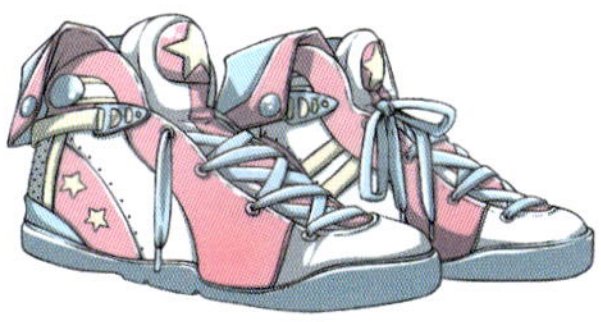

Außerdem lernt ihr hier, wie ihr klassische Posen zeichnet. Doch damit nicht genug: Ein paar männliche Charaktere treten auch auf.

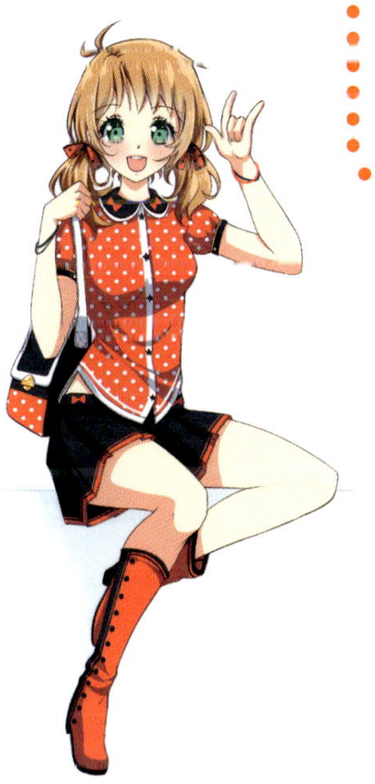

WEITES TOP UND SCHLAGHOSE

Casual, und dennoch aufeinander abgestimmt: Das weiße Top wirkt durch den weiten fließenden Schnitt seidig-weich, und Schlaghosen sind immer in Mode.

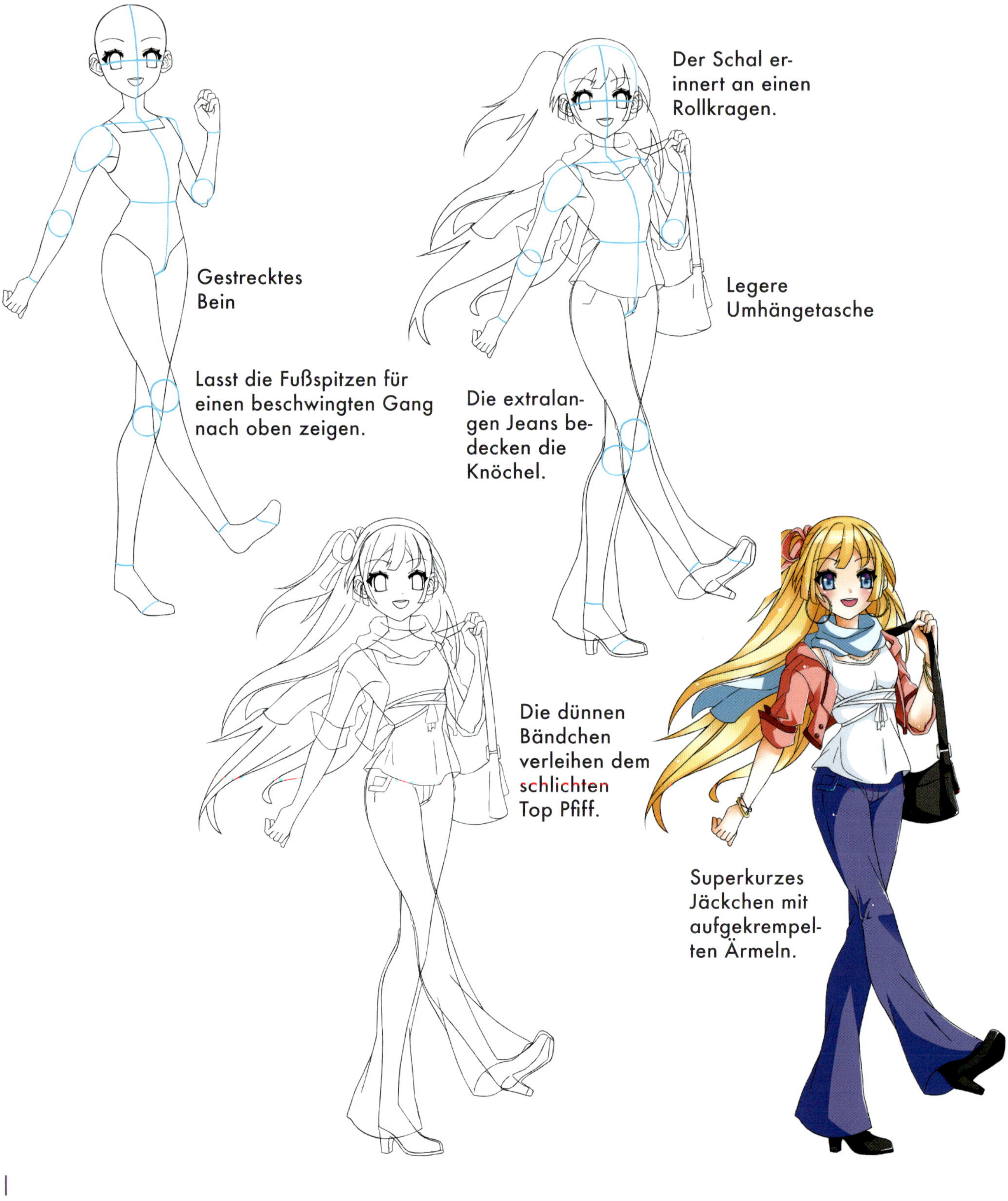

JEANS MIT HOSENTRÄGERN

Diesem kreativen Outfit verleihen Hosenträger und Baskenmütze einen Hauch von Unkonventionalität. Die Risse an den Knien sind übrigens selbst gemacht, nicht vom Designer. Ein echt toller Stil!

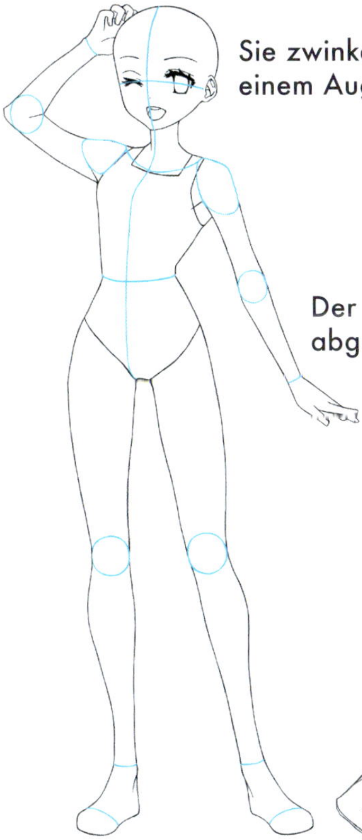

Sie zwinkert mit einem Auge.

Der Arm ist abgespreizt.

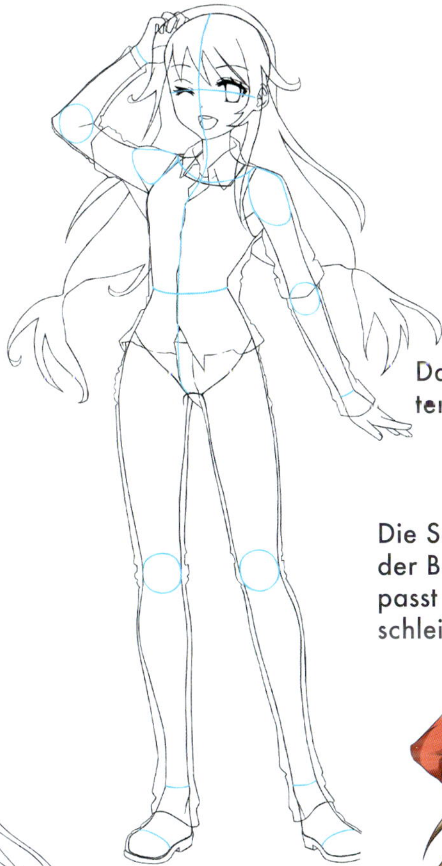

Das Outfit ist eng geschnitten, aber nicht hauteng.

Die Schleife an der Baskenmütze passt zu den Zopfschleifen.

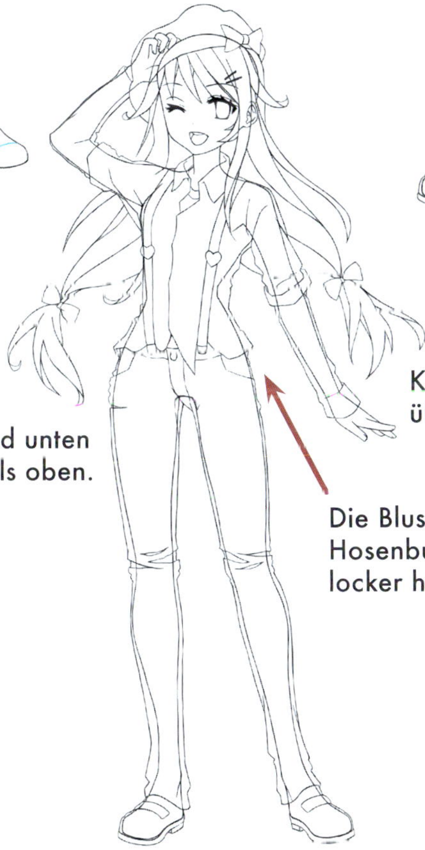

Krempelt die Ärmel bis über die Ellbogen auf.

Die Hosenträger sind unten enger beisammen als oben.

Die Bluse steckt nicht im Hosenbund, sondern hängt locker heraus.

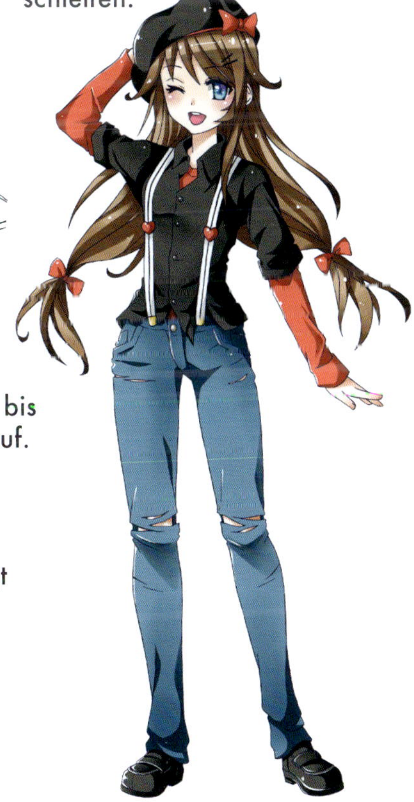

SÜSSES KLEIDCHEN

Dieses Outfit findet die goldene Mitte zwischen anständig und stylish. Die Bluse ist am Kragen geschlossen und hat Puffärmel, das Kleid dagegen ist durch die Farbe und die Länge weit weniger zahm. Eine fröhliche Kombination, die nicht zu verrückt wirkt.

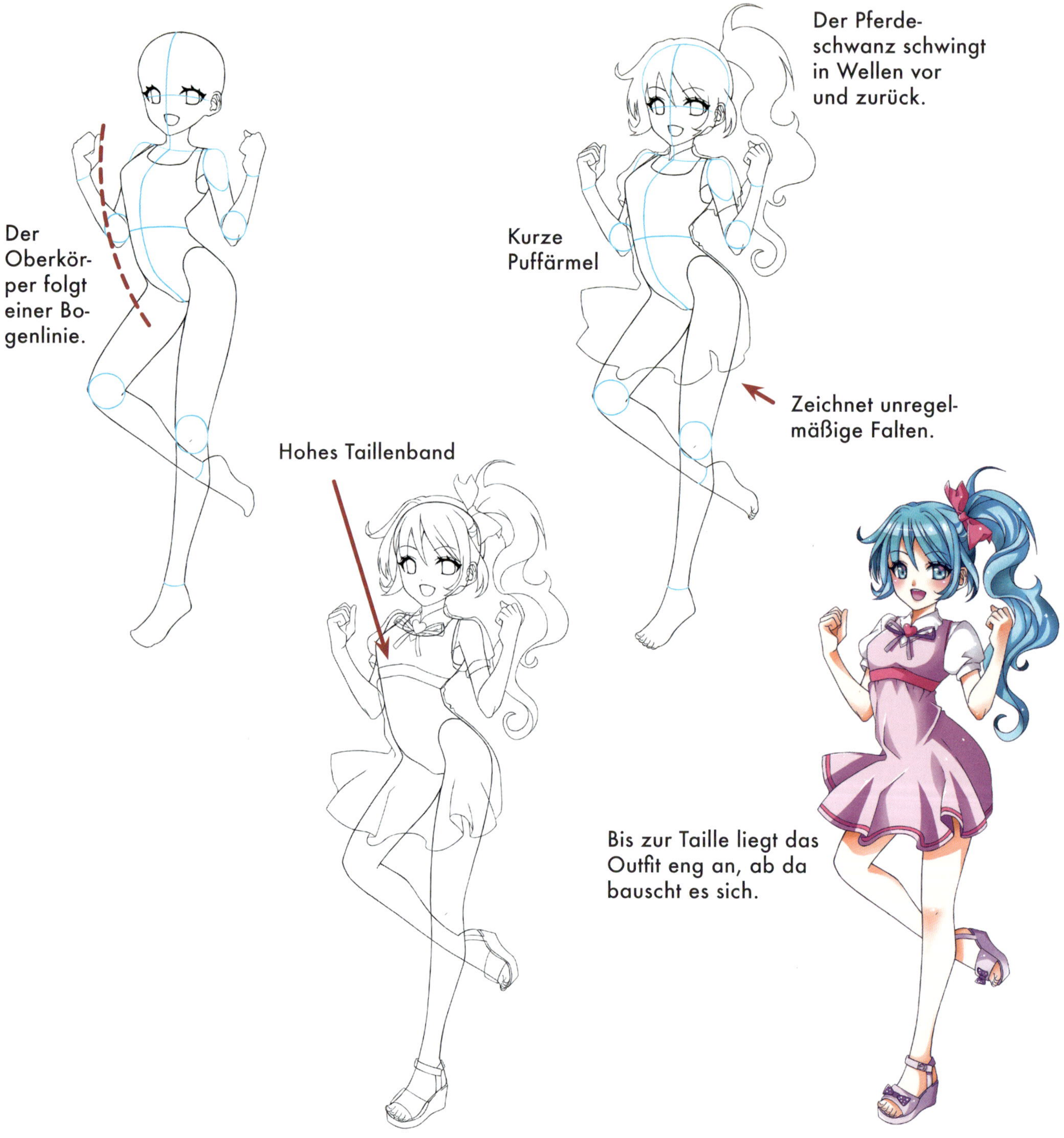

SCHUL-POWER

Hamster vor! Okay, die Schule hätte sich für ihre Mannschaft einen besseren Namen einfallen lassen können. Doch immerhin wird hier einer weitverbreiteten Figur durch ein paar knallige Elemente neuer Schwung verliehen.

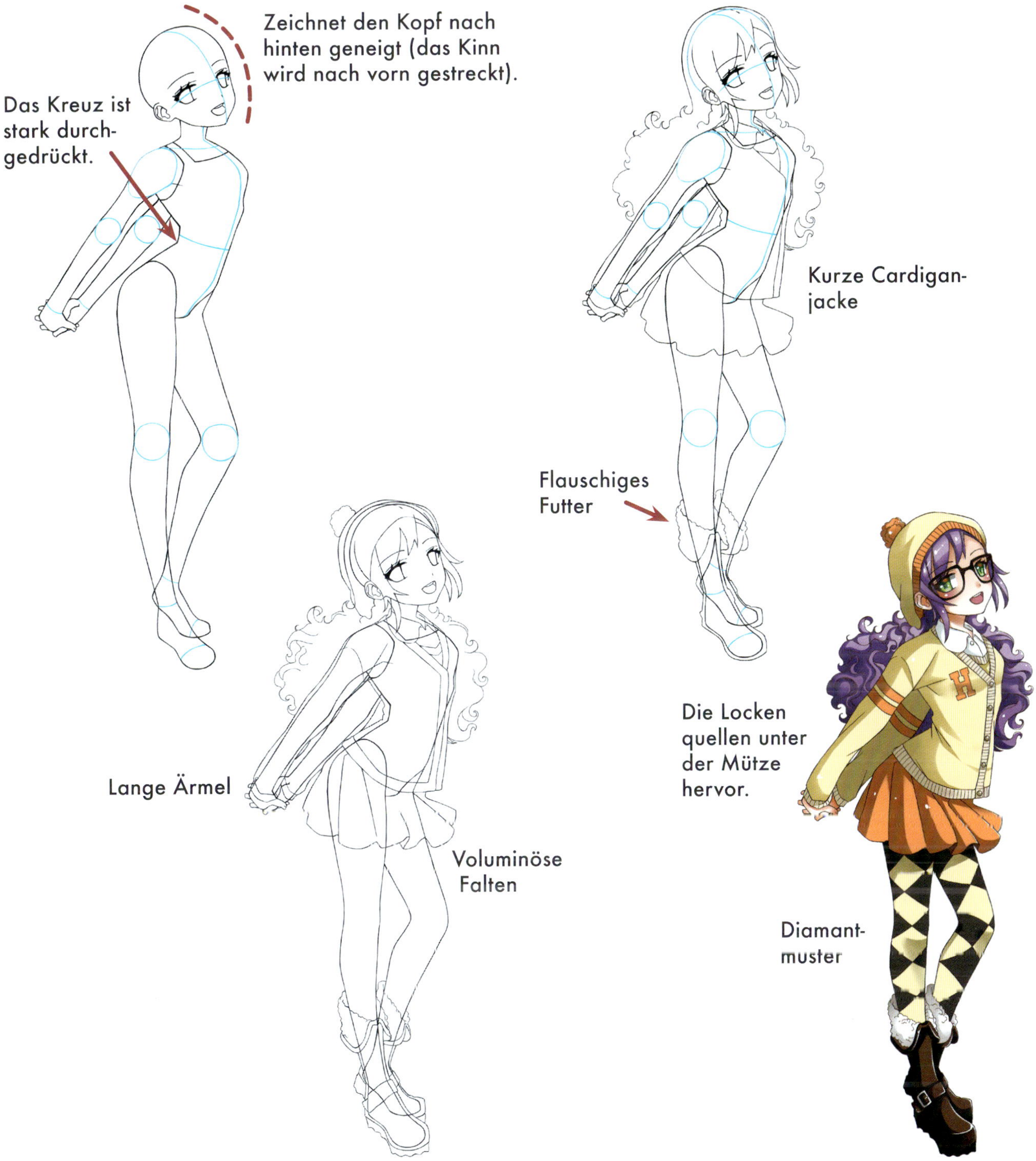

NEKO-POP

Dieses markante Outfit spielt mit dem Neko-Motiv. Neko ist das japanische Wort für Katze. Mit Katzenohren könnt ihr dem Outfit eures Charakters auf unkomplizierte Weise eine drollige Note verpassen. Die Leute lieben so etwas. Das Neko-Thema taucht in diesem Outfit dreimal auf, mit Kapuze, Shirt und Leggings.

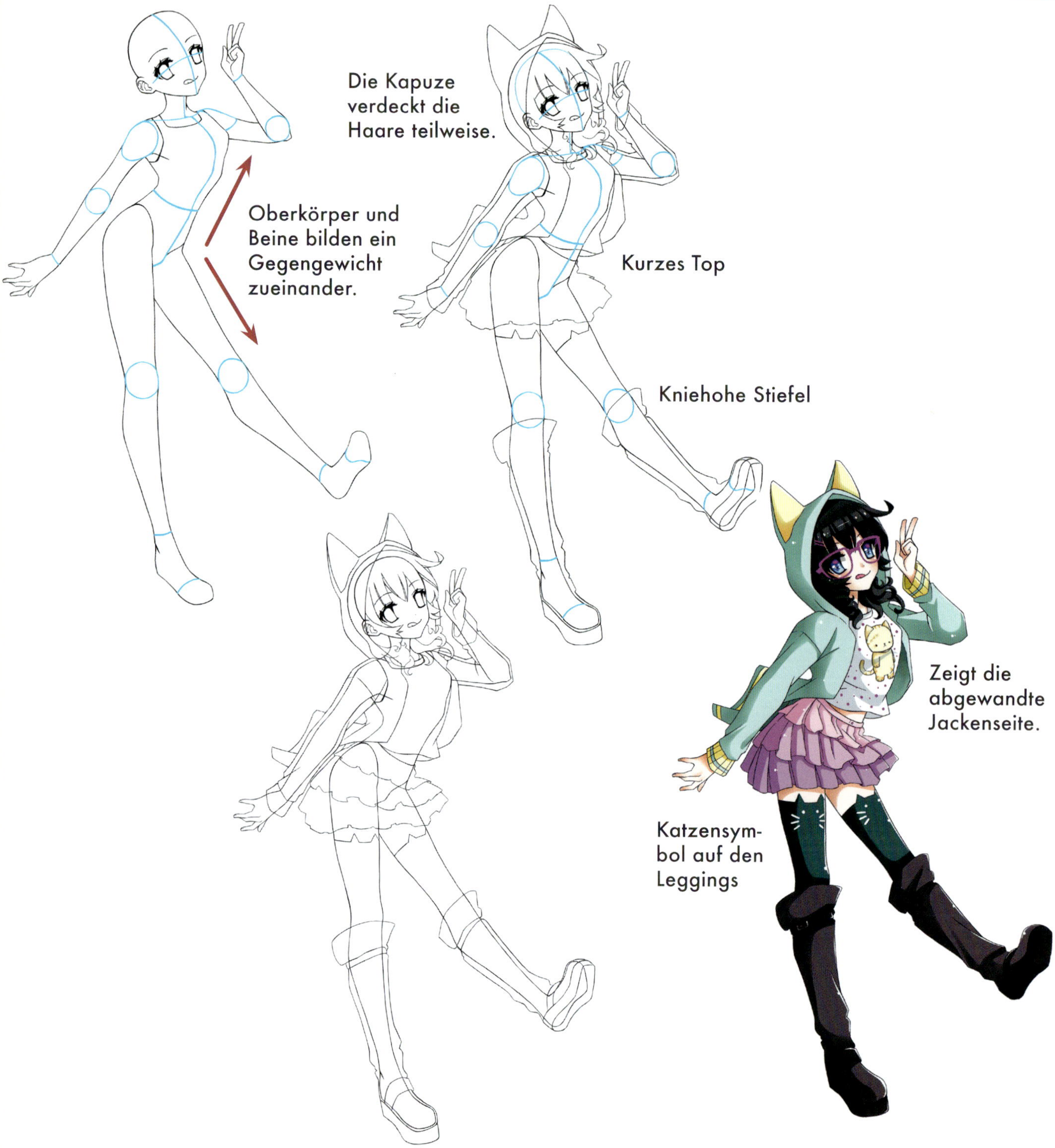

Schuhe sind das Herz der Mode und verraten viel über den jeweiligen Charakter. Manche Schuhe sagen: „Ich bin ein schüchternes Schulmädchen", andere brüllen: „Ich hasse Konventionen." Stylishe Schuhe sind das modische i-Tüpfelchen auf einem Outfit. Betrachten wir ein paar schicke Beispiele.

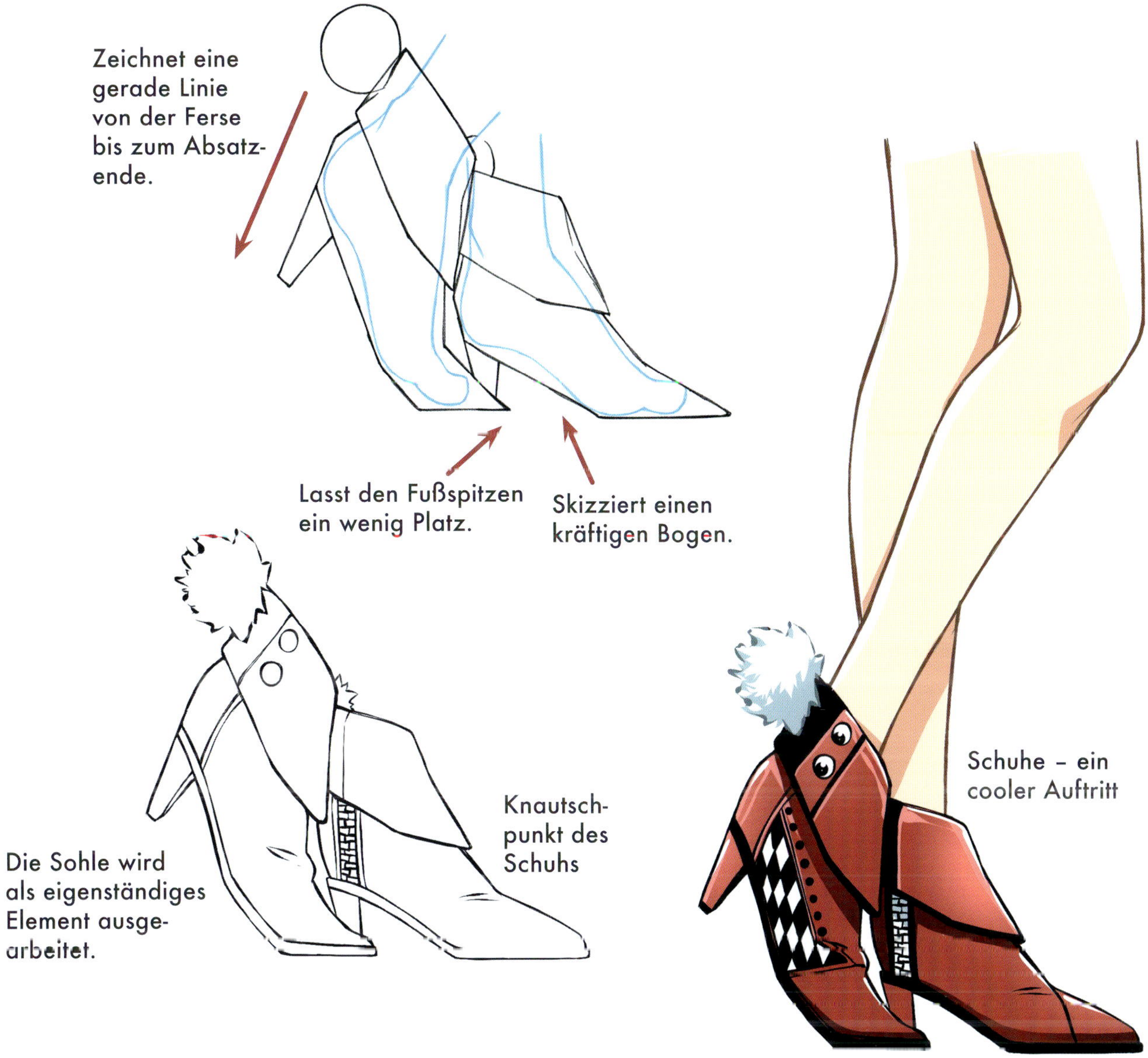

Fußform trifft auf Schuhform

Luxusschuhe sind superstylish. Doch sie können für den Frauenfuß auch zur Folter werden. Lasst uns schauen, ob es nicht auch ein bisschen bequemer geht. Beginnt mit dem Fußumriss, und entwerft dann die passenden Schuhe.

Spitzenschuhe

Tolle Farben und Dessins sind nicht den Klamotten vorbehalten. Hier findet ihr einige Vorschläge für Schuhe, Sneaker, Sandalen und Stiefel.

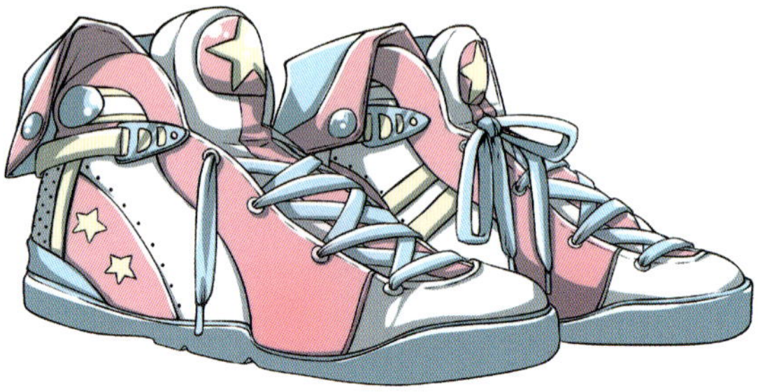

SNEAKER

Sneaker sind aus verschiedenfarbigen Komponenten zusammengesetzt.

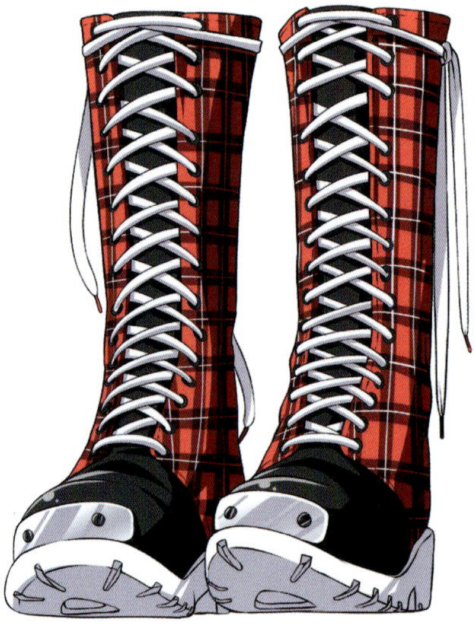

STIEFEL

Dieses Design wird von dem hochhausartigen Schnürschaft bestimmt. Das Karo ist gewagt, und die Gummisohlen heben ab.

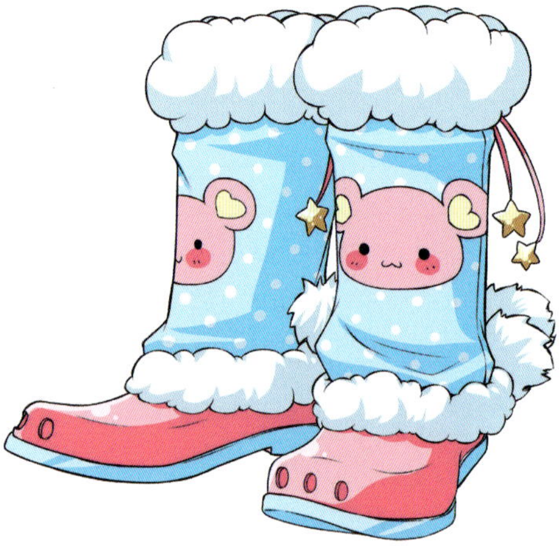

NIEDLICHE STIEFEL

Die bezaubernden Stiefelchen sind verspielt und bringen gute Laune. Durch die Applikationen wirken sie wie aus dem Süßwarenladen.

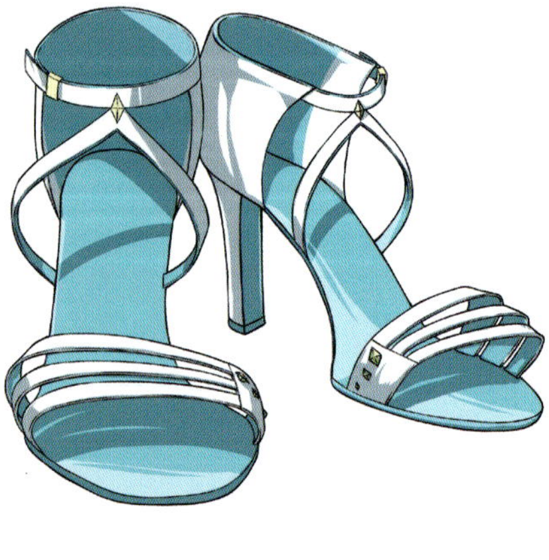

HOCHHACKIGE SANDALEN

Die Riemchen machen das Design. Doch bei genauerem Hinsehen erkennt ihr, dass diese Schuhe eigentlich keine Sandalen sind, sondern ein wenig offenherzigere Pumps.

Cool und trendy

Man muss keine Stilettos tragen, um cool zu sein – aber es schadet auch nicht. Diese trendigen Schuhe und Stiefel verbinden Gefahr und Stil.

ABENDSCHUHE

Beachtet die eleganten und sinnlichen Linien. Durch die hohen Absätze lastet Druck auf den Fußballen, sodass sich der Schuh dort weitet.

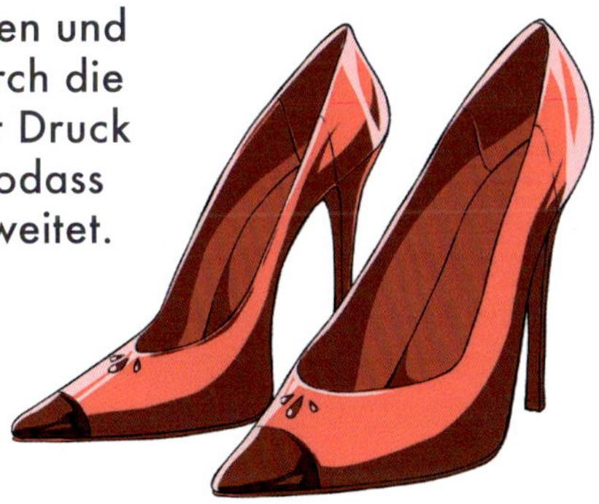

COWBOYSTIEFEL

Gute Cowboystiefel kommen nie aus der Mode. Gestaltet den Schaft mit einem dramatischen Ornament. Unter der aufwärtsgebogenen Spitze ist die Sohle sichtbar. Ergänzt ein paar „harte“ Details.

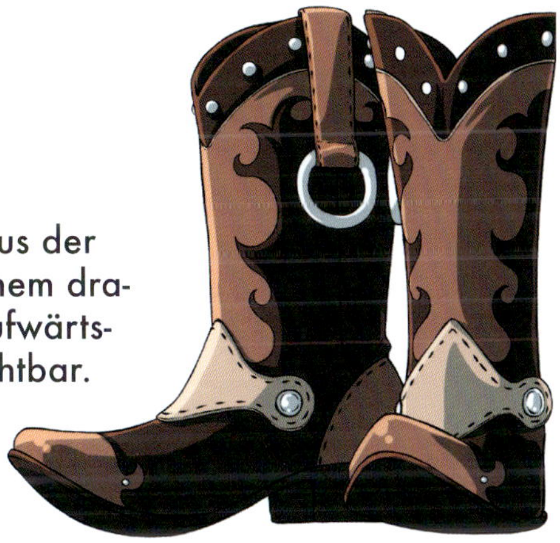

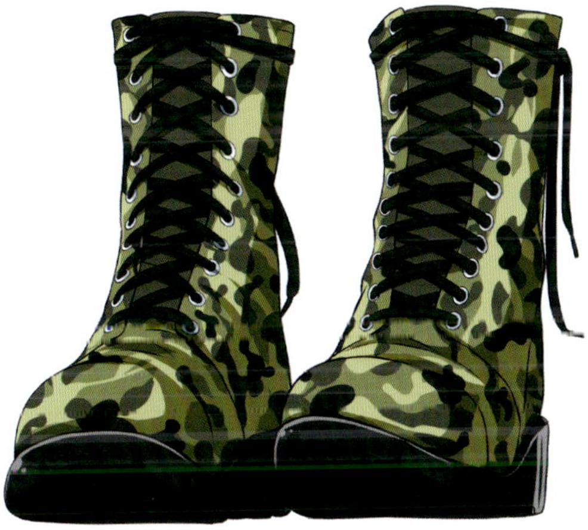

TARNSTIEFEL

Die Farben wirken bewusst „fleckig“ und sollen nicht ineinander übergehen. Die Stiefelspitze ist rund und wuchtig.

GRIMMIGE STIEFEL

Legt euch nie mit jemanden an, der solche Schuhe trägt. Knöchelhohe Stiefel tragen normalerweise die Bösen.

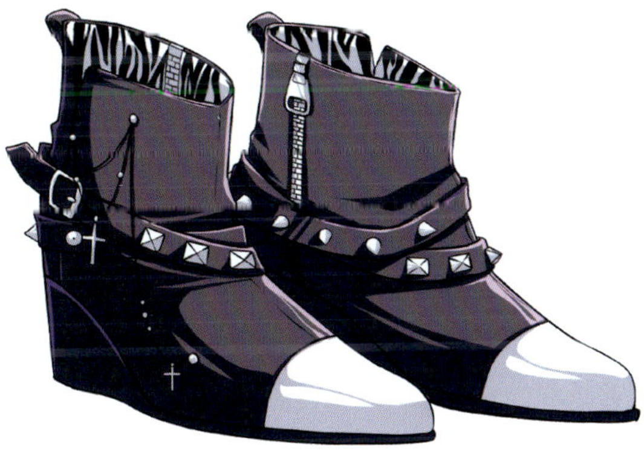

FASHION-POSEN

Eine gute Pose ist das A und O, um die Mode ins rechte Licht zu rücken – je attraktiver die Pose, desto verführerischer erscheint das Outfit. Unterschiedliche Stile erfordern unterschiedliche Posen. So funktioniert beispielsweise ein luftig-leichtes Outfit am besten mit einer beschwingt gehenden Figur, während man bei einem urbanen Look eine introvertierte Pose wählen sollte.

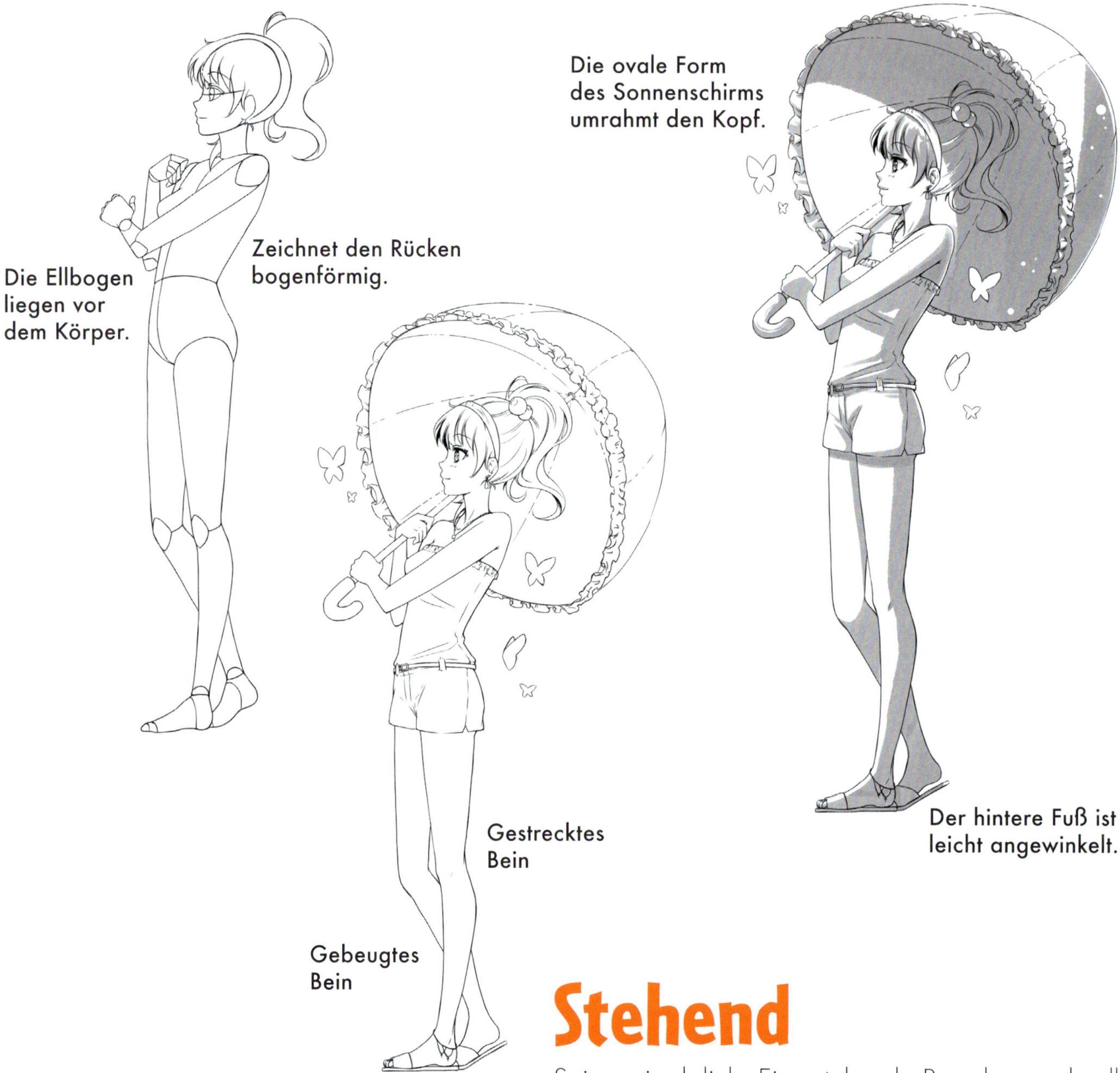

Stehend

Seien wir ehrlich: Eine stehende Pose kann schnell langweilig wirken. Doch mit einem simplen Accessoire lässt sich im Handumdrehen ein charmanter Augenblick zaubern.

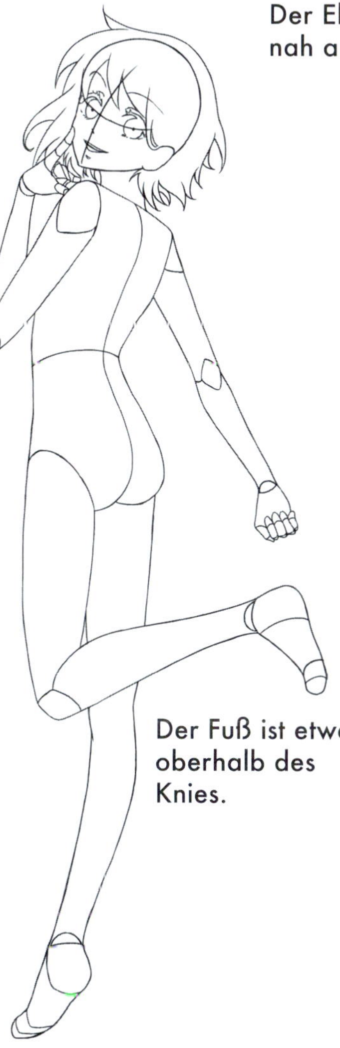

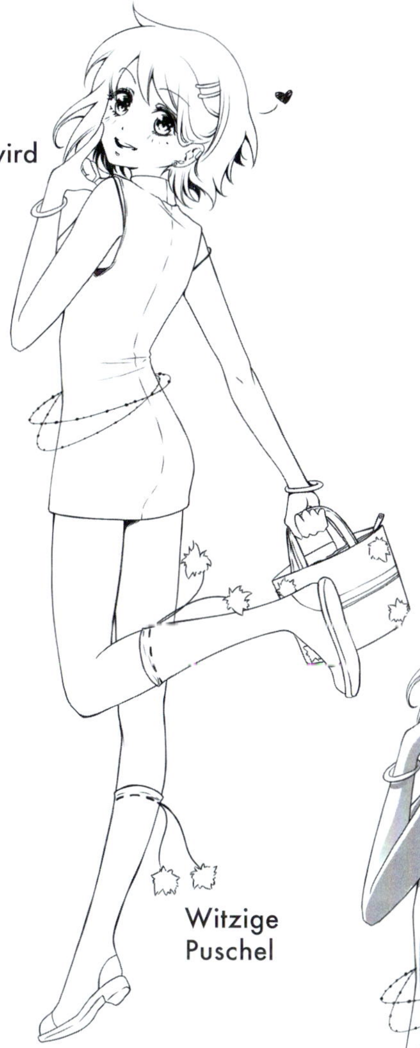

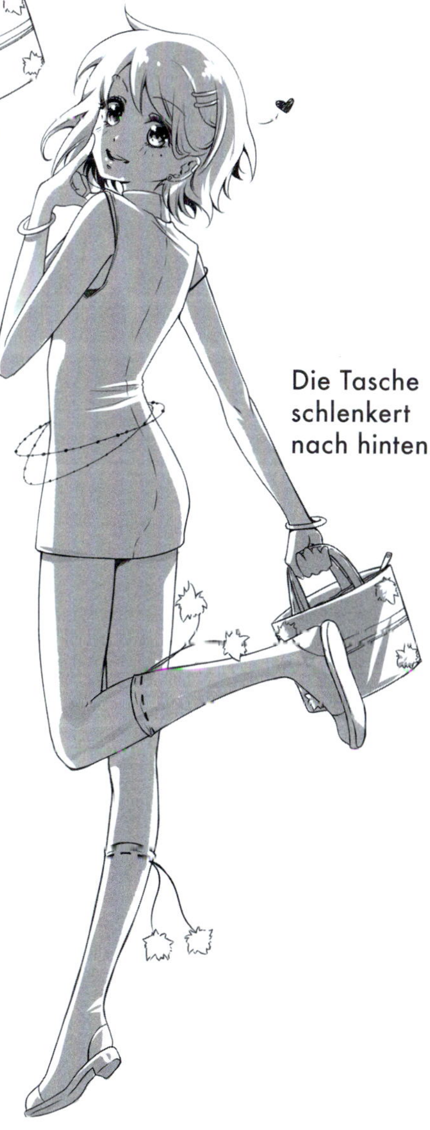

Beinschwung

Einer fröhlichen Figur sollte man den Spaß ansehen. Eine einfache Geste genügt. Ein geneigter Kopf, ein bezaubernder Gesichtsausdruck oder ein übermütiger Beinschwung – mehr braucht es nicht.

BEWEGUNG

Viele reizvolle Fashion-Posen verbinden eine bestimmte Bewegung mit einer typischen Geste. In diesem Fall wird die schreitende Bewegung mit der am Hinterkopf liegenden Hand kombiniert. Die Arme entfernen sich deutlich vom Körper, um einen ungehinderten Blick auf das Outfit zu ermöglichen.

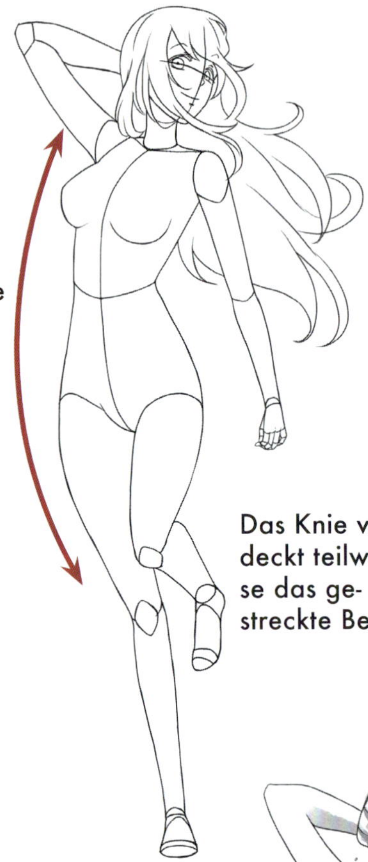

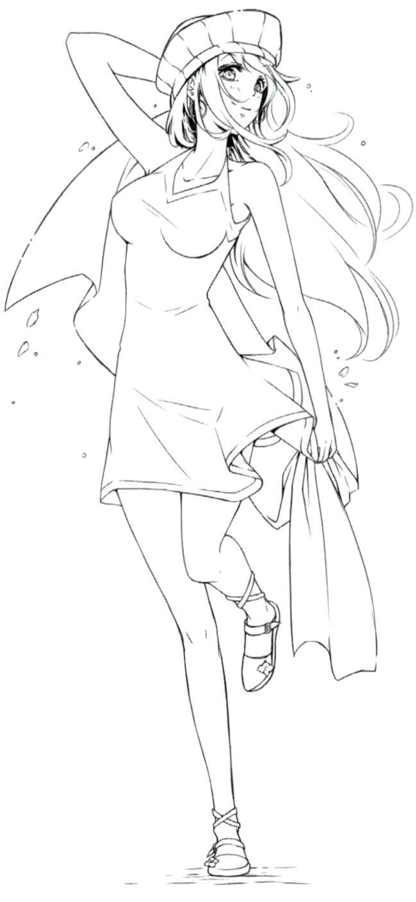

TIPP
Werft das Outfit in Pose, nicht nur die Figur.

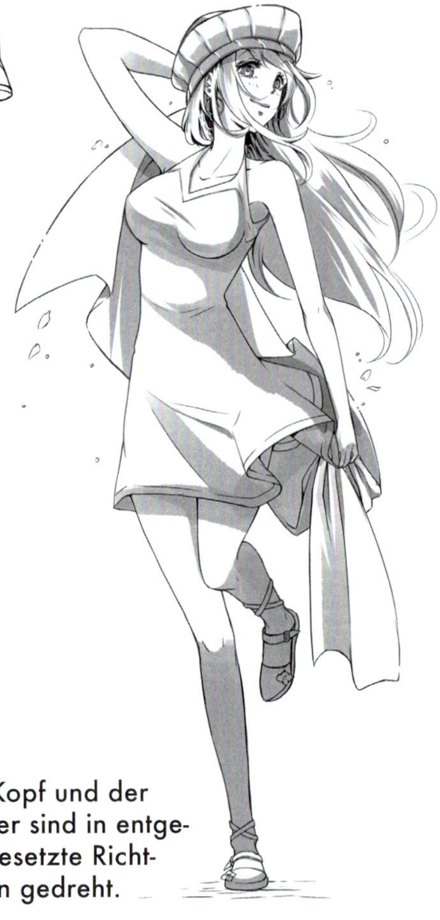

SITZEND

Um die sitzende Pose reizvoll zu gestalten, sollten die Beine seitwärts weisen. In der Vorderansicht würden sie deutlich verkürzt erscheinen. Zudem lassen die Beine sich in der seitlichen Haltung besser positionieren.

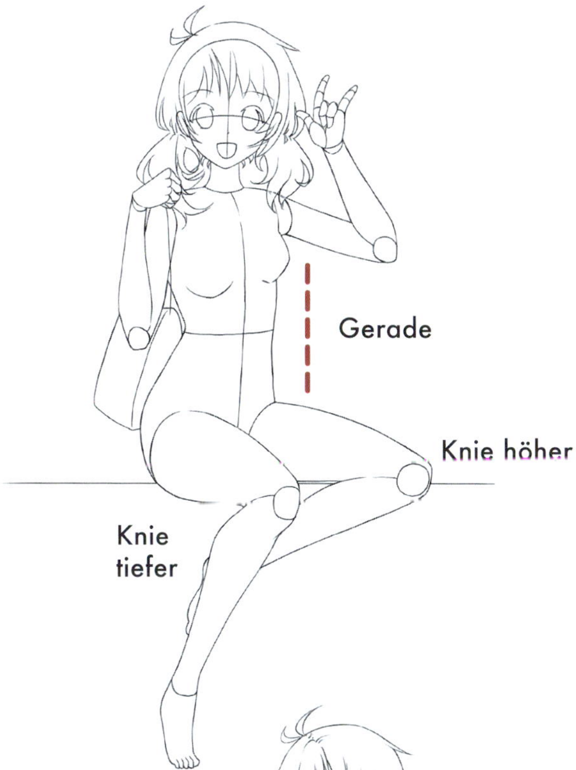

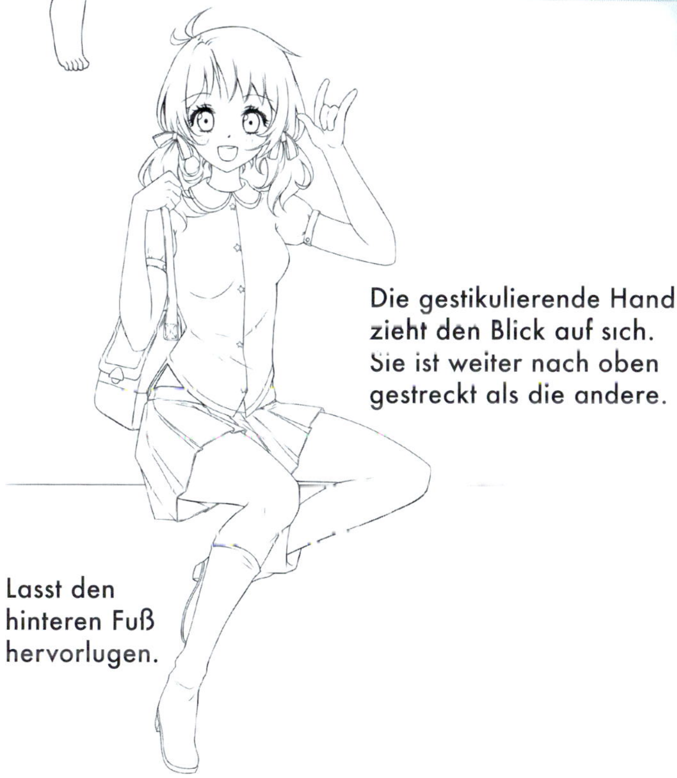

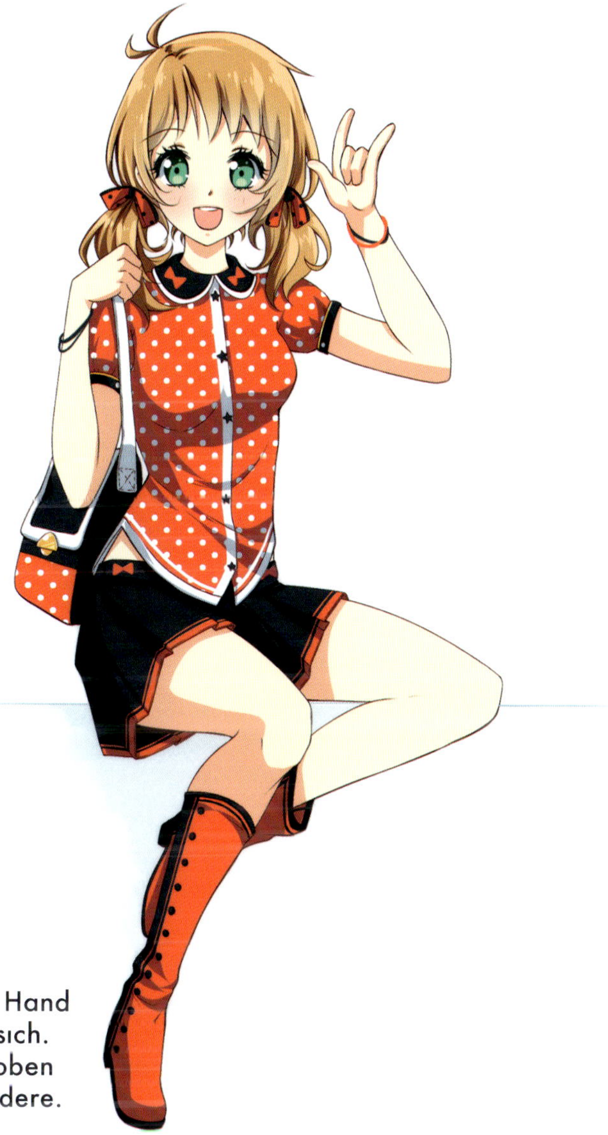

MODE FÜR JUNGS

Um einen coolen Typen zu zeichnen, müsst ihr ein cooles Outfit zeichnen. Der Schlüssel dazu ist, dass es stylish und eng geschnitten ist. Sehr beliebt ist der Slim Fit. Das gilt für jeden Look, von traditionell bis avantgardistisch.

Traditionelle Schuluniform

Ihr kennt diese Typen. Die Mädchen fragen sie, ob sie mit ihnen ausgehen. Ihr Outfit unterstreicht ihre Ausstrahlung. Dieser Charakter ist beliebt in Graphic Novels und gehört in jedes Repertoire.

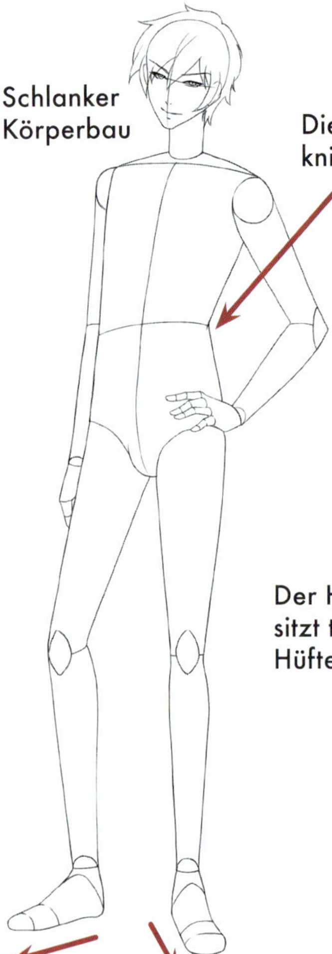

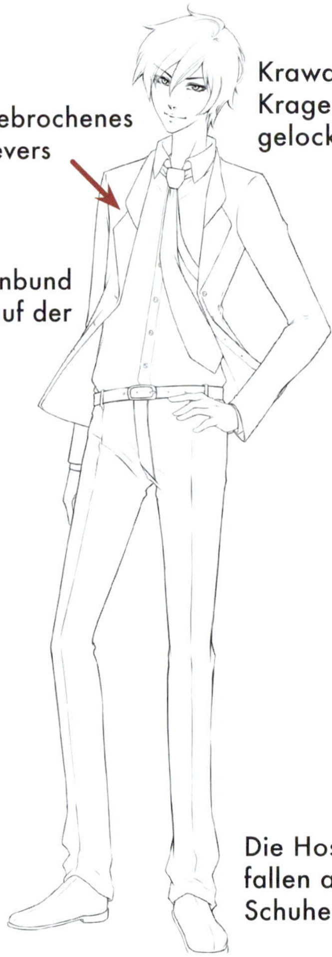

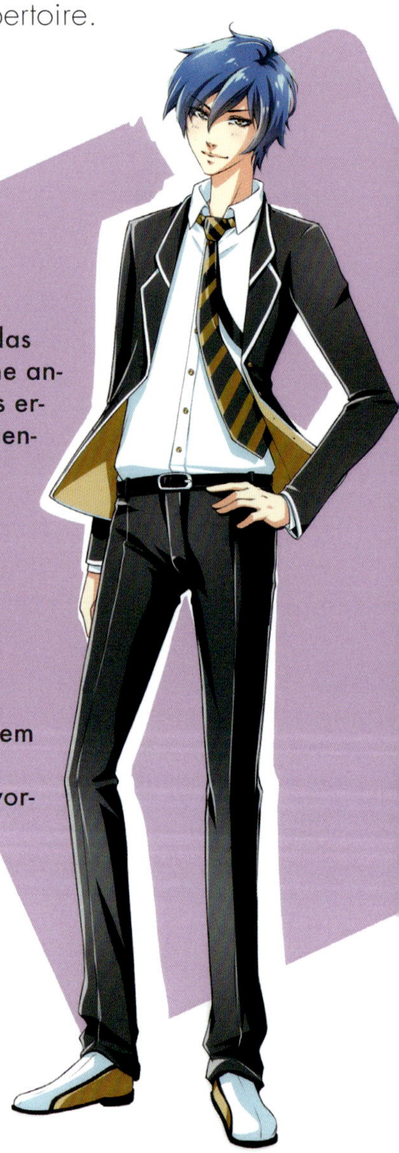

TIPP

Wenn männliche Manga-Charaktere formelle Kleidung tragen, dann in einem legeren Stil.

Sportlicher Stil

In vielen populären Graphic Novels treten supersportliche Typen auf. Meist tragen diese Helden leuchtende, kräftige Farben. Die locker geschnittenen Klamotten sorgen für volle Bewegungsfreiheit. Im Normalfall sind die Shorts und Ärmel – sofern es Ärmel gibt – extraweit. Das klingt nicht gerade nach dem Rezept für ein stylishes Outfit. Doch mit ein bisschen Kreativität kann es das sein. Beginnen wir mit der Figur.

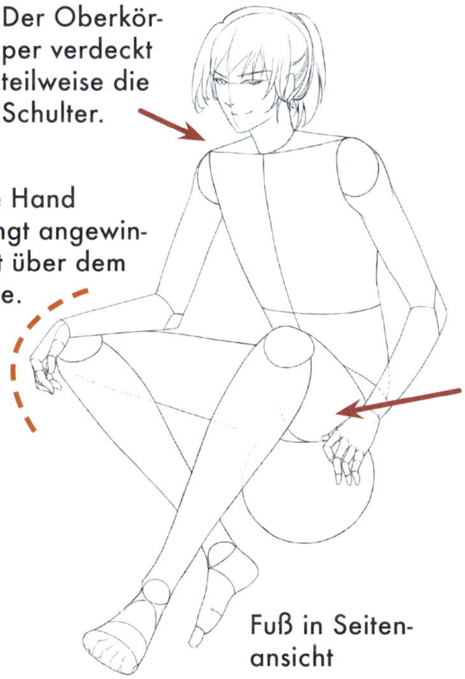

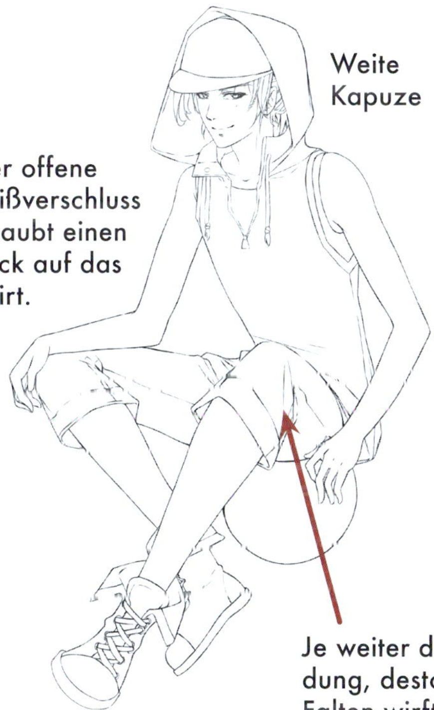

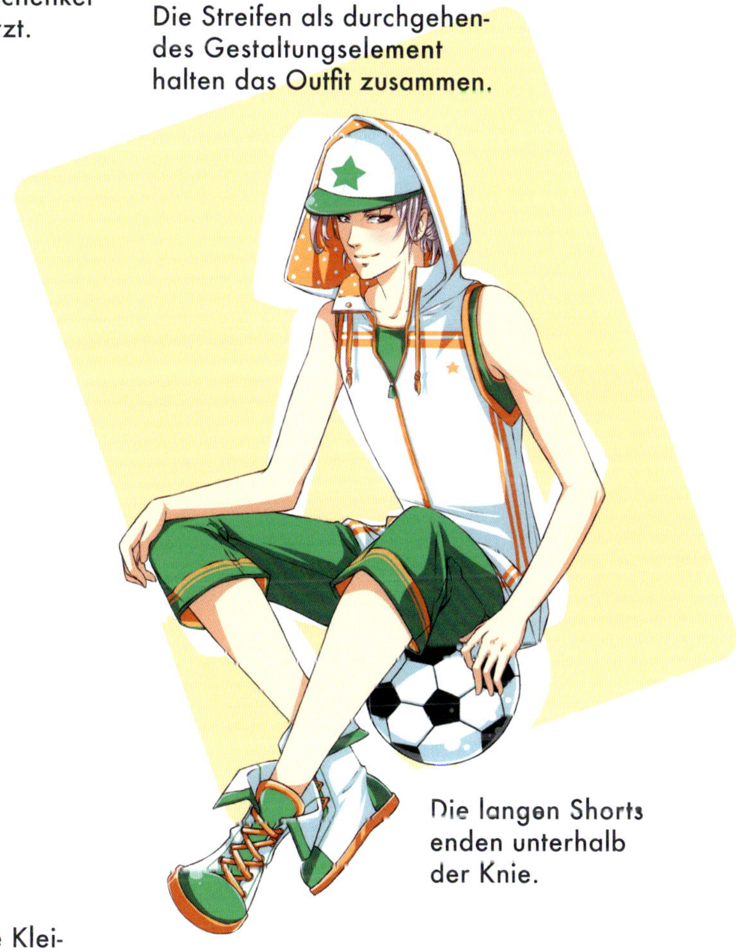

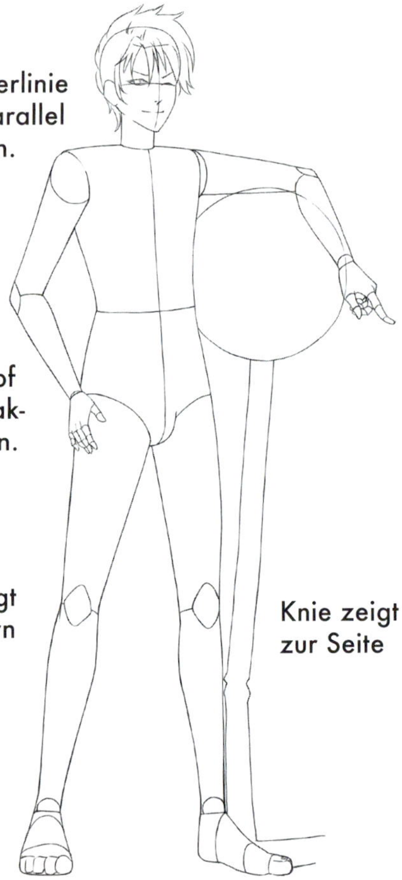

Die Schulterlinie verläuft parallel zum Boden.

Der lang gestreckte Rumpf lässt ihn schlaksig erscheinen.

Knie zeigt nach vorn

Knie zeigt zur Seite

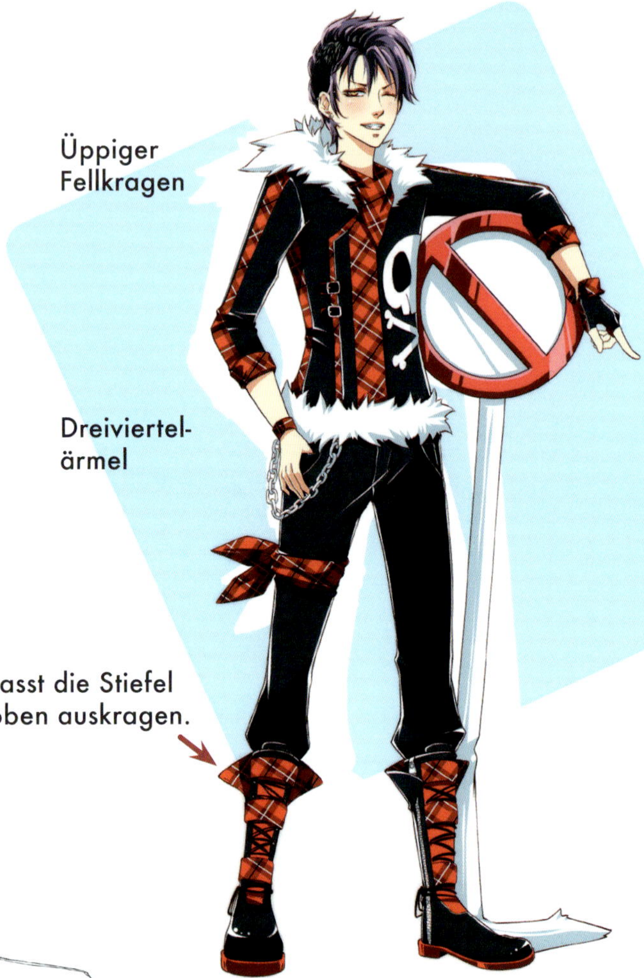

Üppiger Fellkragen

Dreiviertelärmel

Lasst die Stiefel oben auskragen.

TIPP
Die Pose bei aufwendigen Outfits einfach halten.

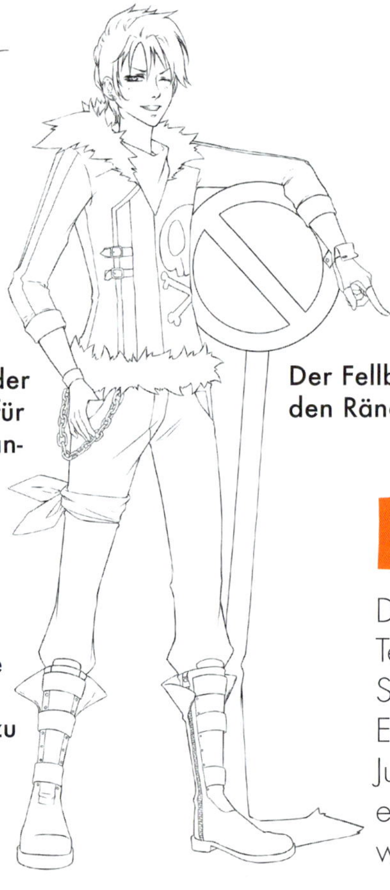

Die Kette, das Tuch und die Schnallen an der Jacke sorgen für den extravaganten Touch.

Der Fellbesatz ist an den Rändern fransig.

Die Hosenbeine bauschen sich am Übergang zu den Stiefeln.

Extravagant

Das passiert, wenn man einen Teenager mit der Kreditkarte zum Shoppen schickt. Während die Eltern über den Geschmack des Jungen den Kopf schütteln, werden echte Manga-Fans sich fragen, wo es die Klamotten zu kaufen gibt.

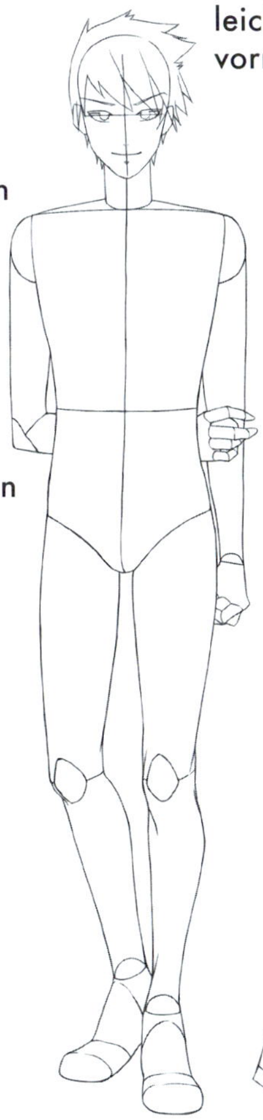

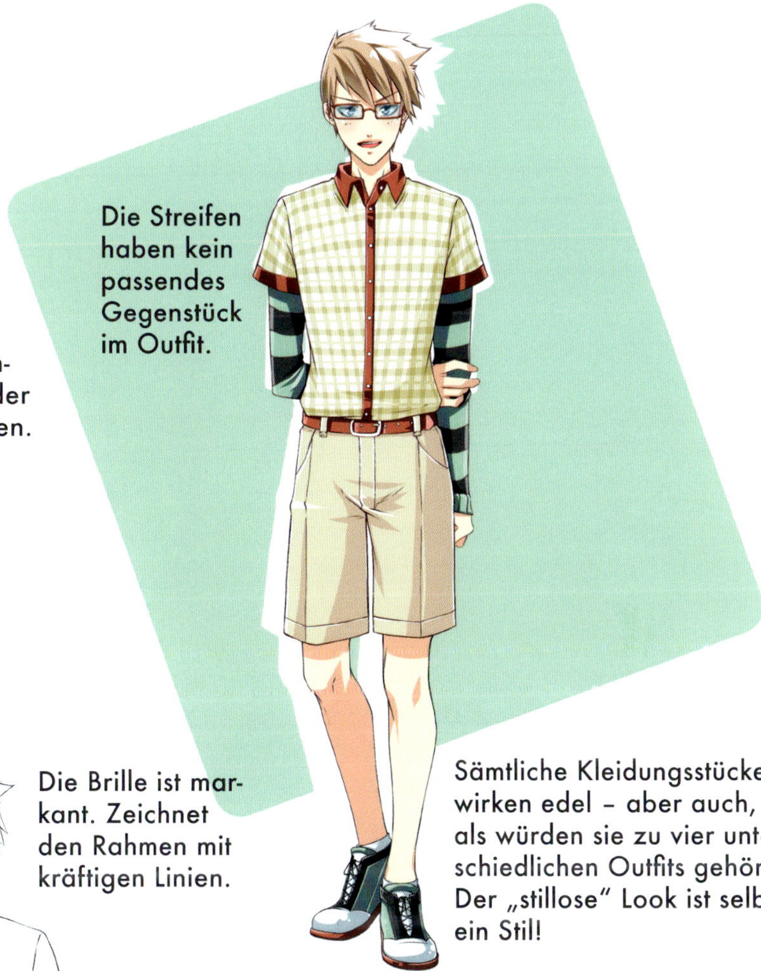

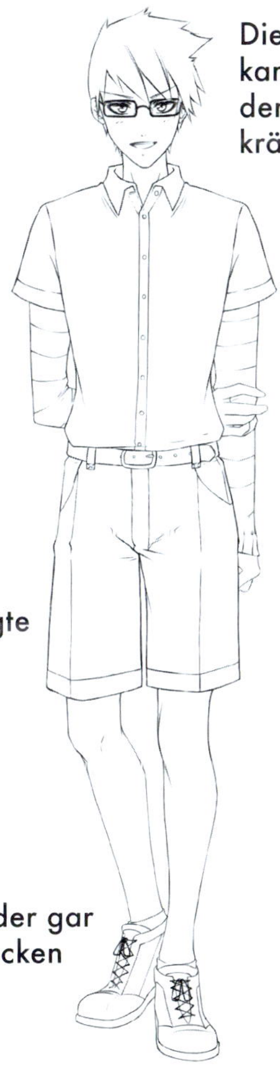

Nerd-Chic

Womöglich werden hier die Begriffe Nerd und Chic erstmals zusammen verwendet. Doch im Manga sind auch die Nerds stylish. Dieser Typ kriegt das Mädchen. Der springende Punkt bei dem Outfit ist, dass es einen unbeholfenen Charme vermittelt. Die einzelnen Teile passen nicht wirklich zusammen, erscheinen sogar ein wenig willkürlich zusammengestellt. Doch jedes einzelne Teil für sich ist stylish.

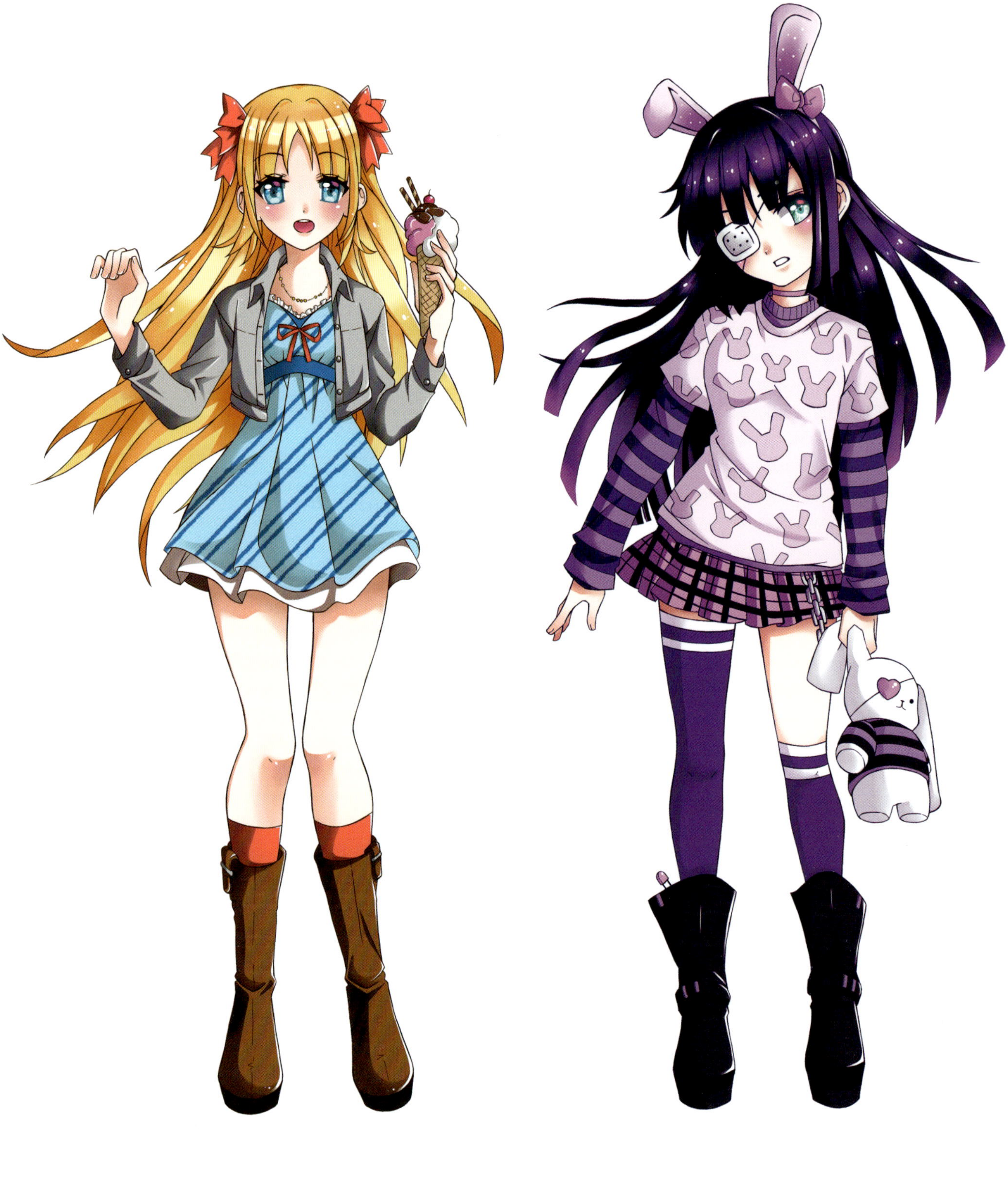

Muster und Dessins

Durch Muster werden aus gewöhnlichen Kleidern aufregende Outfits. Eure Möglichkeiten sind quasi grenzenlos und reichen von fröhlichen Dessins und spektakulären Styles bis zu dezenten Motiven. Manche Muster wie etwa Blumenmuster haben eine organische Form, andere eine geometrische, etwa Karos und Streifen. Große Muster wiederholen sich nur wenige Male, kleinere dagegen können sich unzählige Male wiederholen.

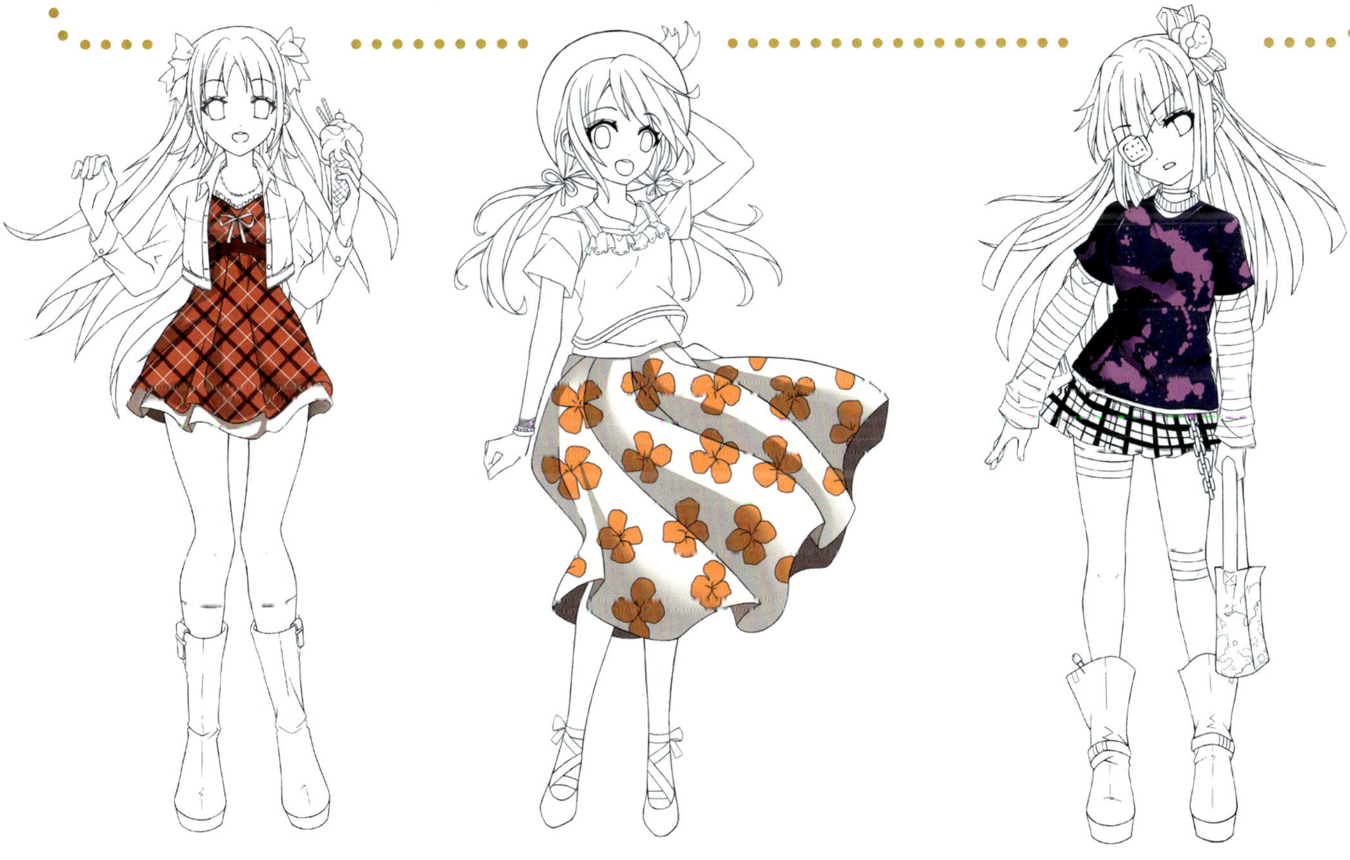

MUSTER FÜR KLEIDER

Nehmen wir an, ihr habt ein Kleid gezeichnet und es ist schön geworden, aber leider auch etwas langweilig, weil es das Auge nicht fesselt. Wie macht ihr es interessanter? Viele Künstler würden noch einmal ganz von vorn anfangen. Das muss nicht sein. Ein attraktives Muster peppt ein gewöhnliches Outfit auf und macht weniger Arbeit, als noch einmal neu zu beginnen. Und so geht ihr vor.

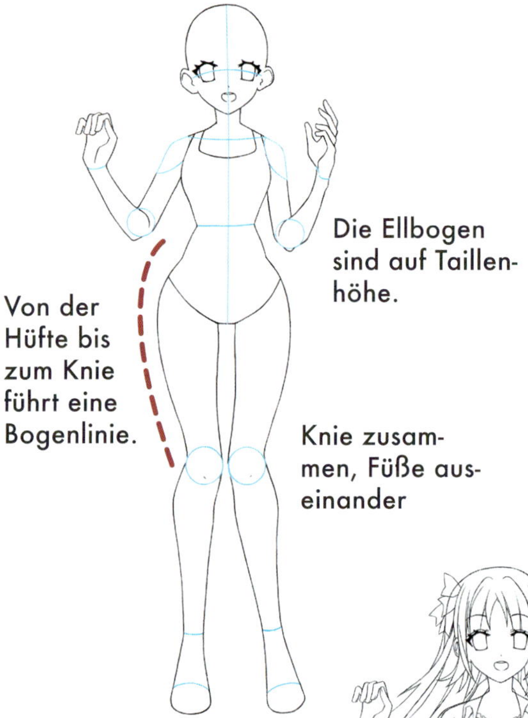

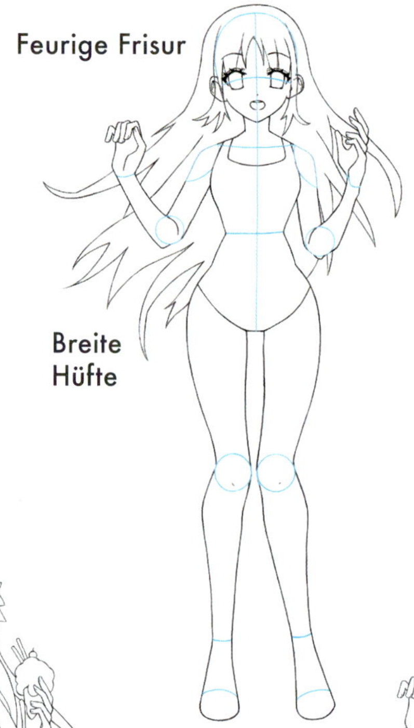

TIPP

In der schlichten Vorderansicht ist besonders viel vom Stoff zu sehen, ein Vorteil bei Mustern.

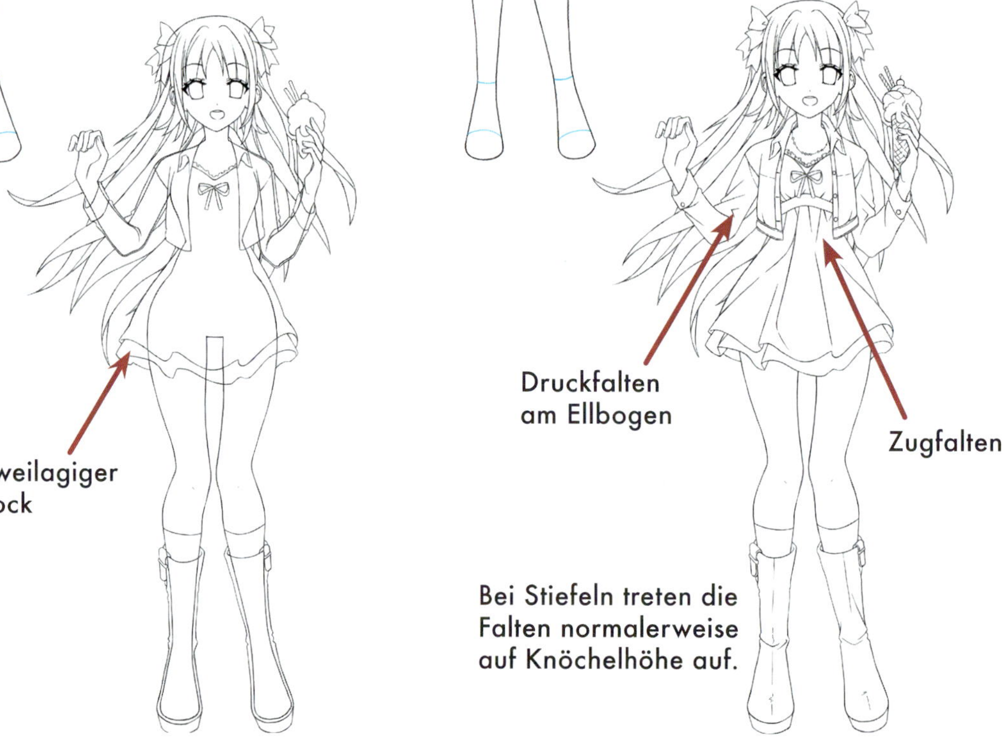

PUNKTE

Die Punkte müssen keine perfekte Kreisform haben. Hier sind sie ungleichförmig, dennoch ansprechend.

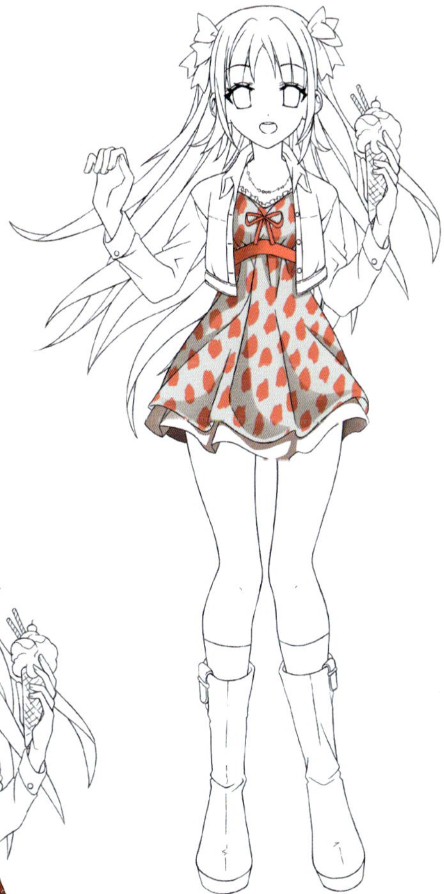

STREIFEN

Diagonalstreifen wirken lebhafter als Querstreifen.

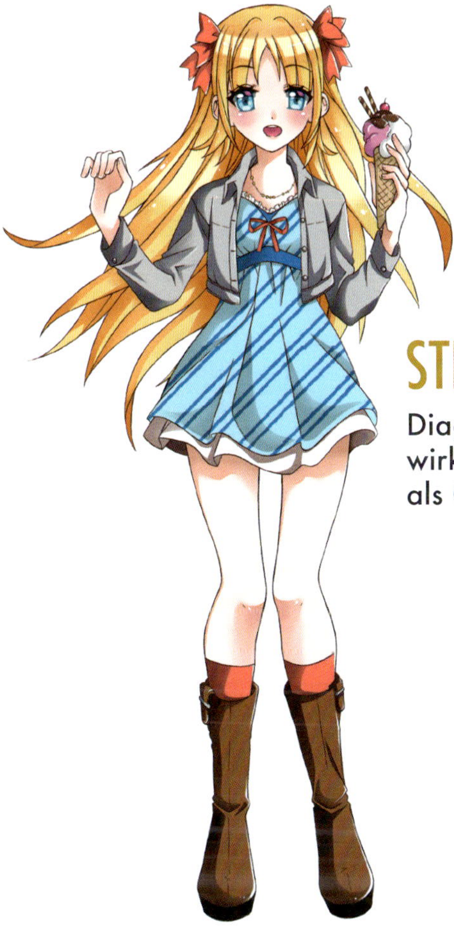

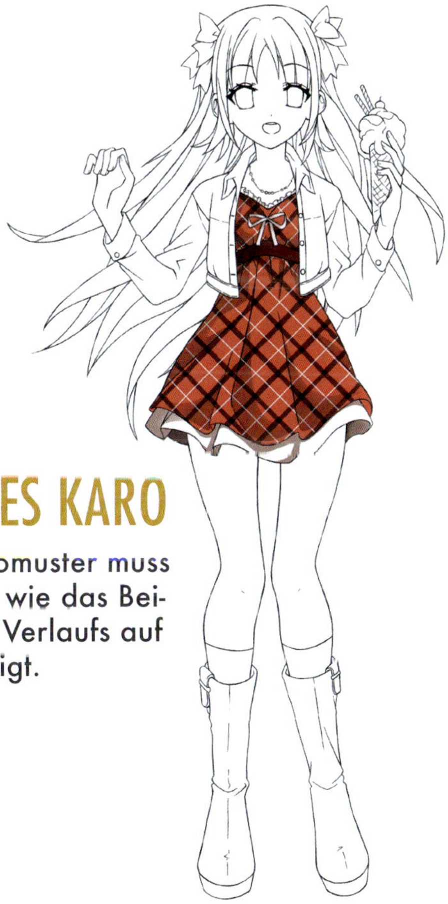

TRADITIONELLES KARO

Ein traditionelles Karomuster muss nicht langweilig sein, wie das Beispiel des diagonalen Verlaufs auf feuerrotem Grund zeigt.

MUSTER FÜR RÖCKE

Ein vom Wind nach links oder rechts verwehter Rock wirft zwangsläufig Falten. Diese Falten brechen das Muster auf, sodass die Anschlüsse nicht immer perfekt stimmen. Dadurch entsteht ein realistischer Eindruck.

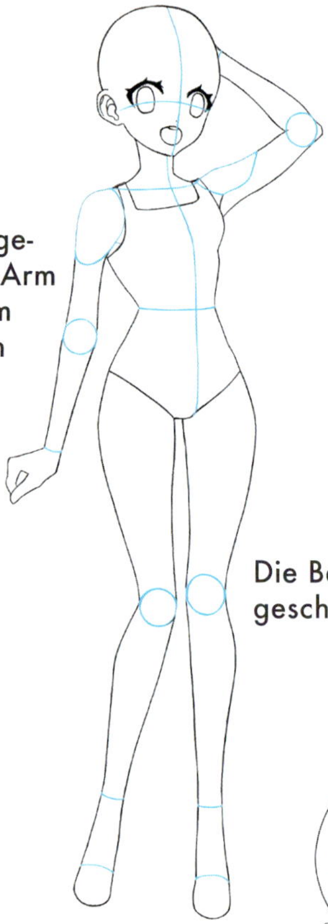

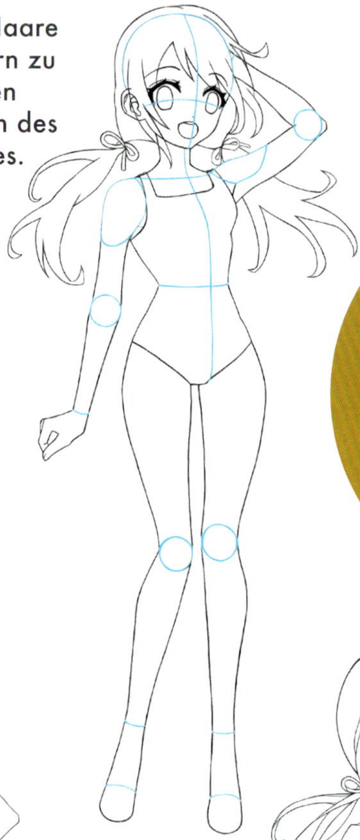

TIPP

Die Hand am Hinterkopf ist eine klassische Fashion-Pose. In diesem Fall hält die Figur offenkundig ihren Hut gegen den kräftigen Wind fest.

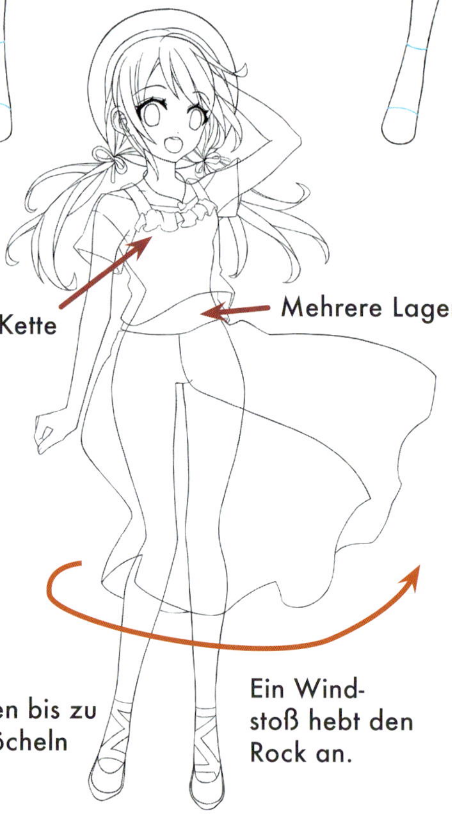

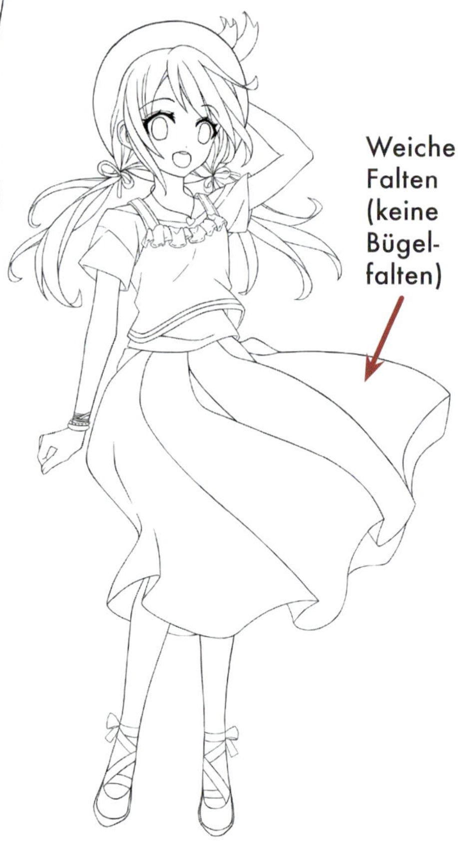

ZWEIFARBIGES KAROMUSTER

Ein nicht übermäßig intensives Karomuster passt gut zu langen Kleidungsstücken.

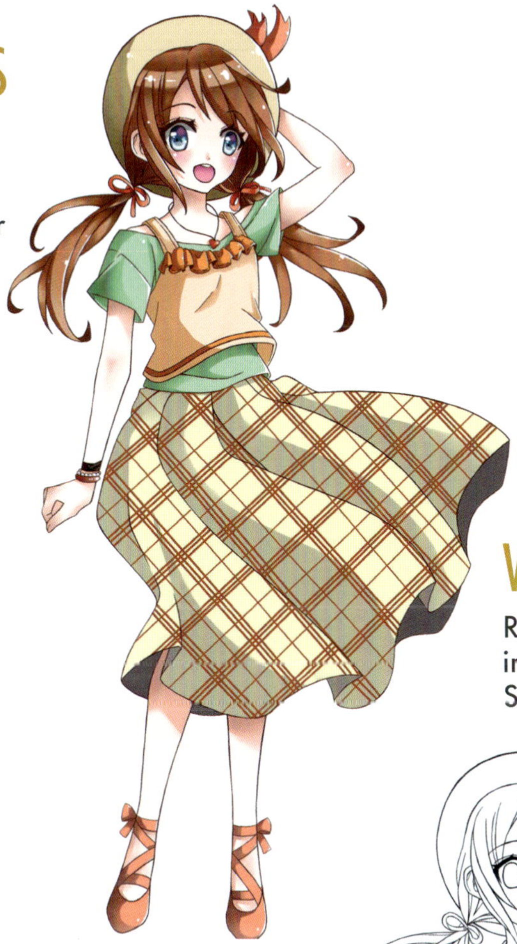

VERTIKALE STREIFEN

Rhythmisiert das Muster, indem ihr breite und dünne Streifen abwechselt.

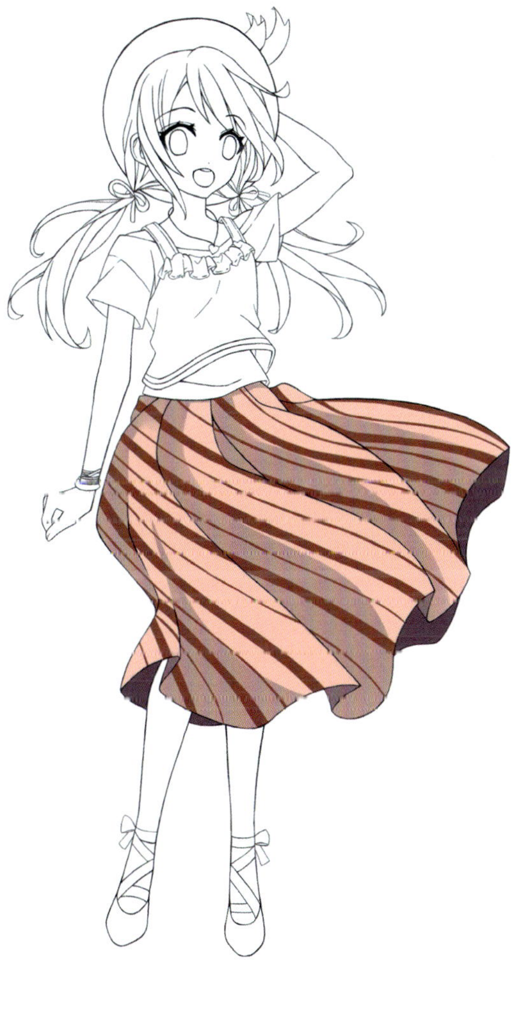

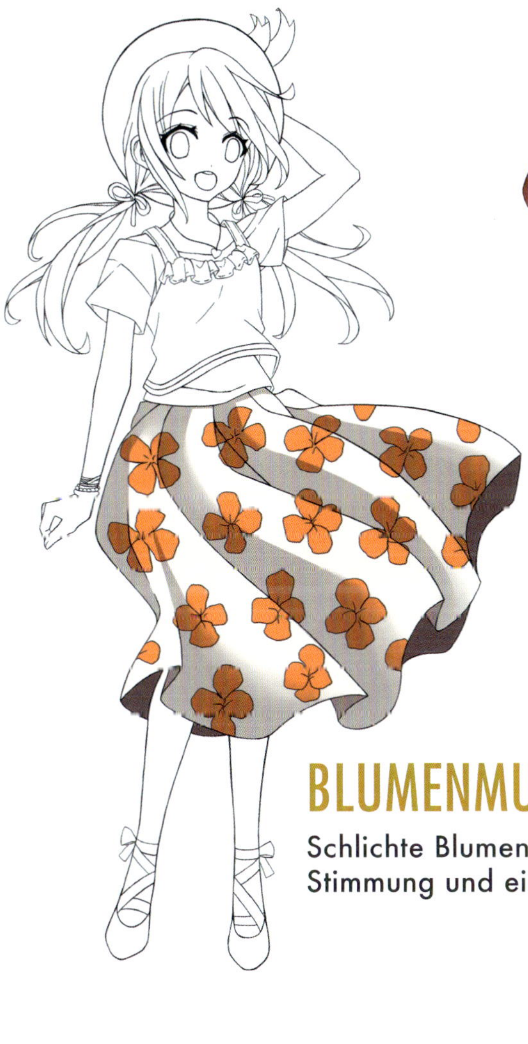

BLUMENMUSTER

Schlichte Blumen setzen eine Stimmung und einen Ton.

MUSTER FÜR TOPS

Die Neigung des Kopfes verleiht dieser Pose etwas Niedliches. Und das ist auch nötig, um die schrillen Outfits der folgenden Beispiele auszugleichen.

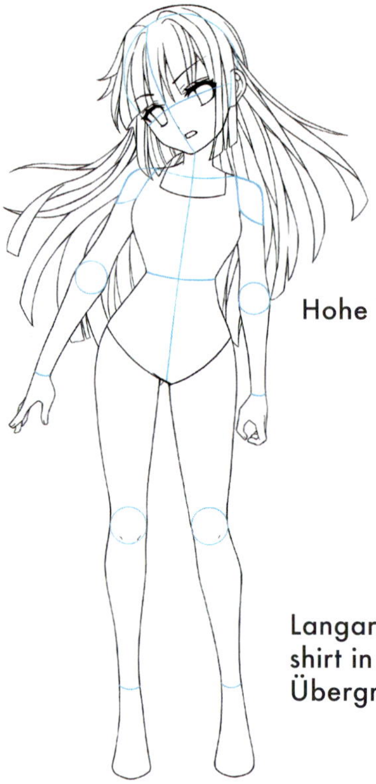

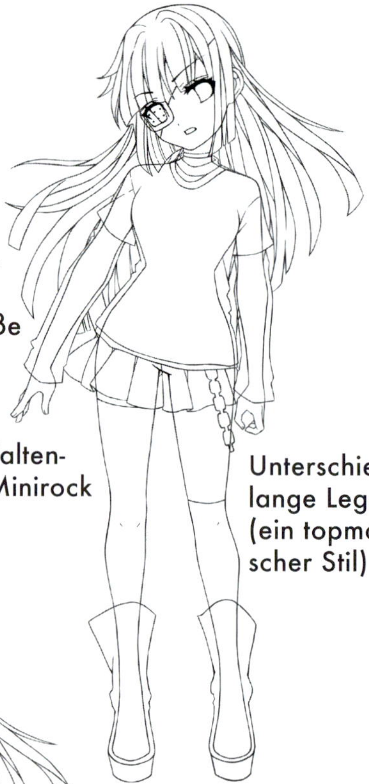

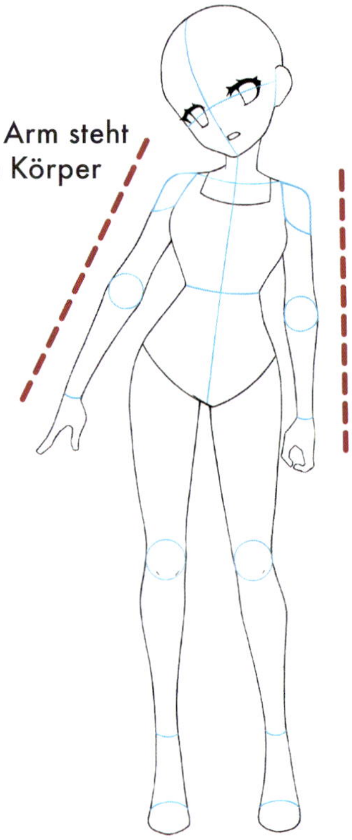

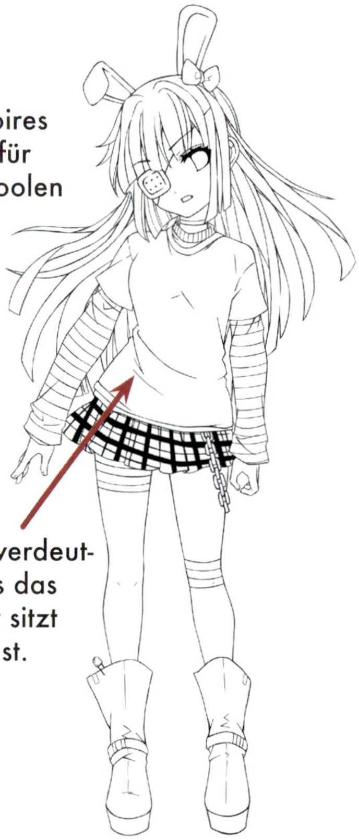

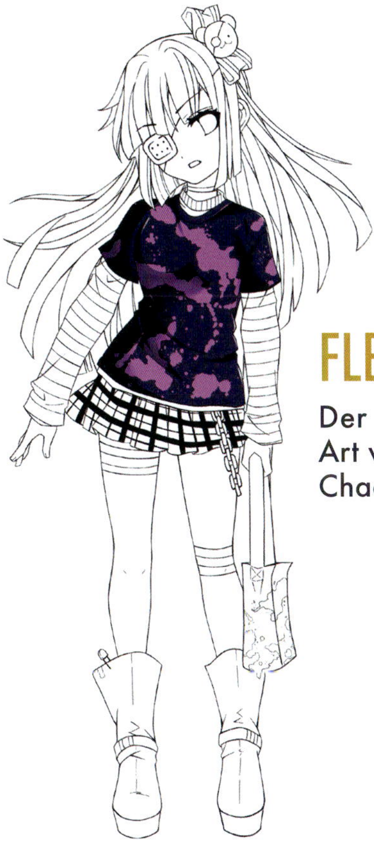

TIPP
Mit Accessoires lässt sich hervorragend ein Thema für ein Outfit setzen.

FLECKENMUSTER

Der passende Begriff für diese Art von Muster lautet kontrolliertes Chaos. Plakativ und heftig.

THEMEN

Die Hasensymbole auf dem Shirt, das Stofftier in der Hand und die Hasenohren bilden zusammen ein Thema.

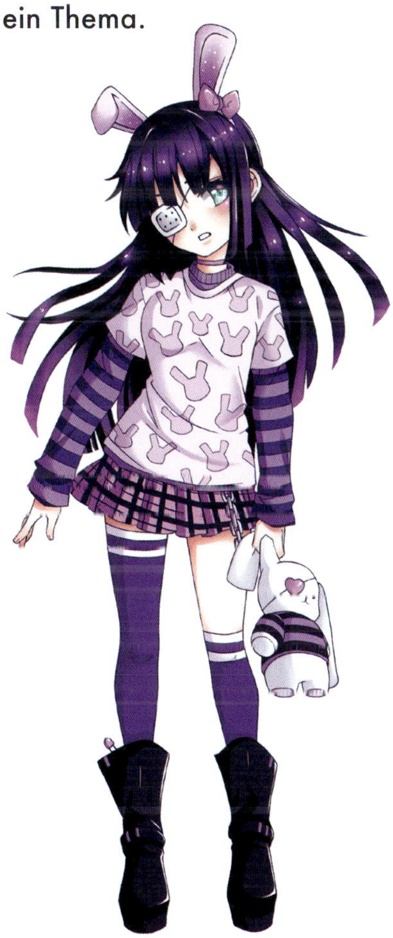

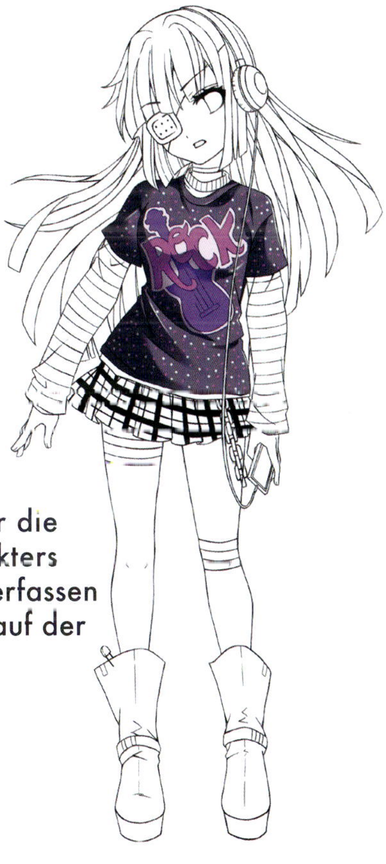

SLOGANS

Wenn der Betrachter die Haltung eines Charakters auf den ersten Blick erfassen soll, hilft ein Slogan auf der Kleidung.

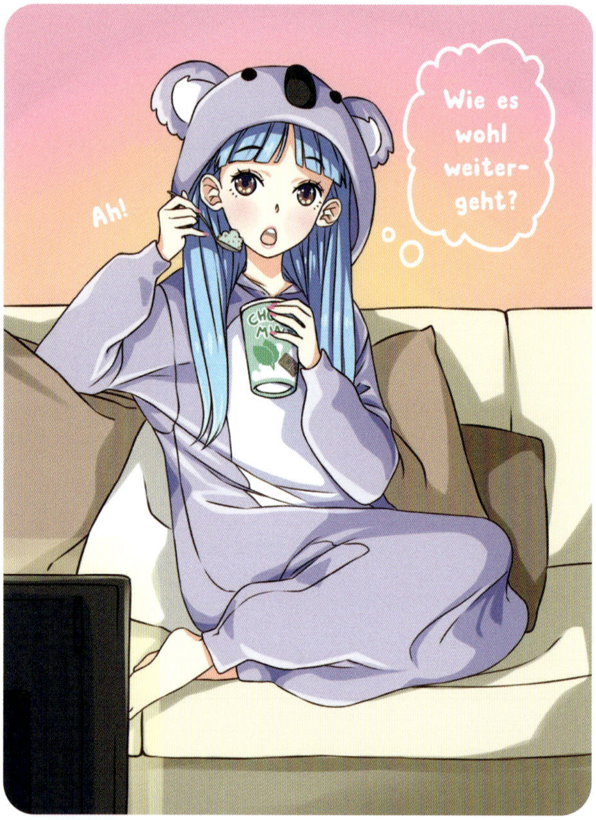
Ah!
Wie es wohl weiter-geht?

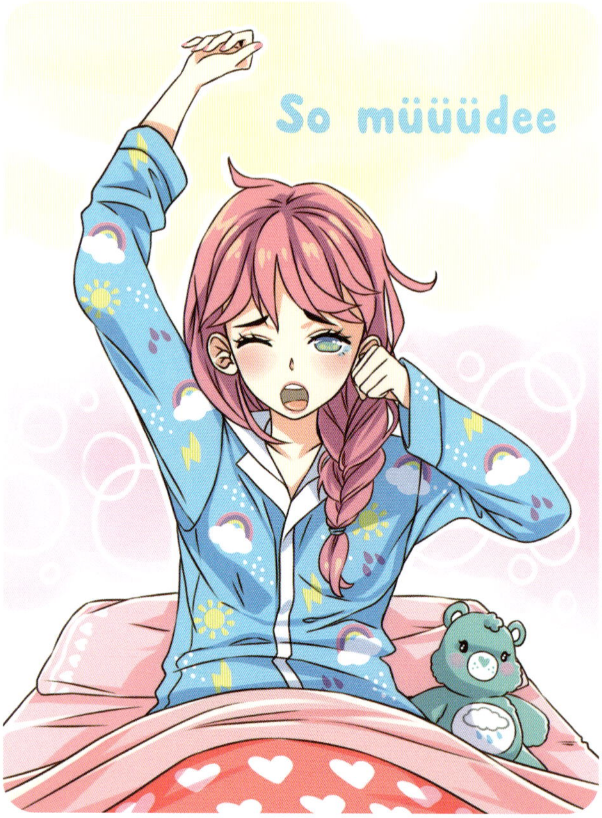
So müüüdee

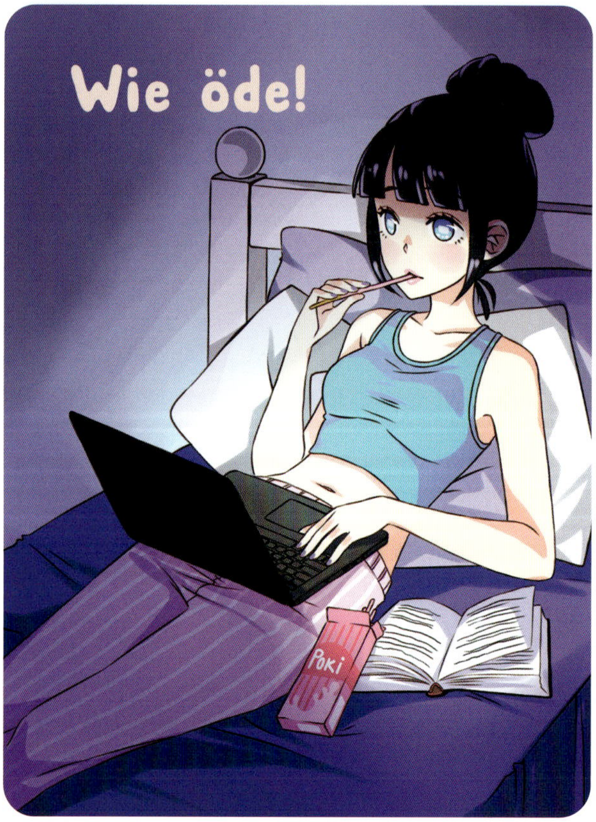
Wie öde!
Poki

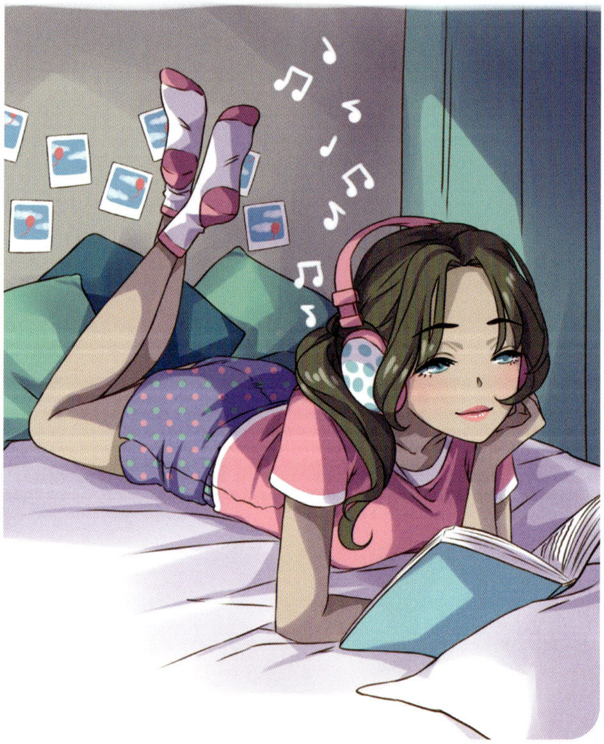

Schlafanzüge und Nachtwäsche

Schlafanzüge sorgen bei jeder Figur für einen behaglichen Look. Sie sind kuschelig und oversized – manchmal sehr oversized. Stellt euch eine alte Lieblingsdecke vor. Man fühlt sich einfach wohl. Die Dessins sind verspielt, farbenfroh oder sogar witzig. Schlafanzüge können außerdem eine Szene stärker werden lassen. Eine eisessende Teenagerin ist nichts Besonderes. Doch wenn sie das Eis spätabends im Schlafanzug isst, schlägt sie über die Stränge.

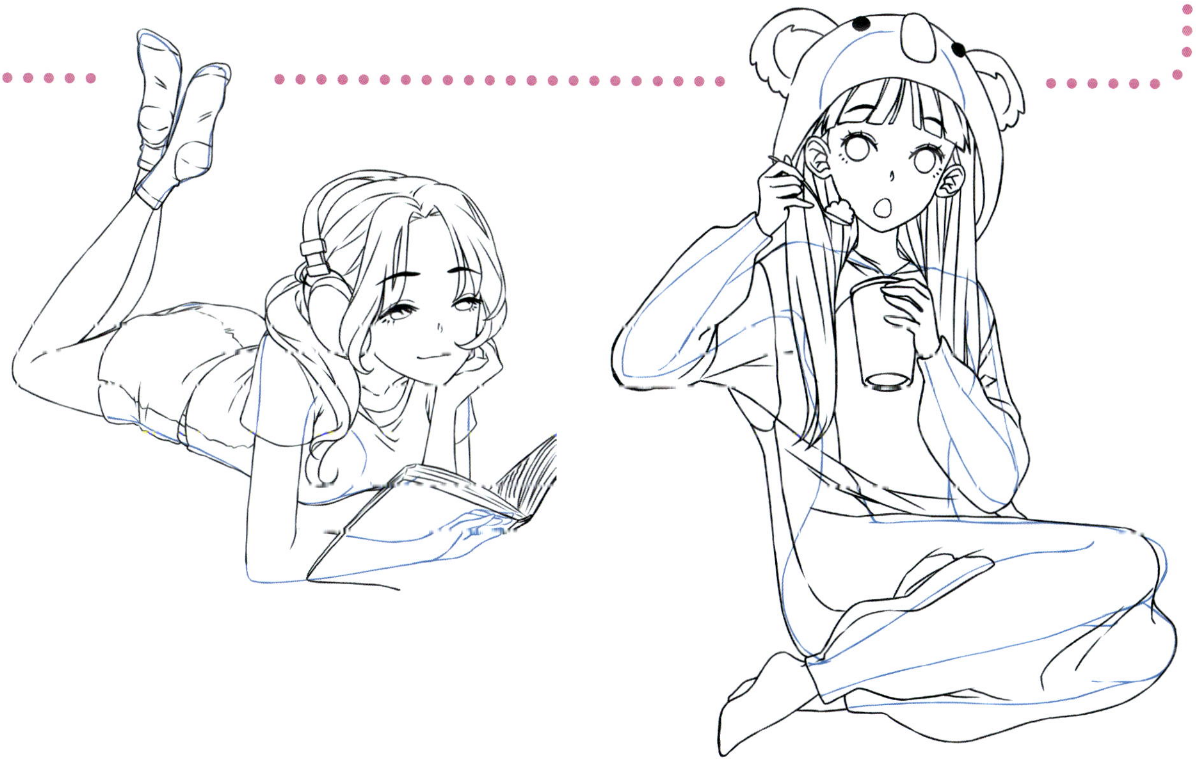

KOALA-SCHLAFANZUG

Der Koala-Schlafanzug ist niedlich hoch zwei, einfach knuffig und kuschelig. Zeichnet die Falten mit langen Linien. So erschafft ihr eine weiche Anmutung. Das riesige Outfit wirkt wie ein Mittelding zwischen Schlafanzug und Kuscheldecke.

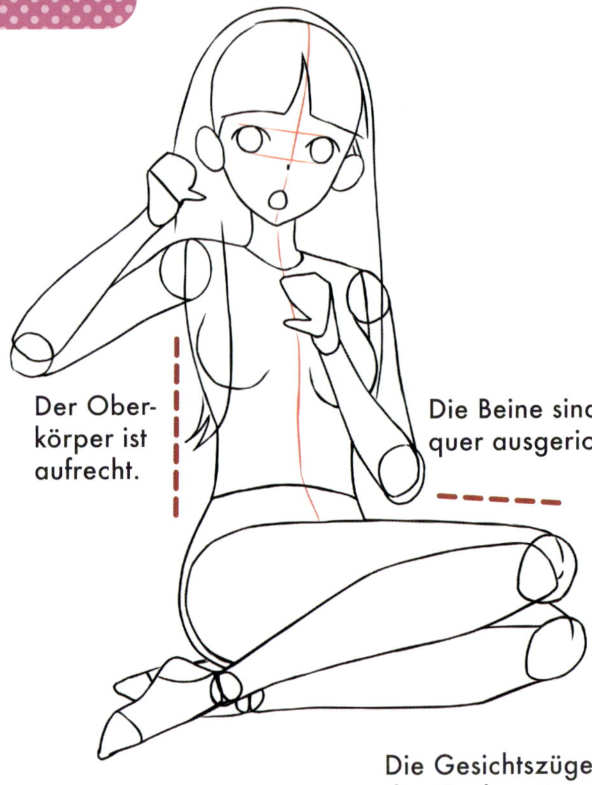

Der Oberkörper ist aufrecht.

Die Beine sind quer ausgerichtet.

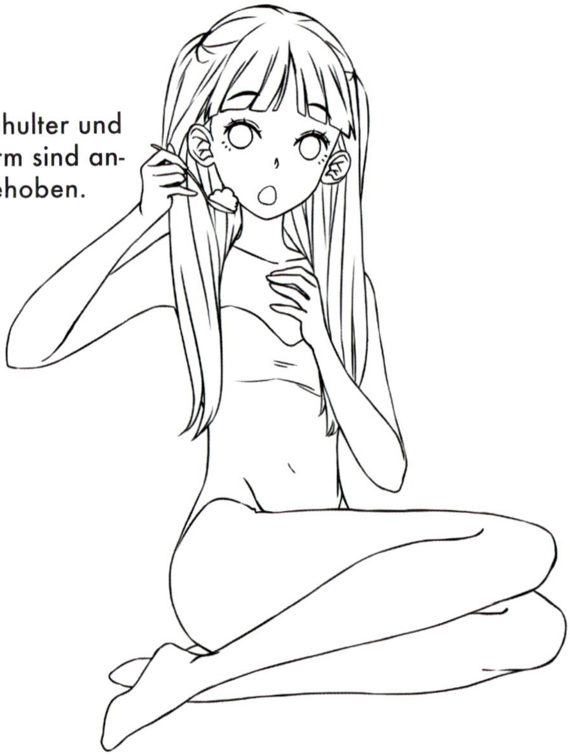

Schulter und Arm sind angehoben.

Lasst zwischen den Knien ein wenig Abstand.

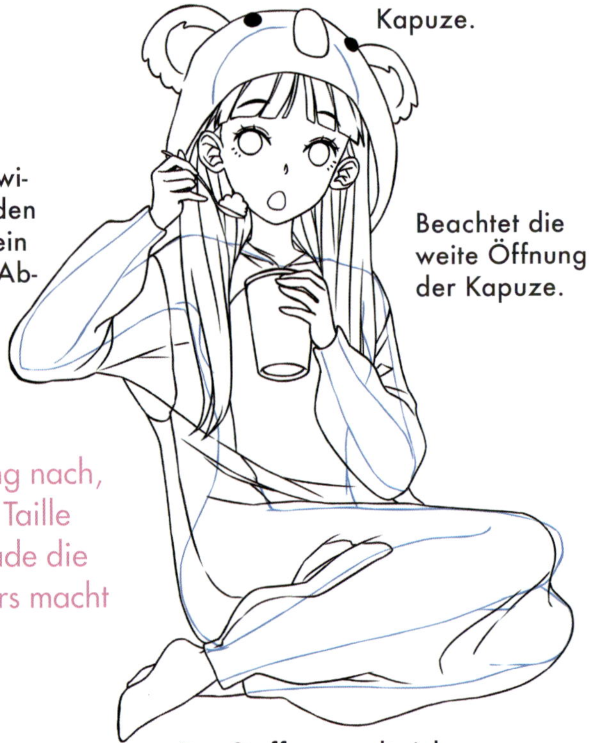

Die Gesichtszüge des Koalas sitzen weit oben auf der Kapuze.

Beachtet die weite Öffnung der Kapuze.

Der Stoff sammelt sich unten.

Gebt nicht der Versuchung nach, den Schlafanzug an der Taille enger zu zeichnen. Gerade die Unförmigkeit des Einteilers macht seinen Reiz aus.

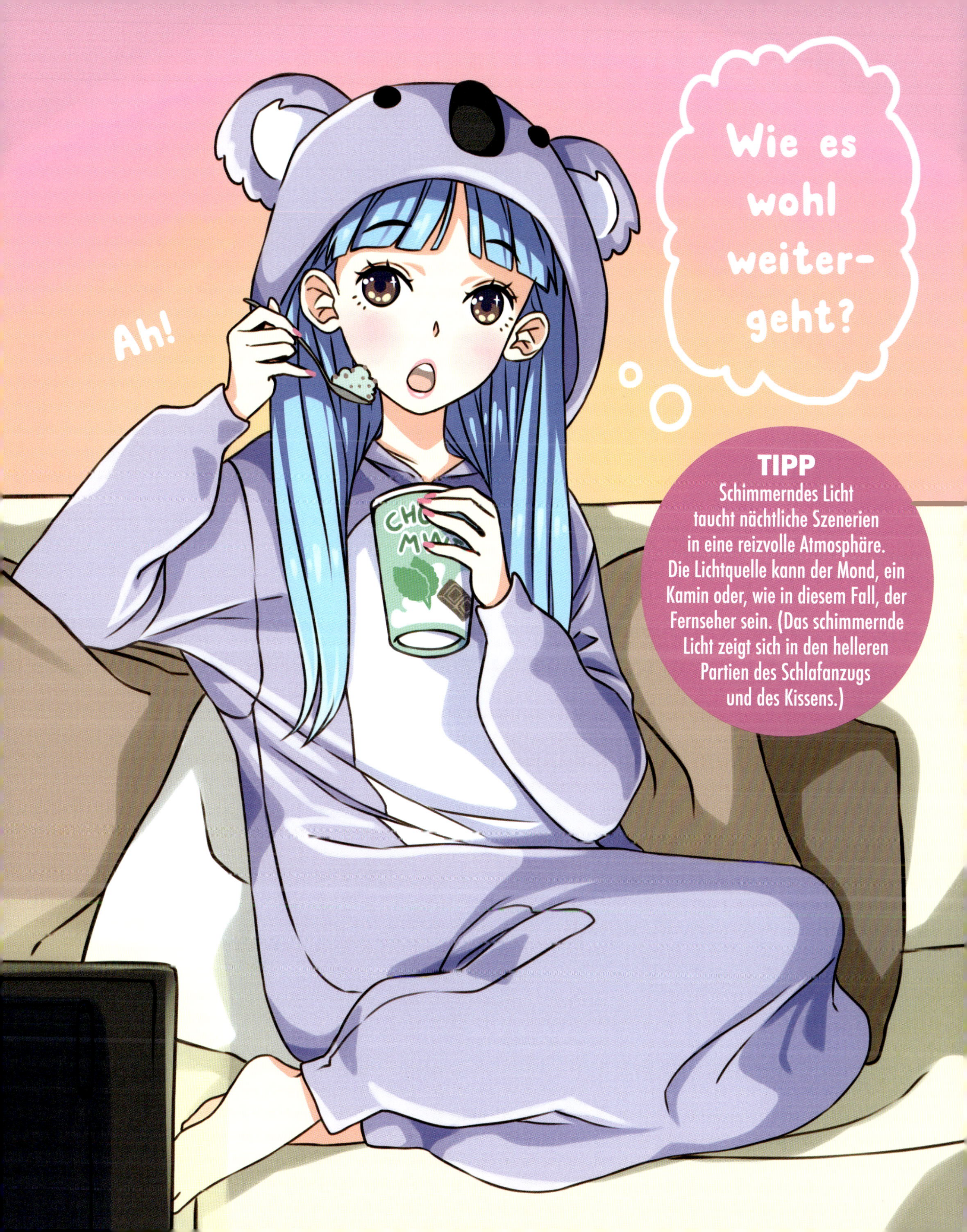

TIPP
Schimmerndes Licht taucht nächtliche Szenerien in eine reizvolle Atmosphäre. Die Lichtquelle kann der Mond, ein Kamin oder, wie in diesem Fall, der Fernseher sein. (Das schimmernde Licht zeigt sich in den helleren Partien des Schlafanzugs und des Kissens.)

SCHLAFANZUG MIT KNÖPFEN

Mit einem Gähnen zeigt eine Figur an, dass sie bereit zum Schlafen ist. Oder dass sie gerade Mathe hat. Bei der klassischen Gähnpose ist eine Hand nach oben gestreckt, die andere reibt das müde Äuglein.

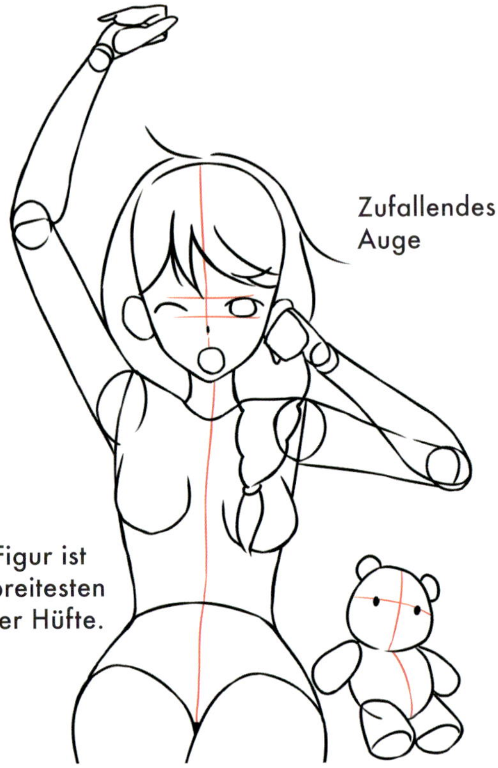

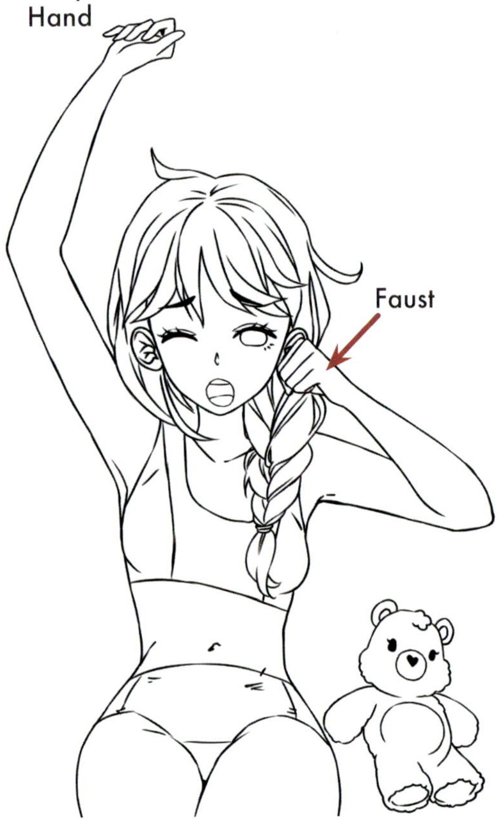

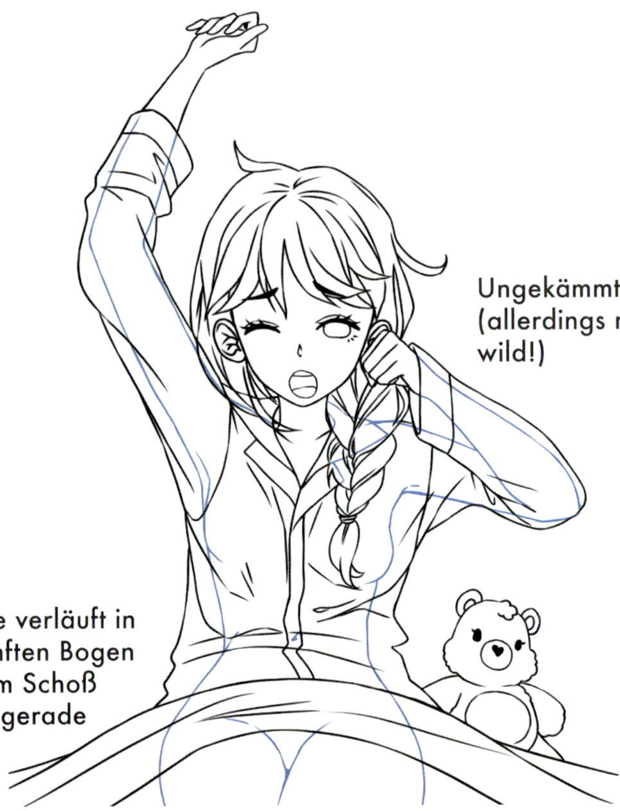

So müüüdee

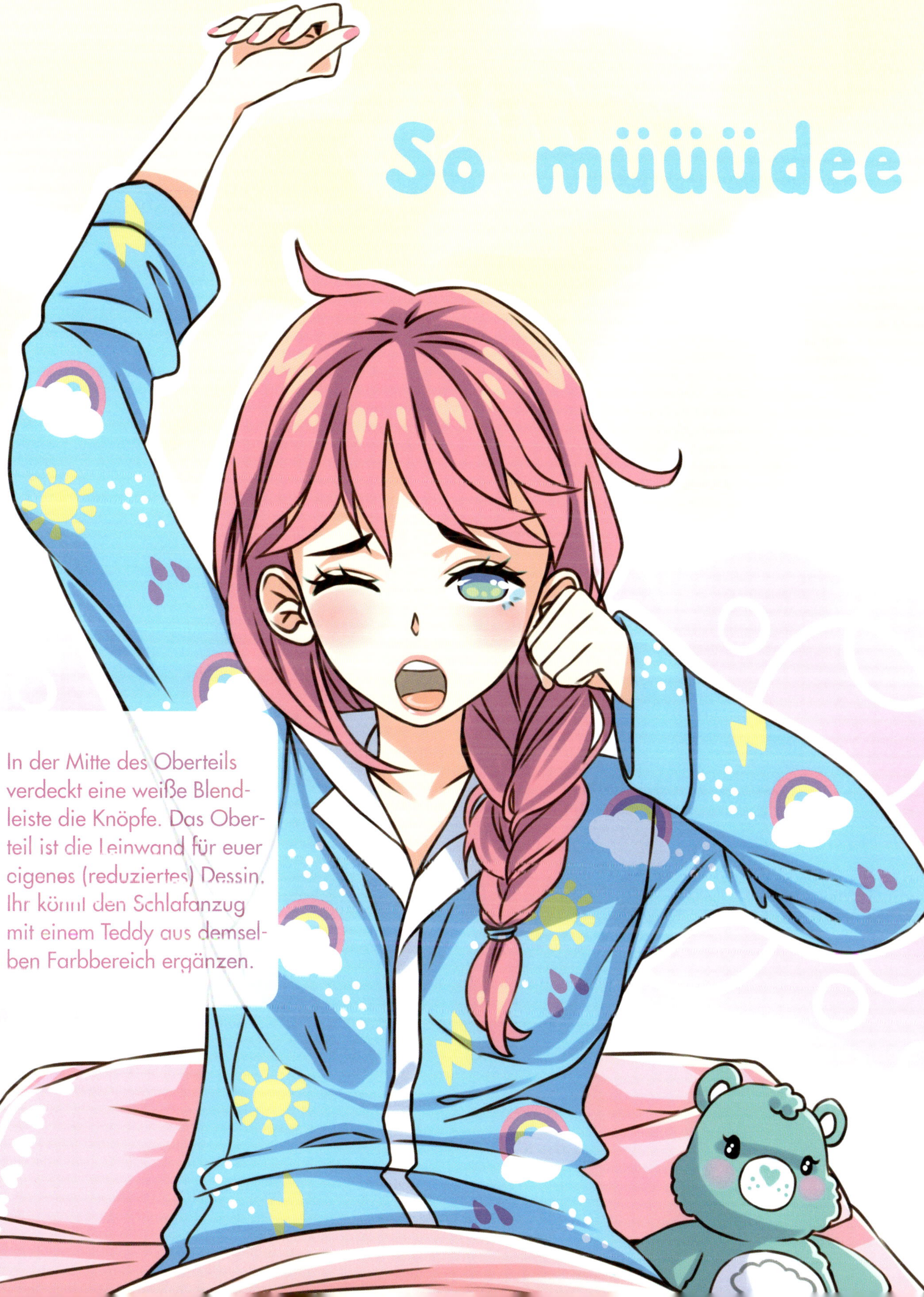

In der Mitte des Oberteils verdeckt eine weiße Blendleiste die Knöpfe. Das Oberteil ist die Leinwand für euer eigenes (reduziertes) Dessin. Ihr könnt den Schlafanzug mit einem Teddy aus demselben Farbbereich ergänzen.

BAUCHFREIES TOP

Hier eine beliebte Variante: Verwandelt einen Fitness-Dress in einen Schlafanzug, und kombiniert dafür ein Tanktop mit einer Stretchhose. Dieser sportliche Look ist häufig bei Menschen anzutreffen, bei denen der Waschmaschinenkobold den Schlafanzug verschwinden lassen hat.

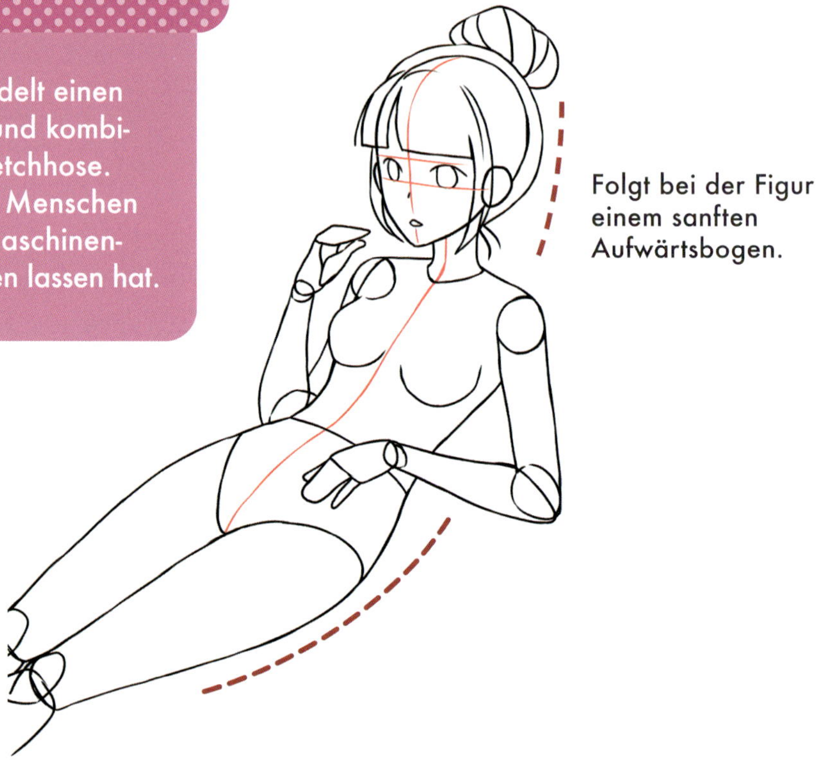

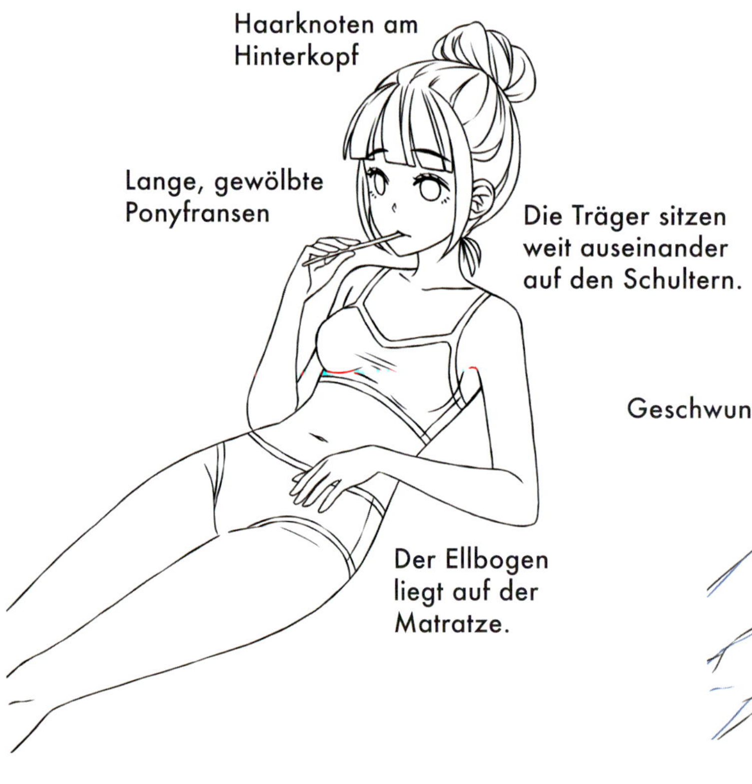

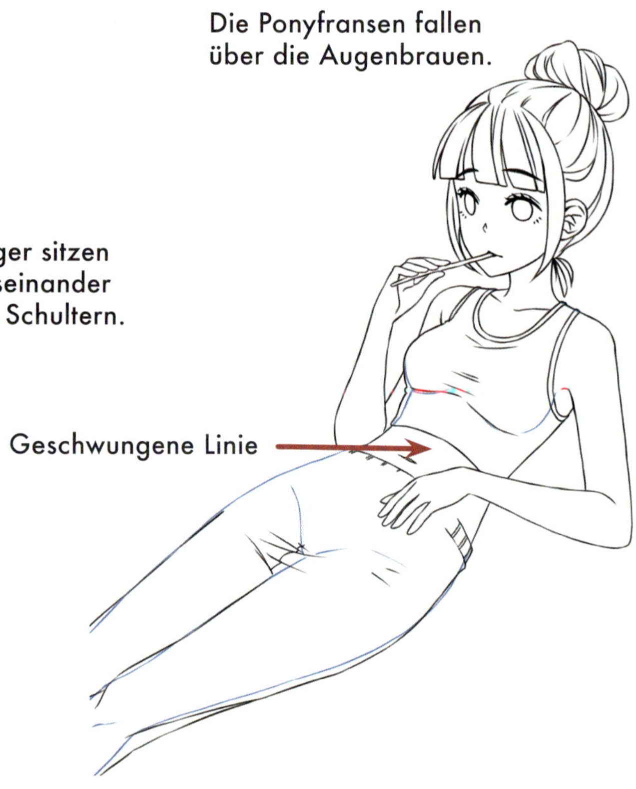

Wie öde!

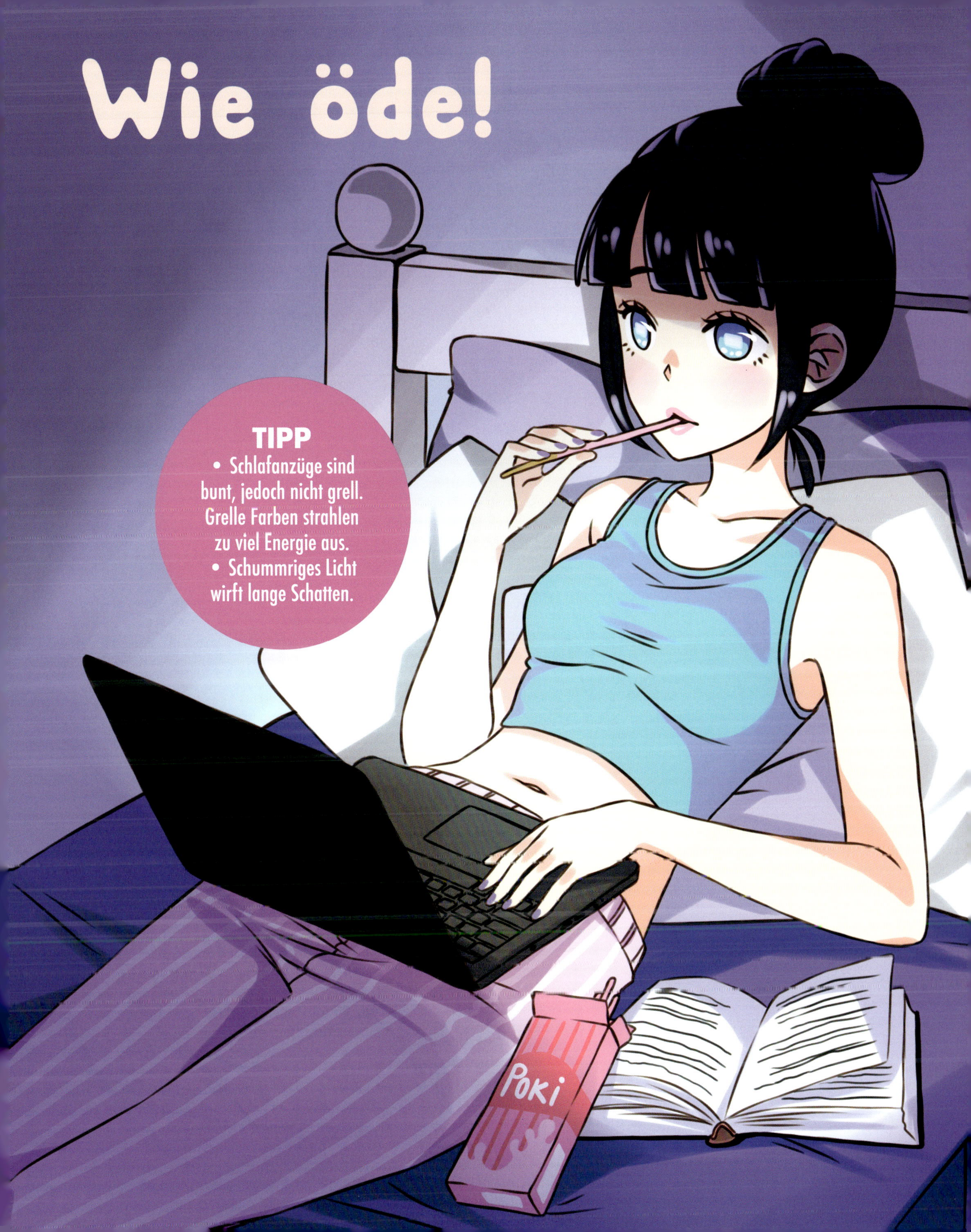

TIPP

- Schlafanzüge sind bunt, jedoch nicht grell. Grelle Farben strahlen zu viel Energie aus.
- Schummriges Licht wirft lange Schatten.

T-SHIRT UND SHORTS

Das passiert, wenn eure Lieblingsklamotten schon zu abgewetzt für draußen sind, ihr es aber nicht übers Herz bringt, sie wegzuwerfen. Sie werden zum Schlafanzug. Ein Gute-Laune-Look, der auch ein bisschen schräg ist. Stilistisch muss die Kombination nicht unbedingt Sinn ergeben. Top und Shorts gehörten ursprünglich nicht zusammen, daher haben sie nicht dasselbe Muster. Das Top ist weiß abgesetzt, die Shorts sind gepunktet. Socken sind das Accessoire zu Schlafanzügen.

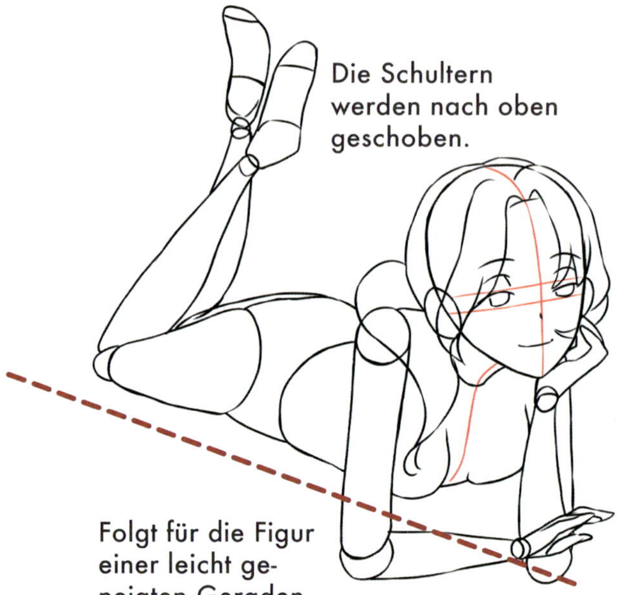

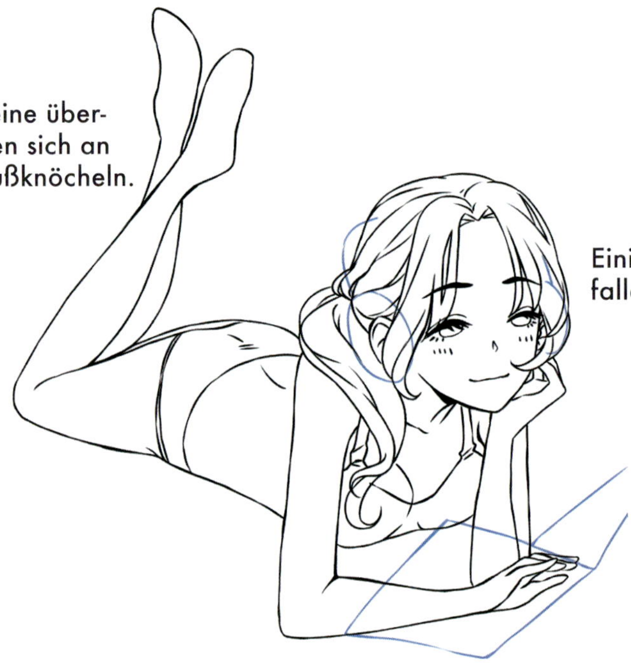

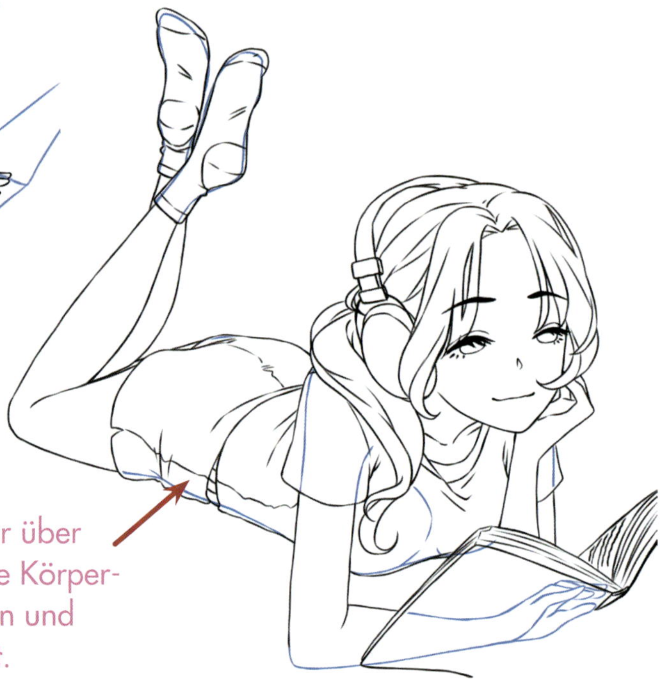

Die Nahtlinie zieht sich seitlich am Körper über Top und Shorts. Dadurch wird der seitliche Körperbereich deutlich vom Rücken unterschieden und so der dreidimensionale Eindruck gestärkt.

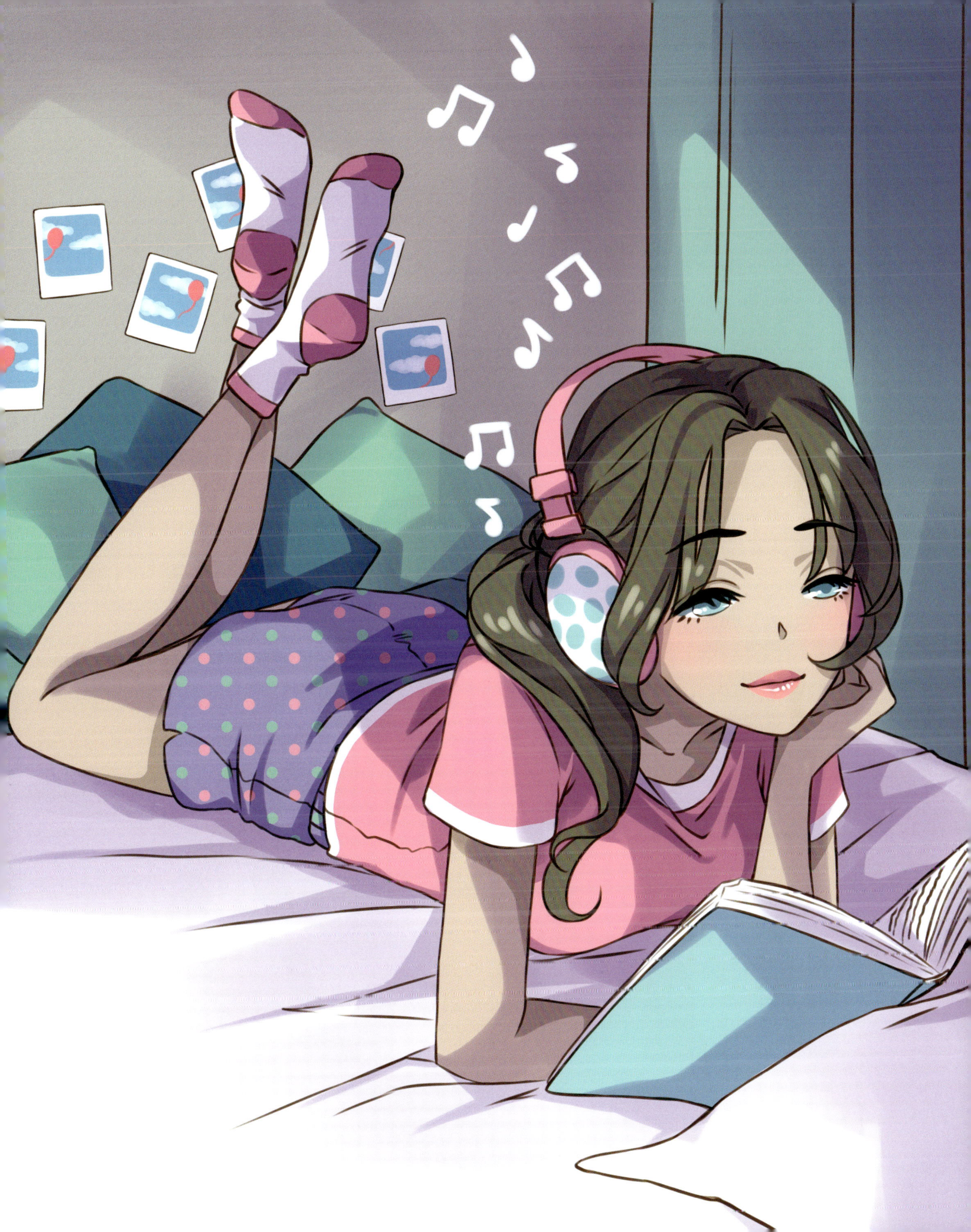

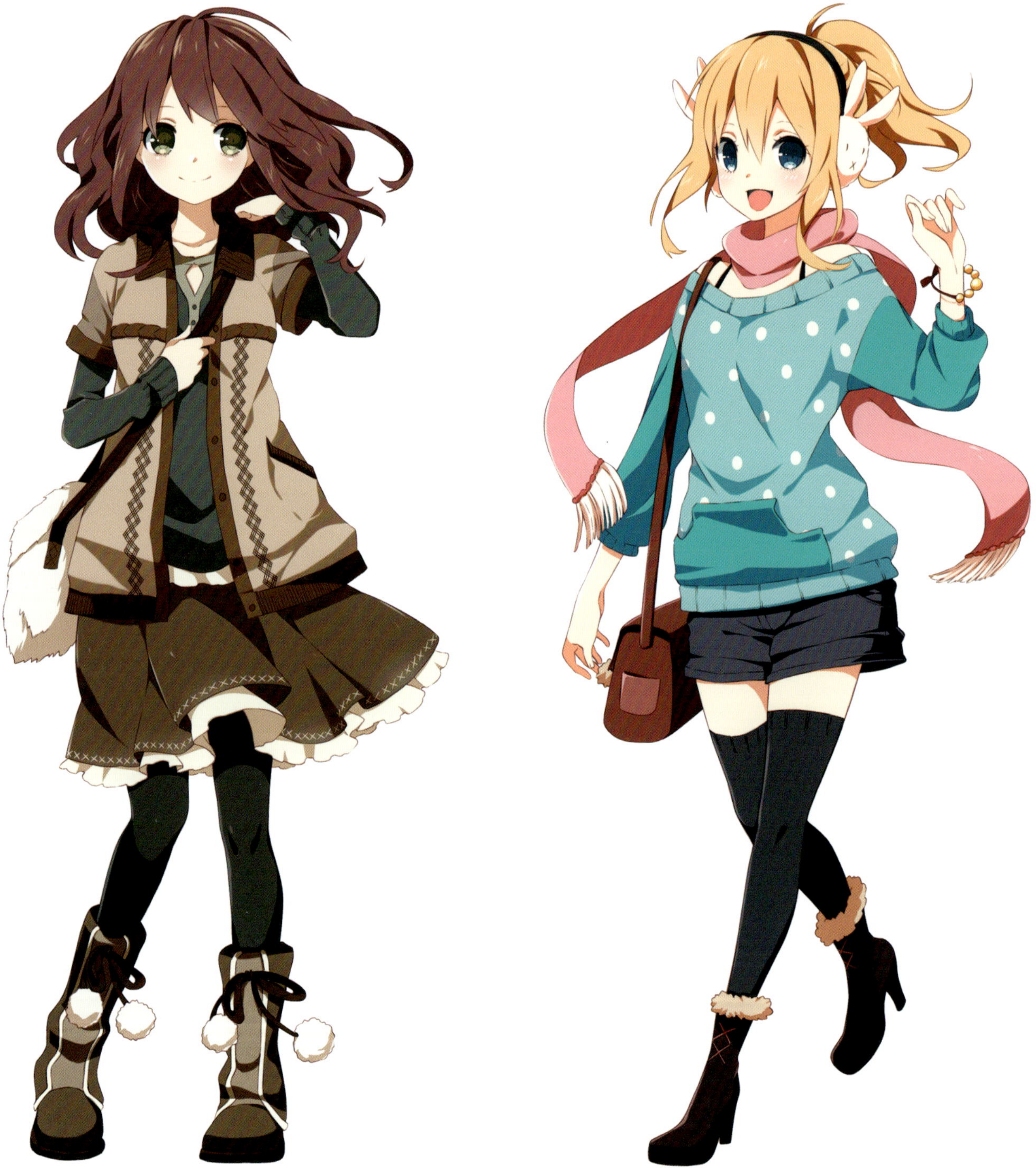

Kleider brauchen Bewegung

In diesem Kapitel geht es darum, Dynamik vermittelnde Kleidungsstücke für aktive Figuren zu gestalten. Kleidungsstücke sind nicht statisch. Sie bewegen sich. Sie flattern und sie bauschen sich, sie spannen oder dehnen sich. Diese Bewegungen können eine Pose ausdrucksstärker machen. So lässt etwa ein im Wind flatternder Schal eine gehende Figur stylisher erscheinen. Sich bewegende Kleider sind eine ausgesprochen nützliche Erweiterung eures Zeichenrepertoires.

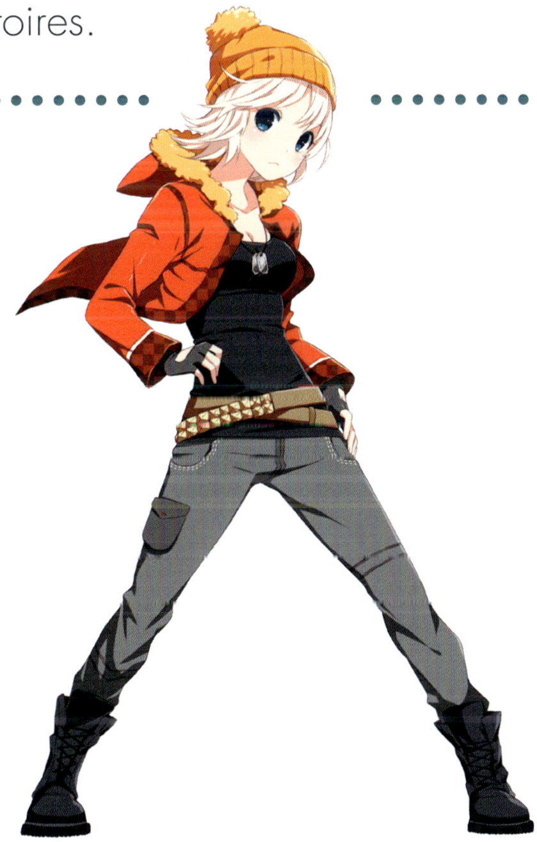

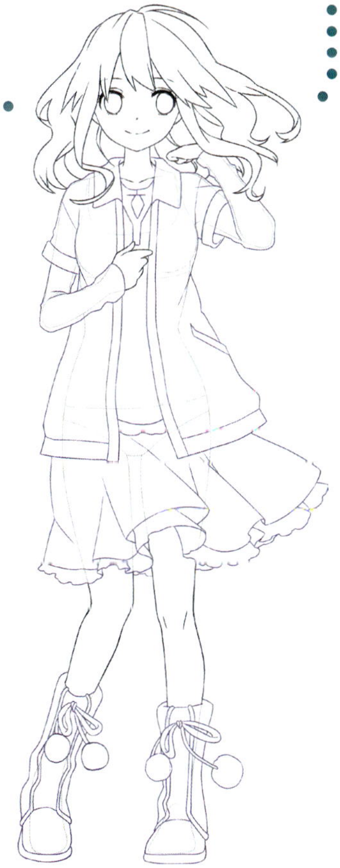

DER EINFLUSS DES WINDES AUF EIN OUTFIT

Wind und Kleidungsstücke ergeben eine visuell faszinierende Kombination. Der Wind hebt leichte Stoffe oder die äußeren Lagen eines Outfits an und lässt sie nach rechts oder links flattern. Schwere Stoffe widerstehen dem Wind und werden weniger bewegt. Betrachten wir die Auswirkungen auf eine Figur und ihr beliebtes Outfit.

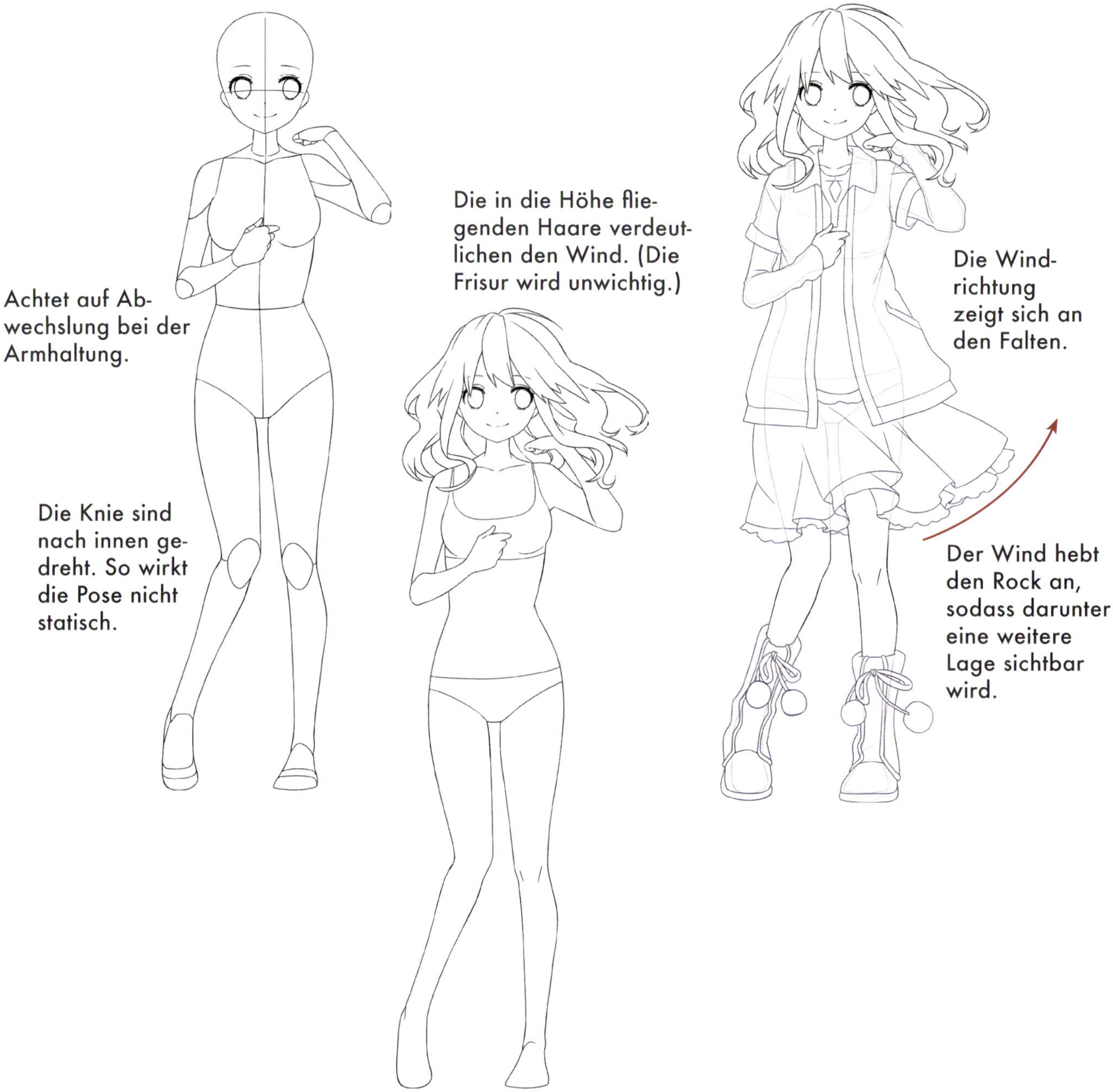

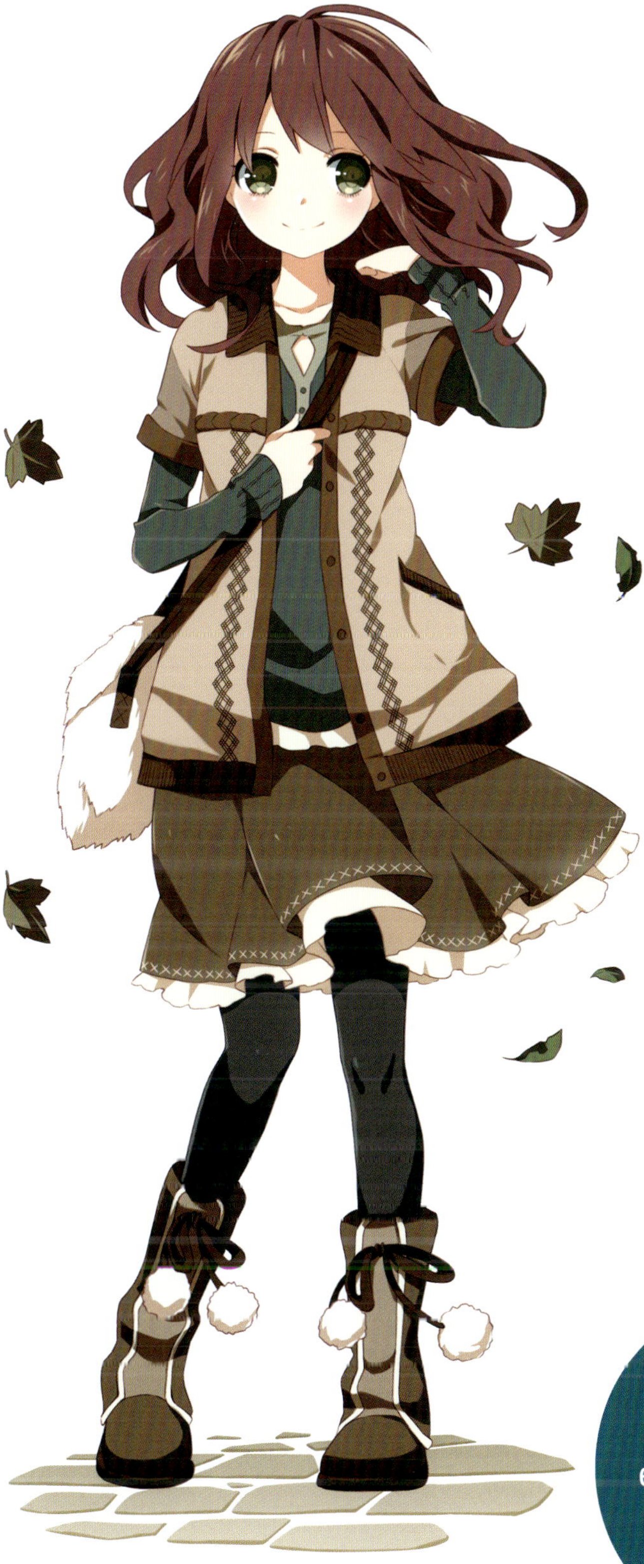

ANLEITUNG: SICH BAUSCHENDER ROCK

Bei einem Rock, der sich bauscht, werden die Falten voluminöser.

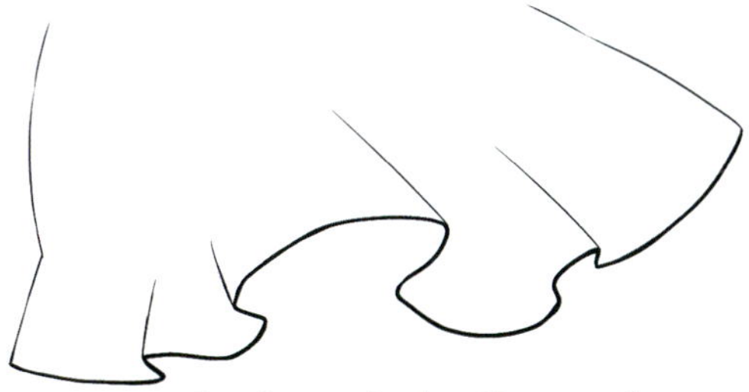

Beginnt mit der Kontur des Rocks ohne räumliche Tiefe.

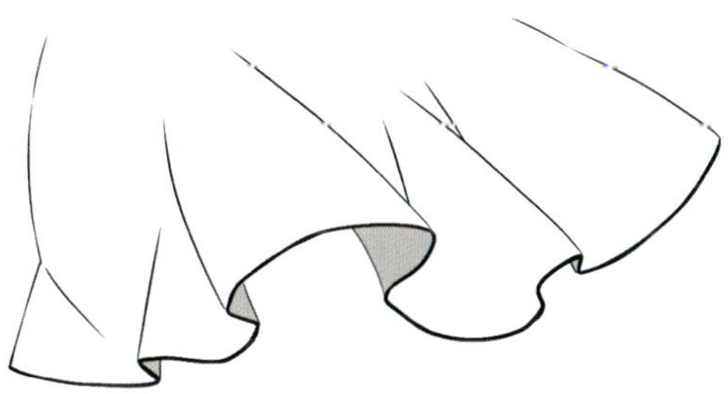

Arbeitet die Innenseite des Rocks grau aus.

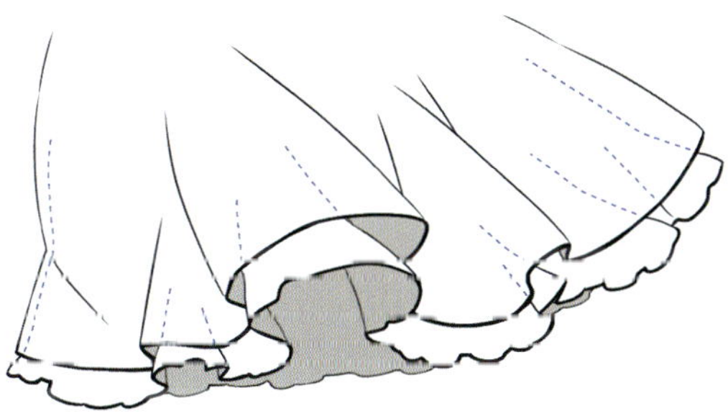

Zeichnet eine luftige zweite Lage unter den Rock, und verziert sie am Rand mit Rüschen.

TIPP

Ein kräftiger Wind erfasst auch die Haare und sorgt für einen poetischen Look.

SCHALS UND ANDERES FLATTERNDES

Ein Schal eignet sich als auffälliges Accessoire. Lasst ihn flattern und sich drehen, sodass beide Seiten zu sehen sind. Das Auge wird von Natur aus von einer wirbelnden Linie gefesselt. Nutzt das, um etwas kunterbunt Flatterndes zu gestalten. Der Schal in diesem Beispiel flattert eher durch die Bewegung der gehenden Figur als durch den Wind.

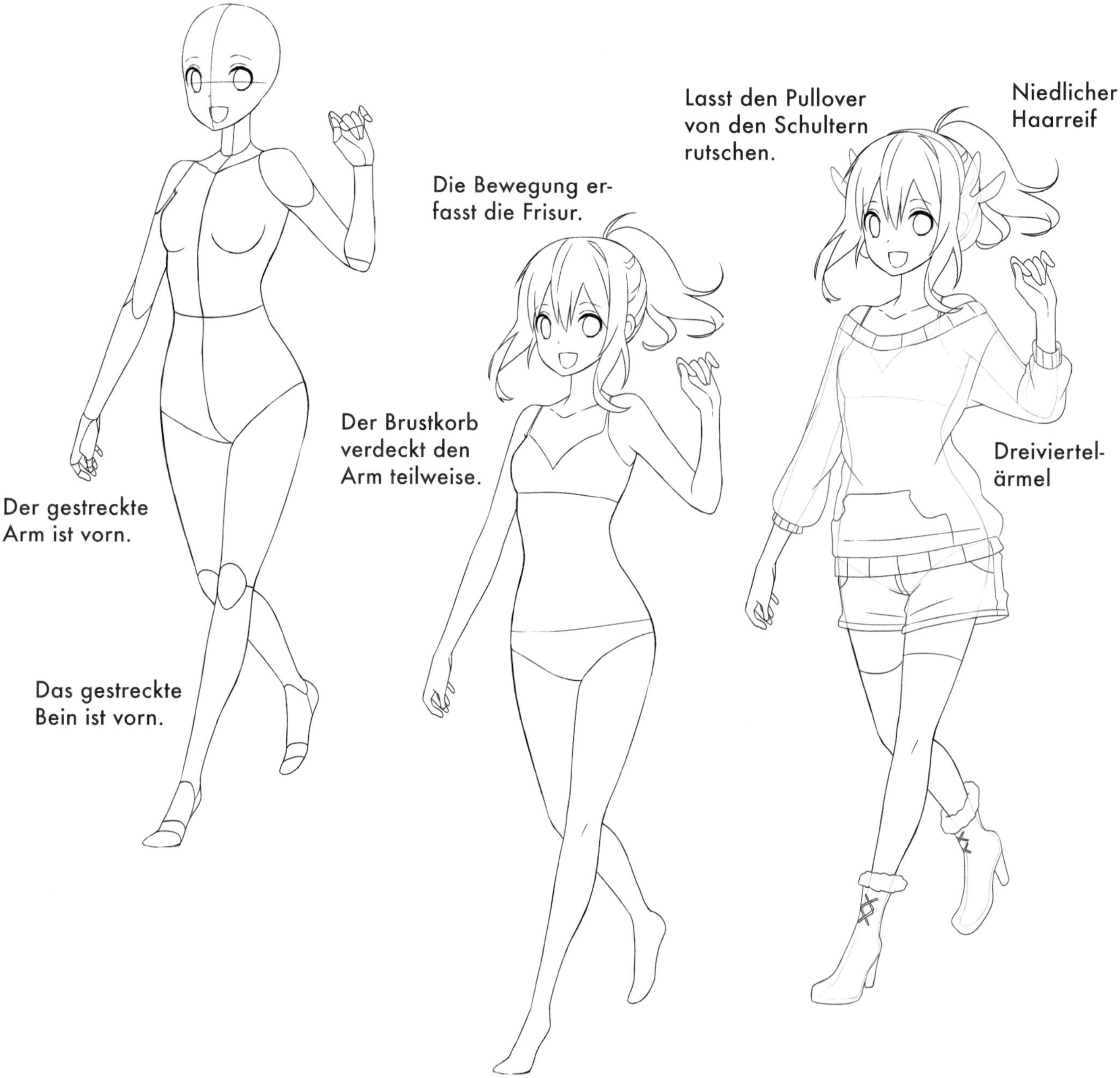

ANLEITUNG: SCHAL

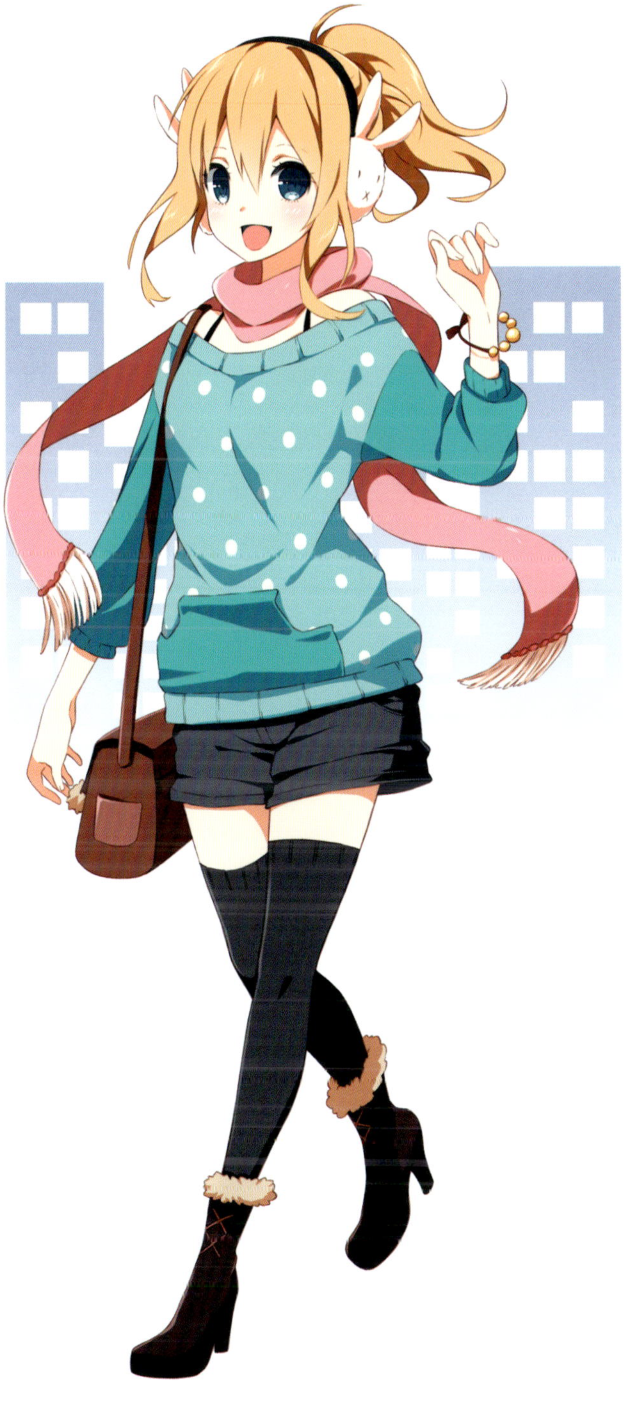

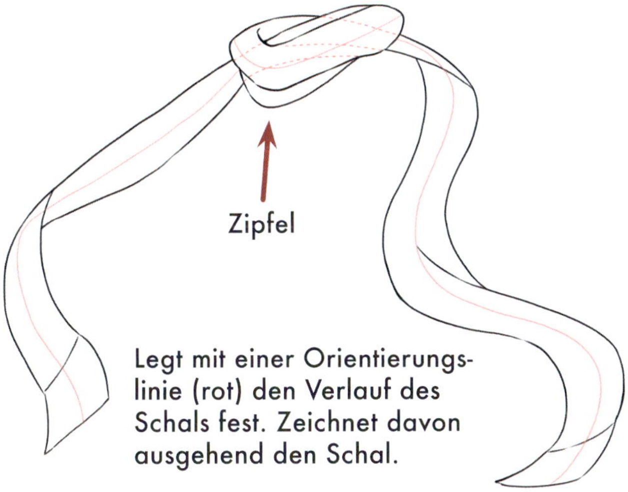

Legt mit einer Orientierungslinie (rot) den Verlauf des Schals fest. Zeichnet davon ausgehend den Schal.

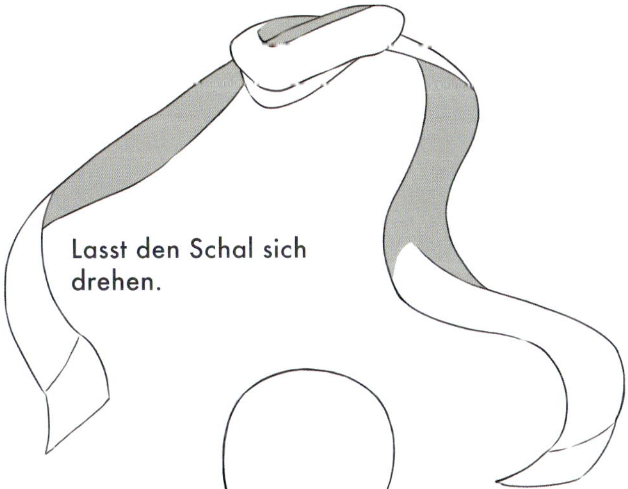

Lasst den Schal sich drehen.

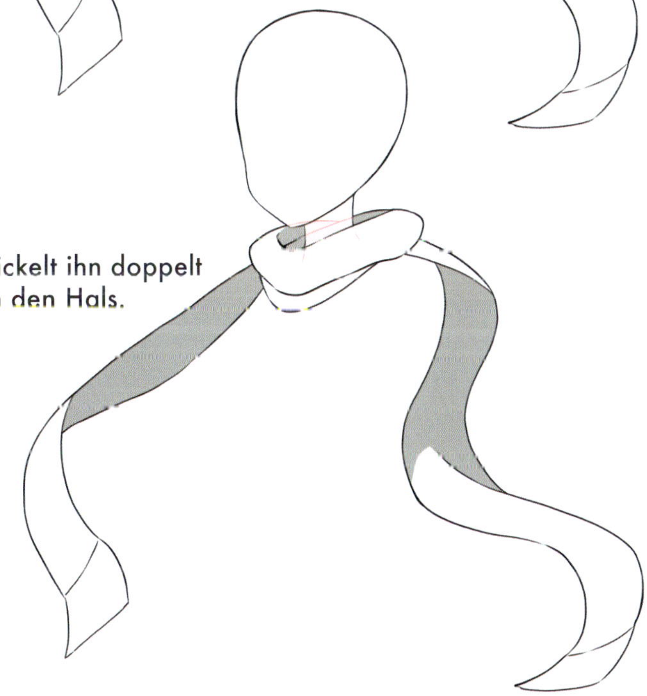

Wickelt ihn doppelt um den Hals.

DYNAMISCHE REAKTION

Die Kleidung kann in einer Szene zum „Akteur" werden, indem sie auf die Pose der Figur „reagiert". In diesem Beispiel wirbelt die Jacke durch die entschlossene Bewegung der Figur in die Höhe. Das lässt die Szene energiegeladen wirken und fesselt das Auge.

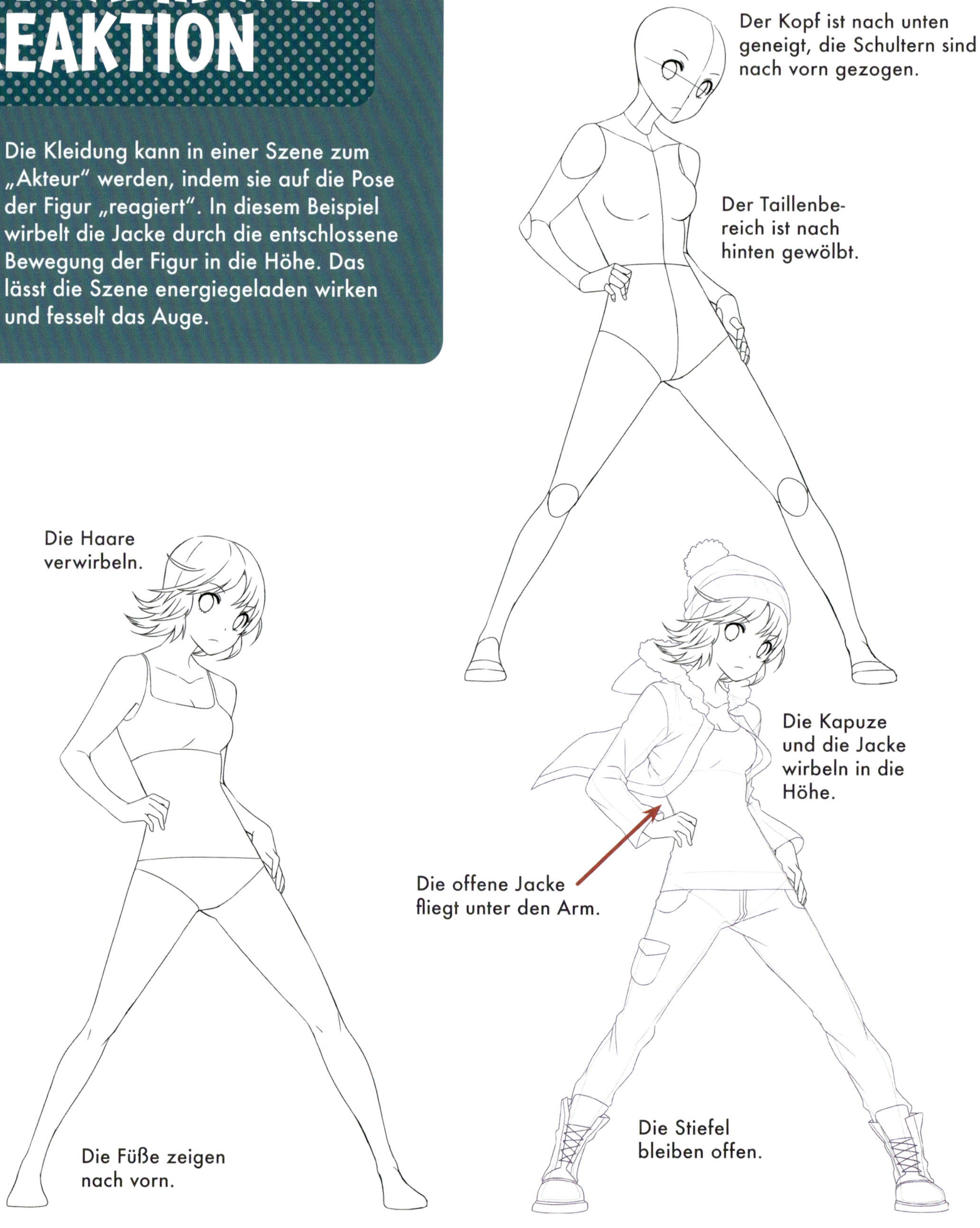

ANLEITUNG: JACKE

TIPP
Einzelne Teile eines Outfits bewegen sich aufgrund einer Pose, einer Aktion oder des Winds.

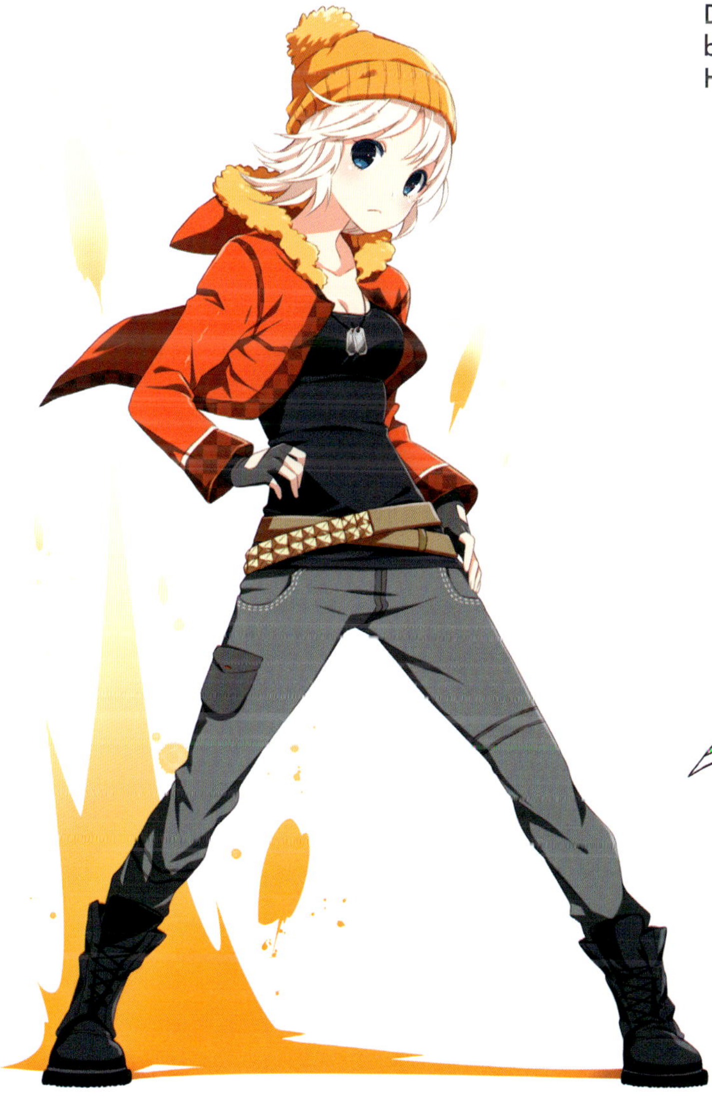

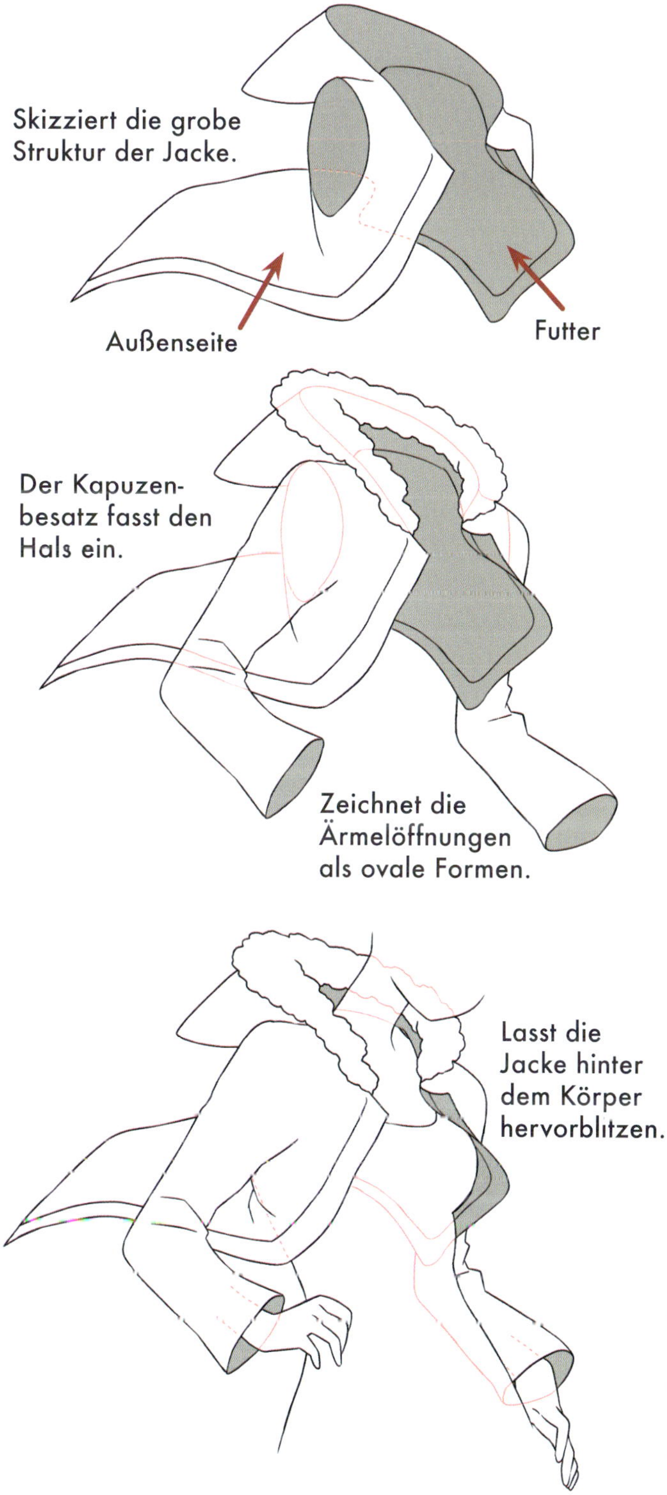

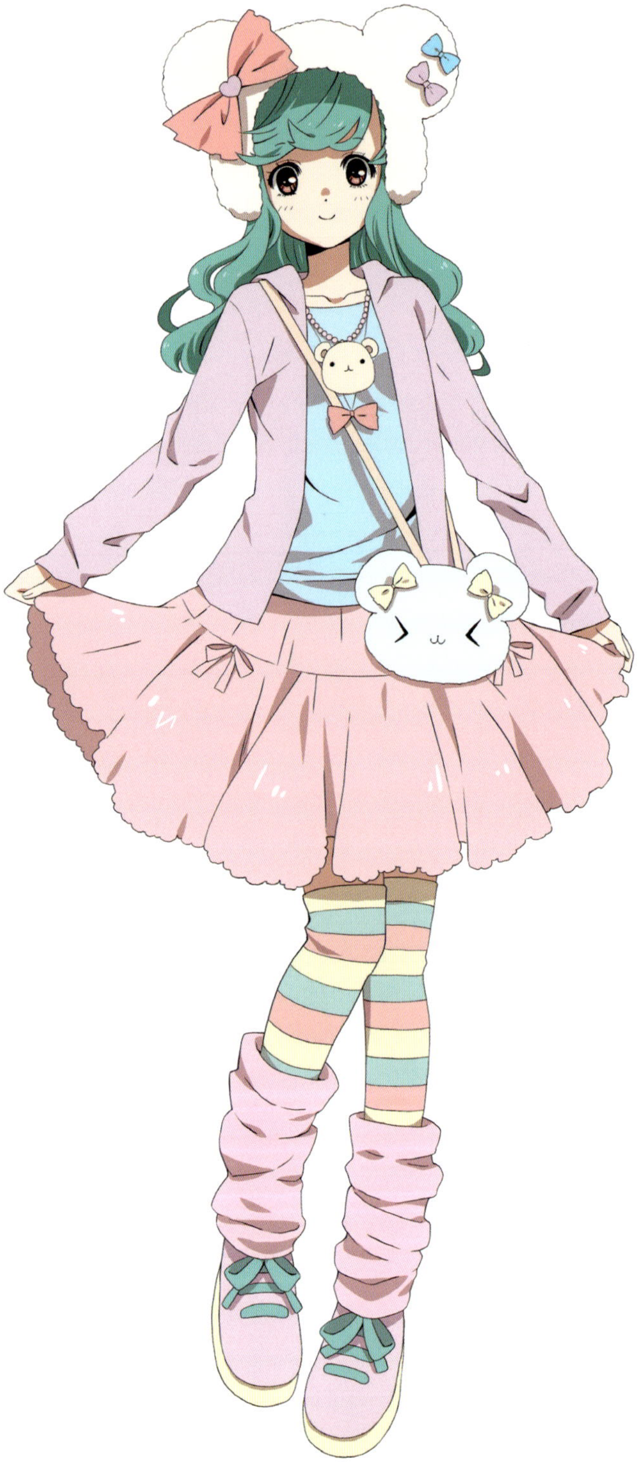

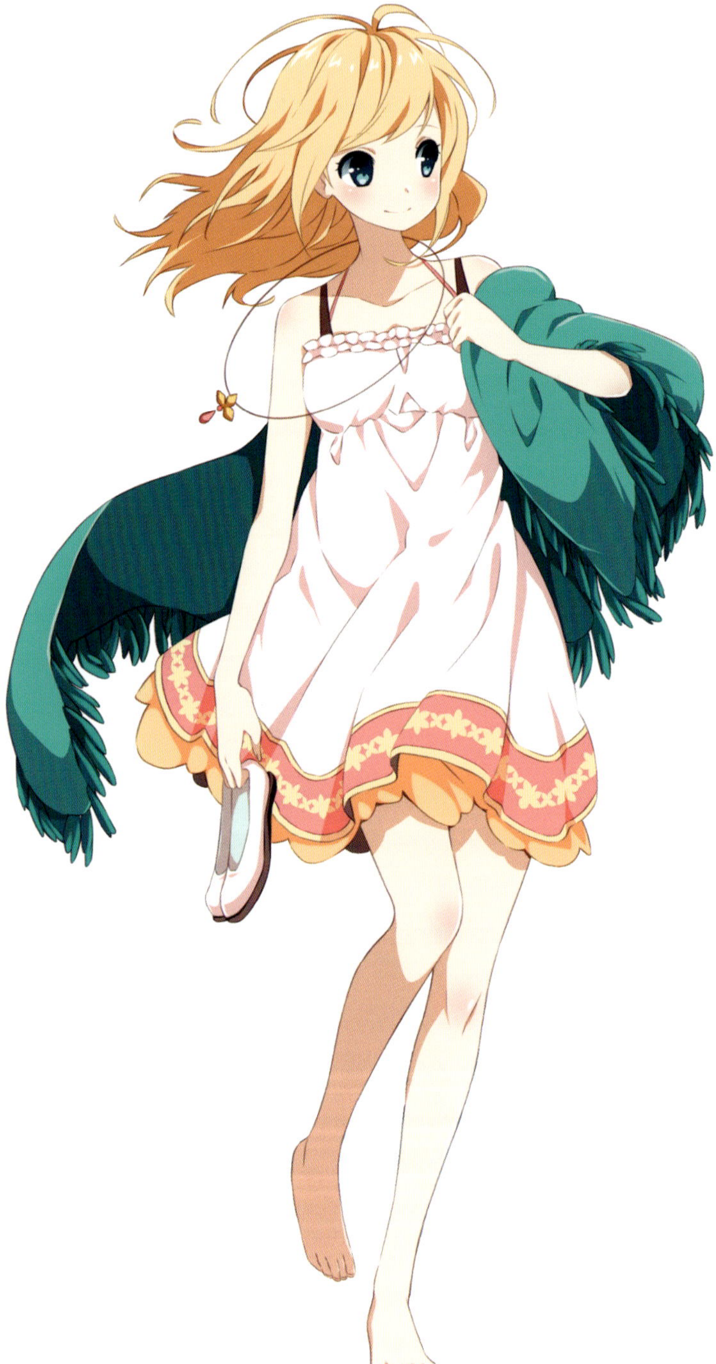

Japanische Fashion-Trends

In dem folgenden Teil wollen wir die beliebtesten Fashion-Trends japanischer Mangas vorstellen. Die deutlich voneinander unterschiedenen Stile tragen Namen wie Mori, J-Pop oder Lolita. Außerhalb Japans kennen sie nur wenige Künstler. Und zu diesen wenigen gehört schon bald auch ihr. Macht euch bereit!

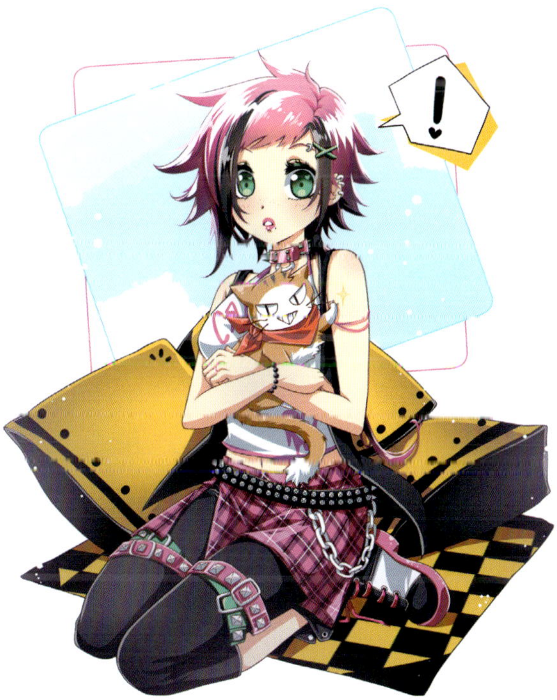

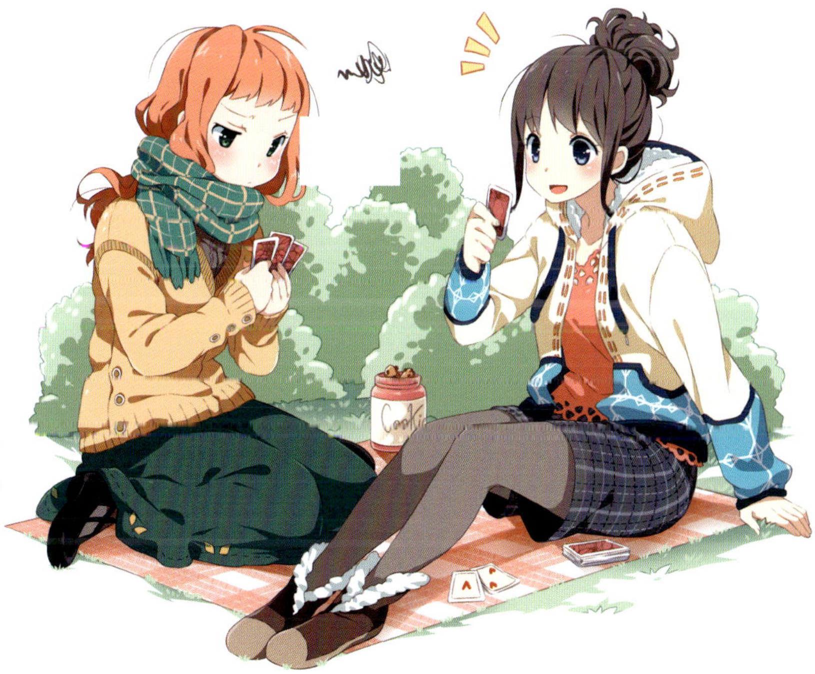

DIE MORI-MODE

Die Mori-Mode erfreut sich bei japanischen Manga-Künstlern großer Beliebtheit, auch wenn wir wohl eher vom „bequemen Look" sprechen würden. Doch in Japan versteht man unter Mori einen Stil. Typisch sind legere mehrlagige Outfits, die geschickt zusammengestellt werden. Ein dezenter Look, der zugleich äußerst stylish ist.

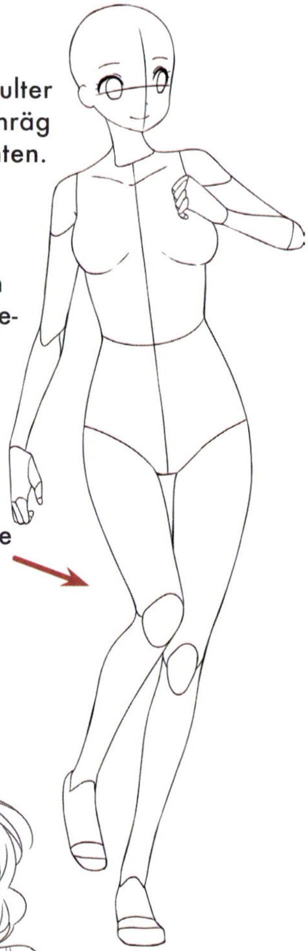

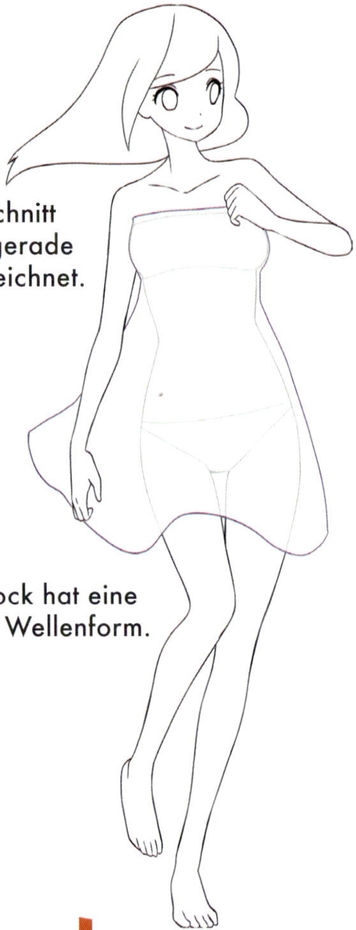

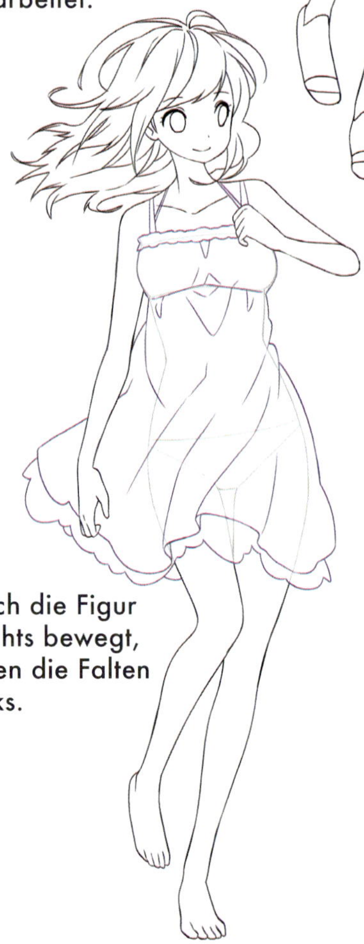

Luftiger Look

Die Szene verlangt nach einem schlichten Outfit und ist damit perfekt für den Mori-Stil. Der zarte, lockere Stoff des Mori-Sommeroutfits schwingt in einer schwachen Brise und transportiert den Moment. Ein unaufdringlich eleganter Look.

ANLEITUNG: GROSSES SCHULTERTUCH

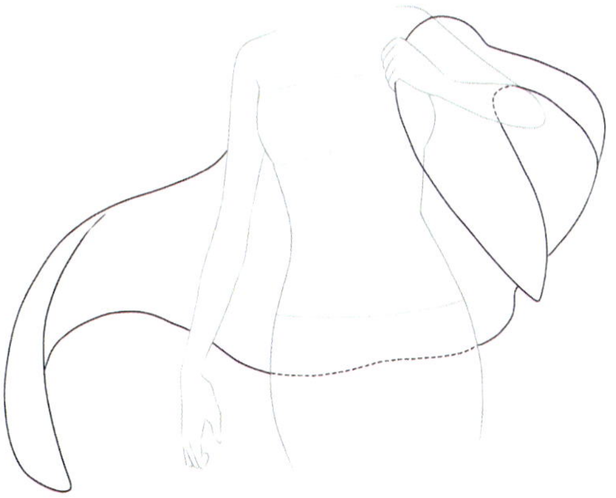

Die untere Kante des Schultertuchs bestimmt die Grundform.

Die Fransen wehen in beliebige Richtungen.

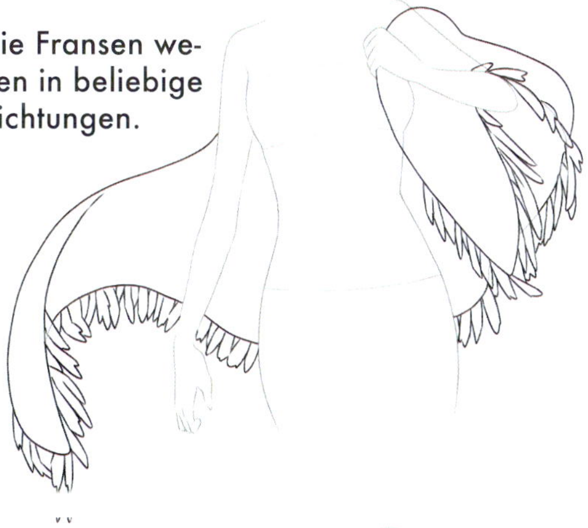

Innenseite abschattieren

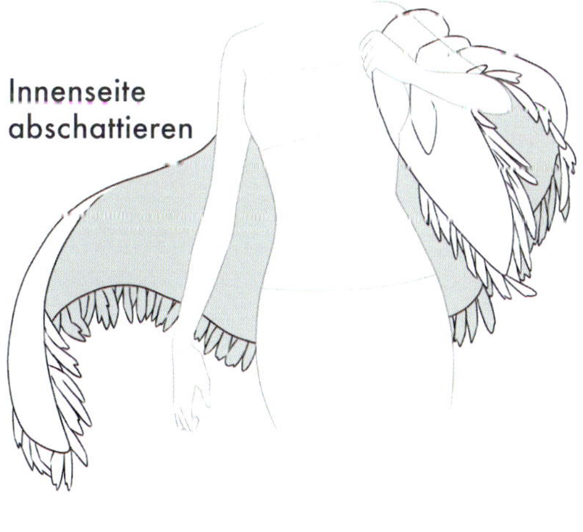

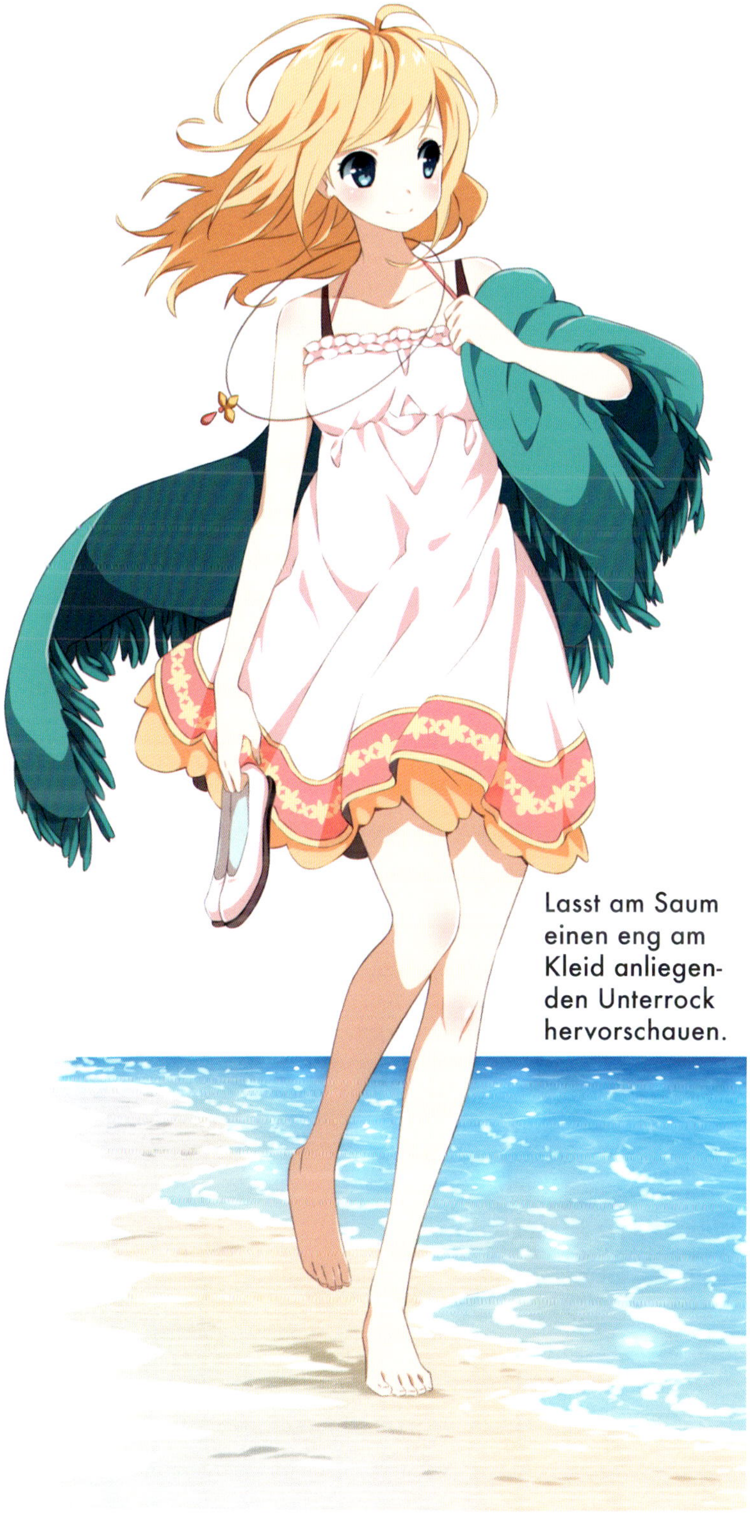

Lasst am Saum einen eng am Kleid anliegenden Unterrock hervorschauen.

Freizeitdress

Der Mori-Stil eignet sich auch für Freizeitspaß mit Freunden. Dieses Outfit ist eine wilde Kombination von Farben und Stoffen. Das Steppmuster, der Mustermix und die nicht aufeinander abgestimmten Einzelteile sorgen für einen witzigen, improvisierten Look.

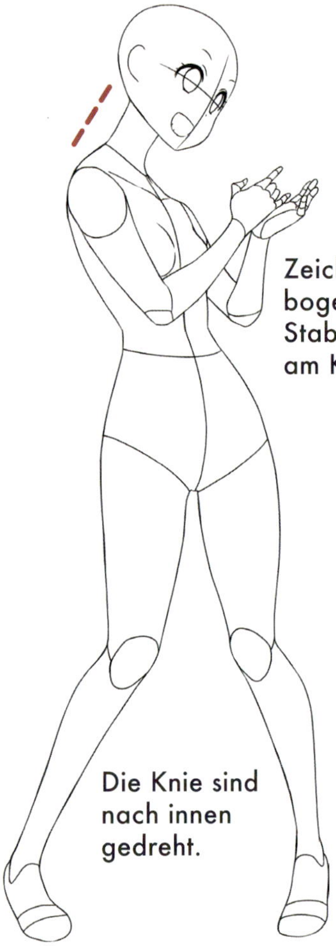

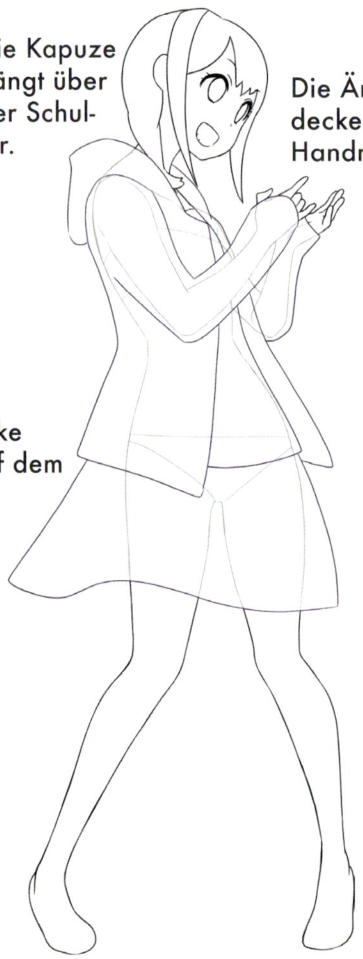

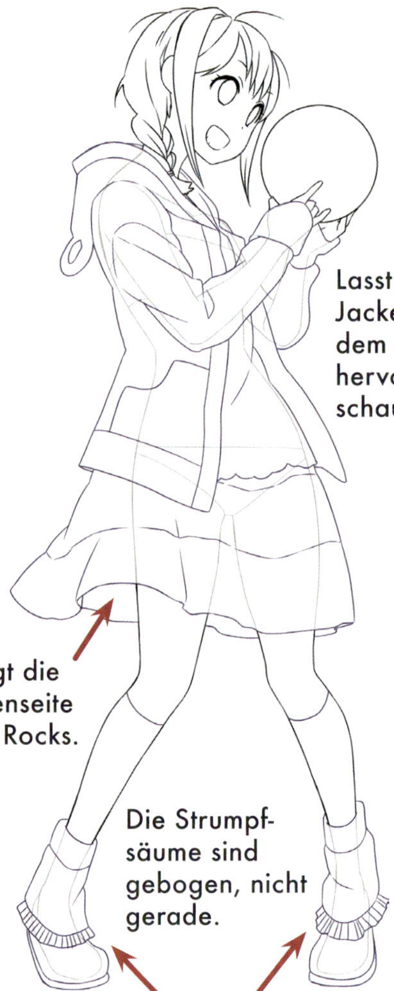

ANLEITUNG: FLICKENROCK

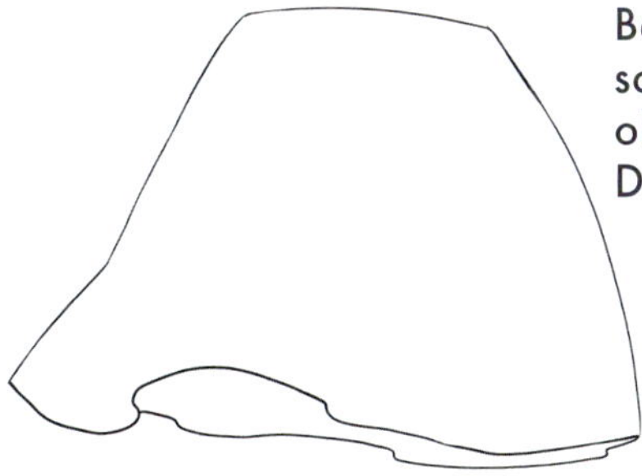

Beginnt mit einem schlichten Rock ohne weitere Details.

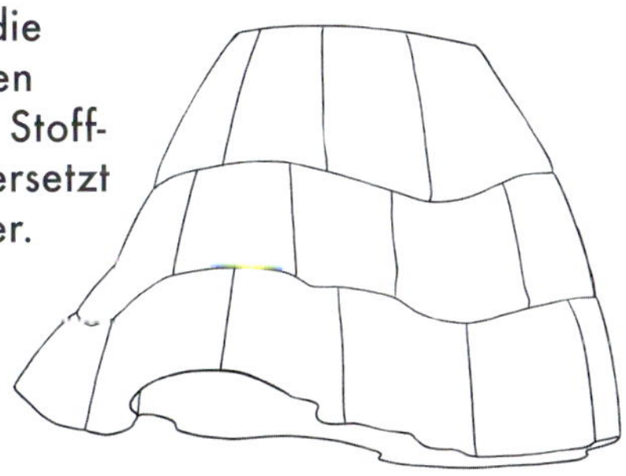

Zeichnet die senkrechten Linien der Stoffbahnen versetzt zueinander.

Ergänzt an den Nähten einige Falten.

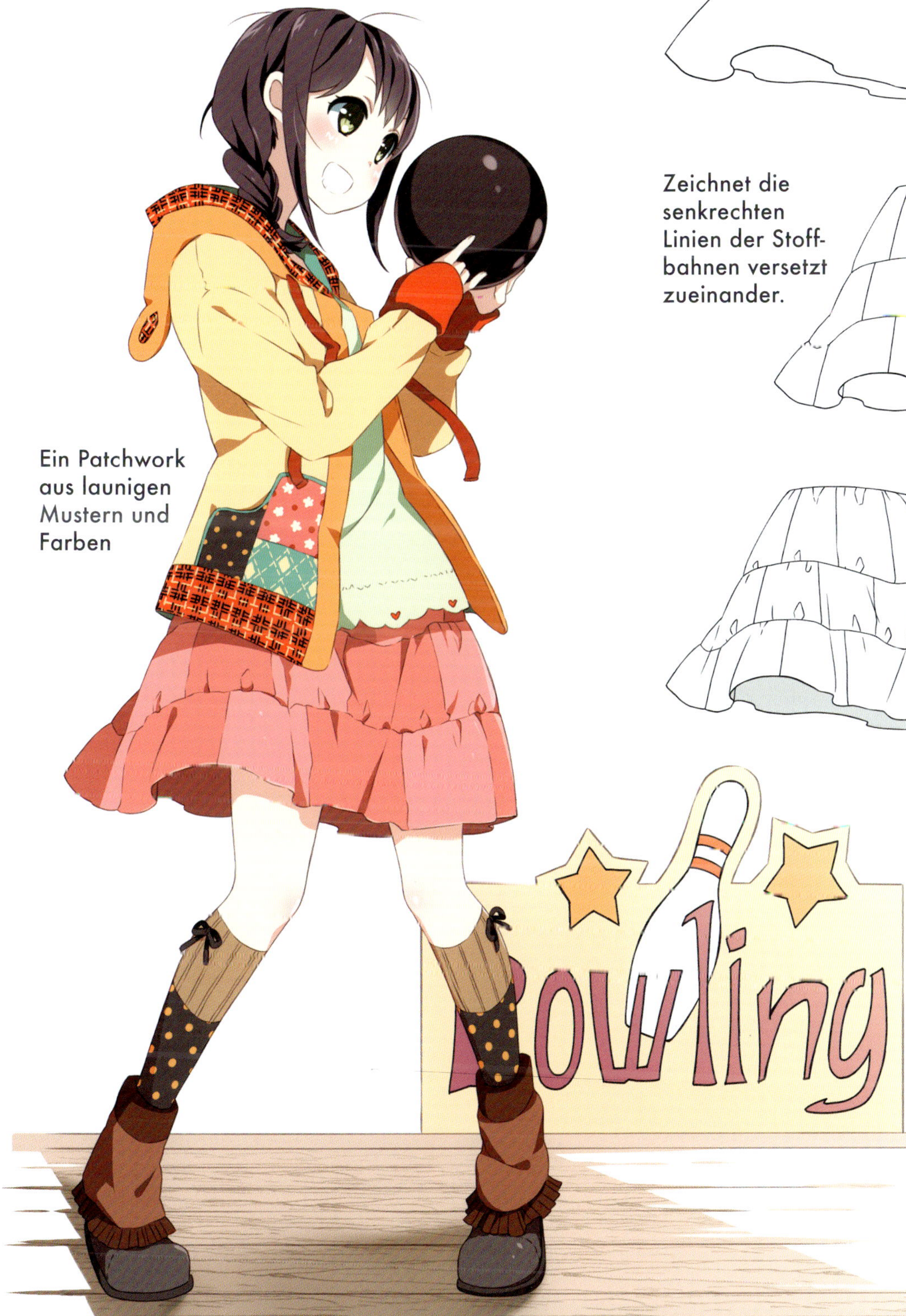

Ein Patchwork aus launigen Mustern und Farben

Kuscheliges Outfit

Kuschelige Kleidung ist ein wesentlicher Bestandteil des Mori-Stils. Ein dicker Pullover ist eine gute Wahl. Oder ein Rock mit Fellbesatz. Warme Leggings und weiche Hausstiefel mit Knotenbändern an den Knöcheln vervollständigen das Outfit.

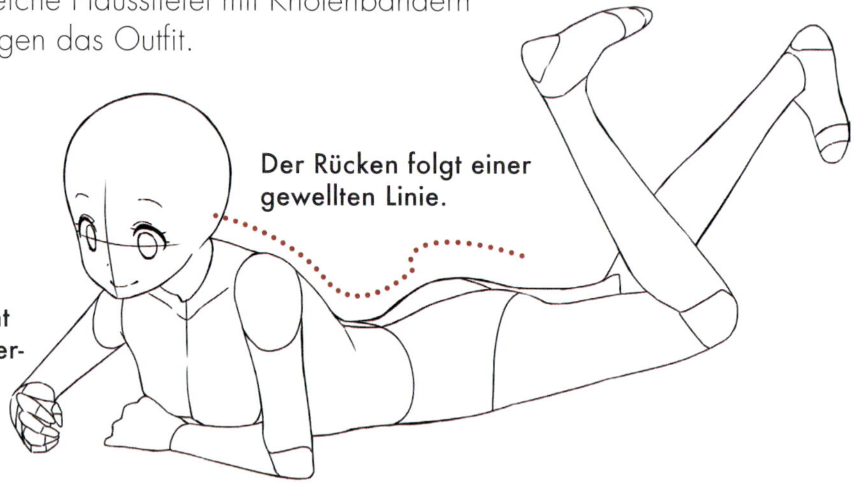

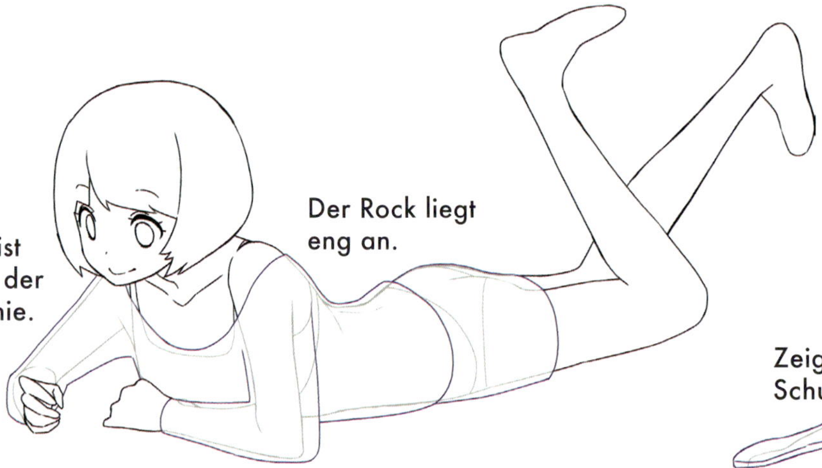

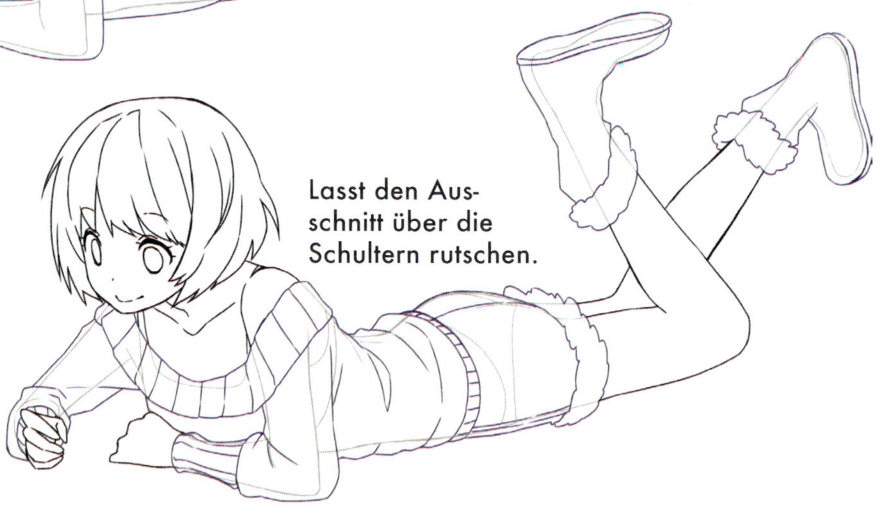

ANLEITUNG: SCHLEIFE

Beginnt mit zwei Dreiecken.

Schwächt die geraden Linien ab, und fügt in der Mitte einen Knoten ein.

Ergänzt Fältchen am Knoten.

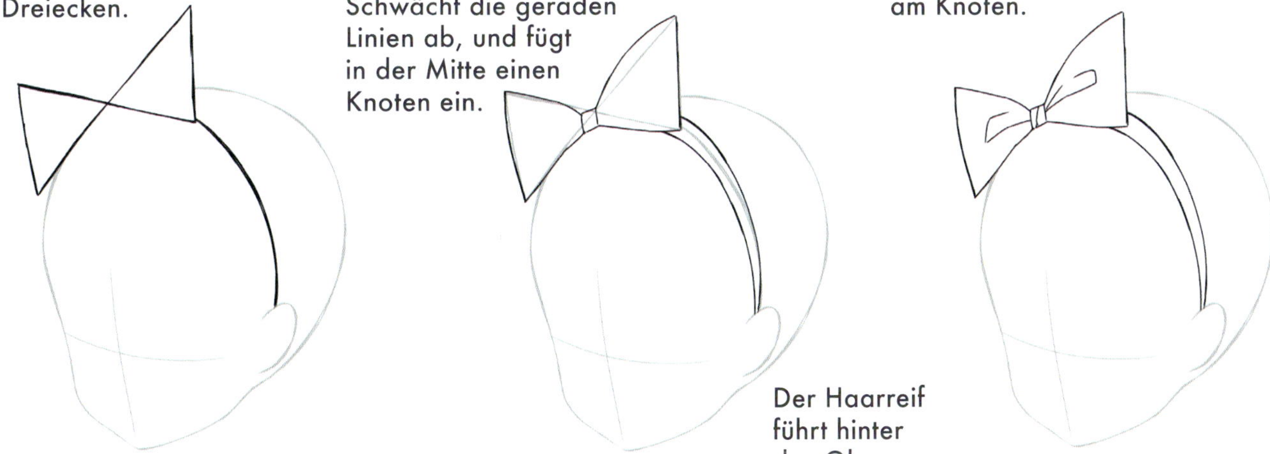

Der Haarreif führt hinter das Ohr.

TIPP
Durch die Kombination legerer Einzelteile entsteht ein bezauberndes Mori-Outfit.

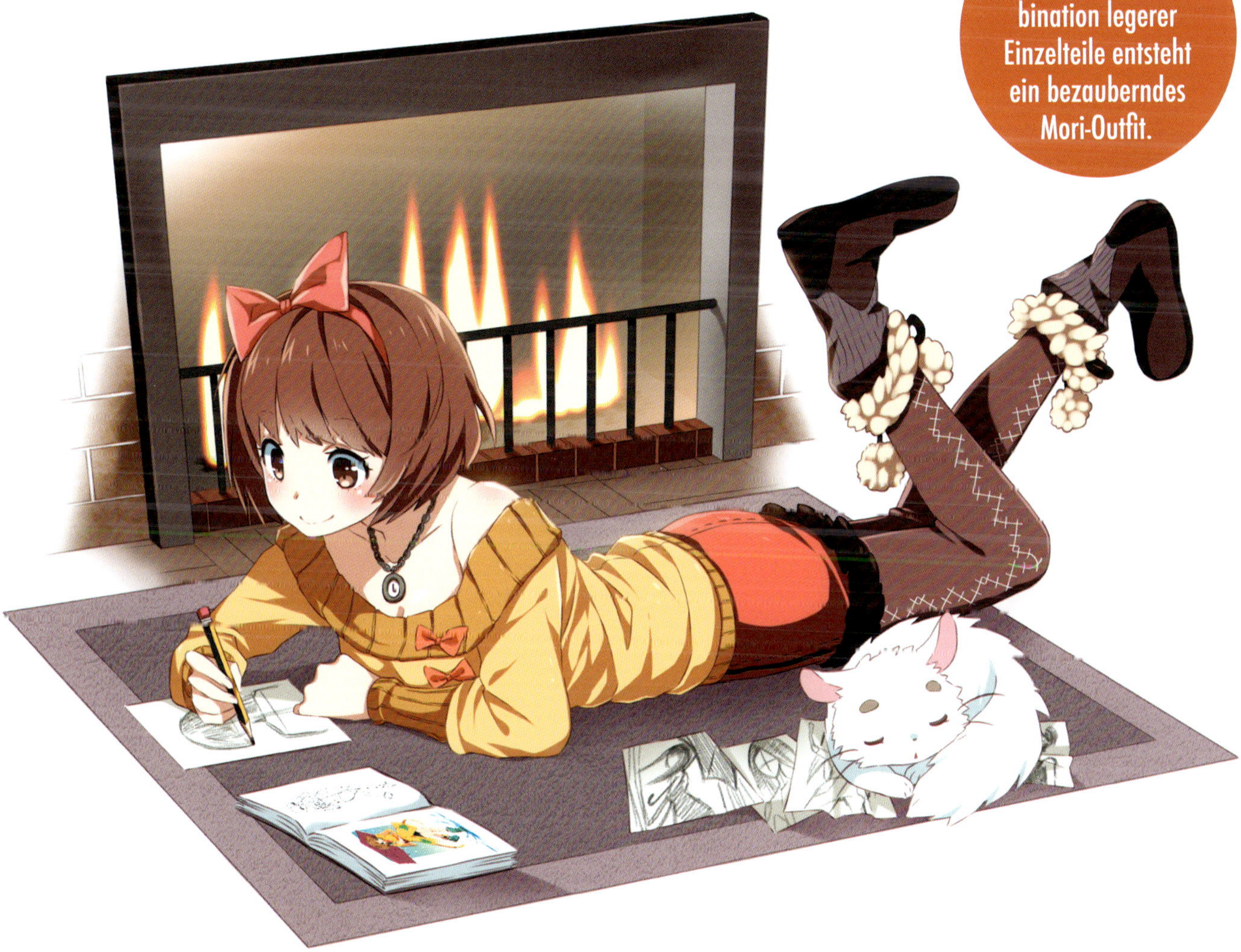

Überziehkleid

Das Überziehkleid endet unten in einer Rüschenkaskade. Der Grundschnitt ist schlicht. Die Ausschnitte für Hals und Arme sind große runde Löcher, die Taschen simple Rechtecke. Der Kniff sind die Reihen von blauen und rosafarbenen Rüschen am Saum.

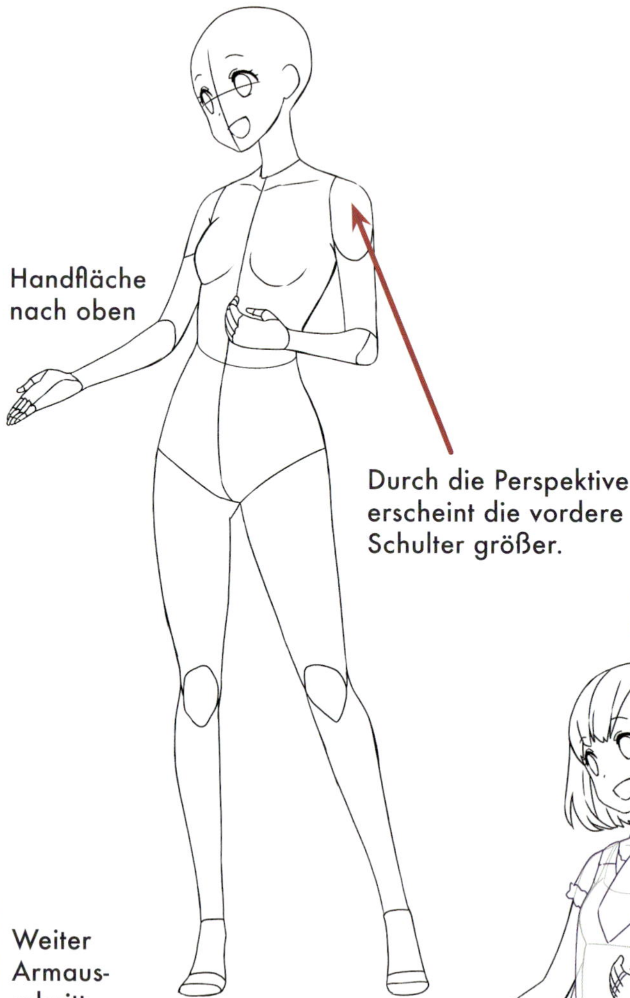

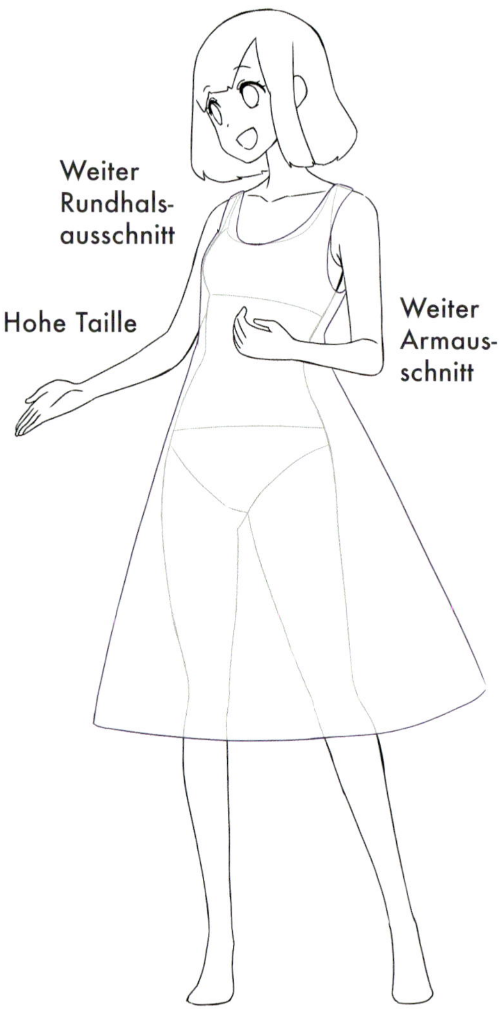

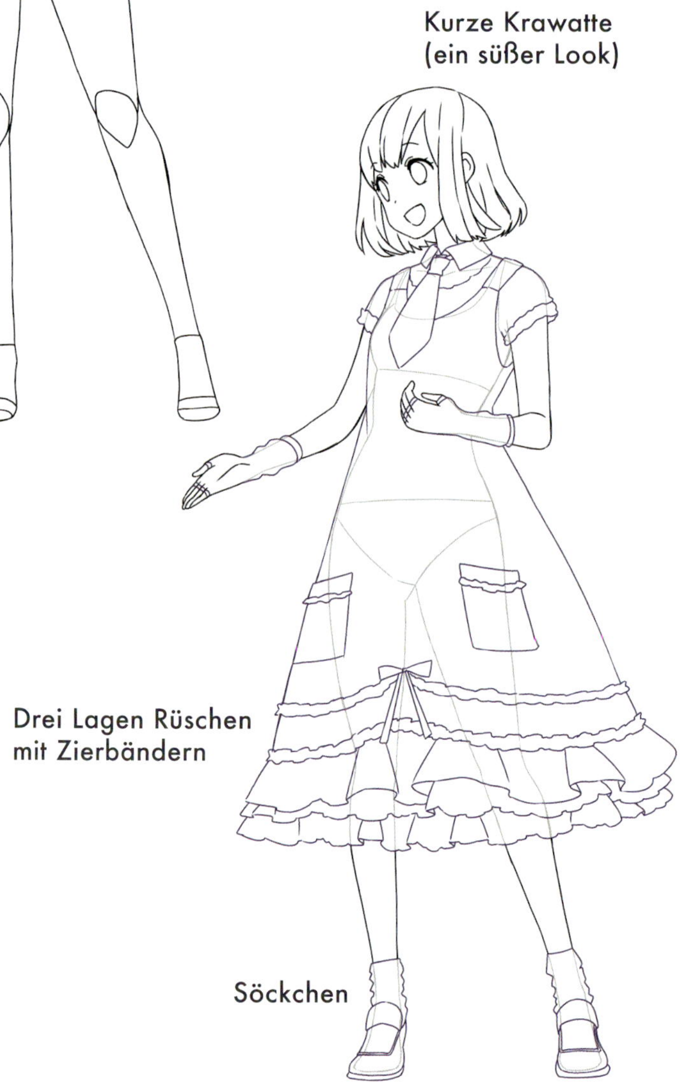

ANLEITUNG: HUT

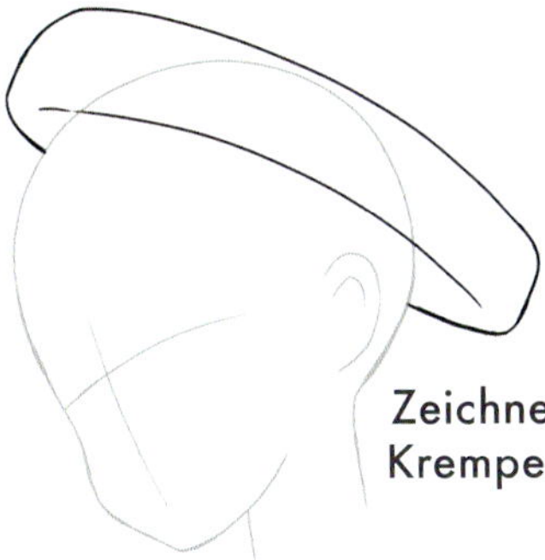

Zeichnet die runde Krempe.

Der Hut sitzt schief auf dem Hinterkopf, um dem Pony Raum zu geben.

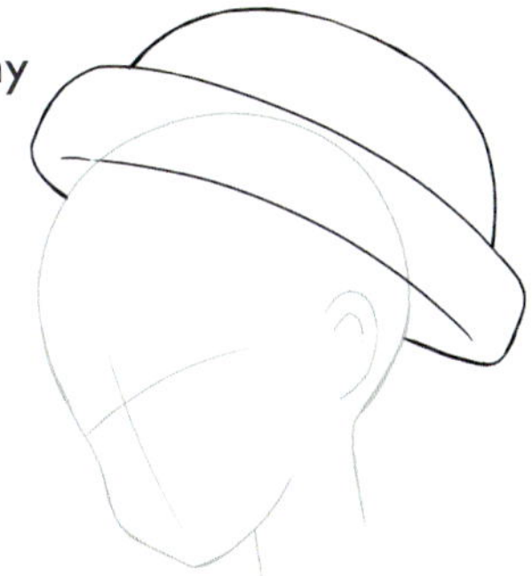

Eine Schleife und ein Hutband sind stets ein schönes Extra.

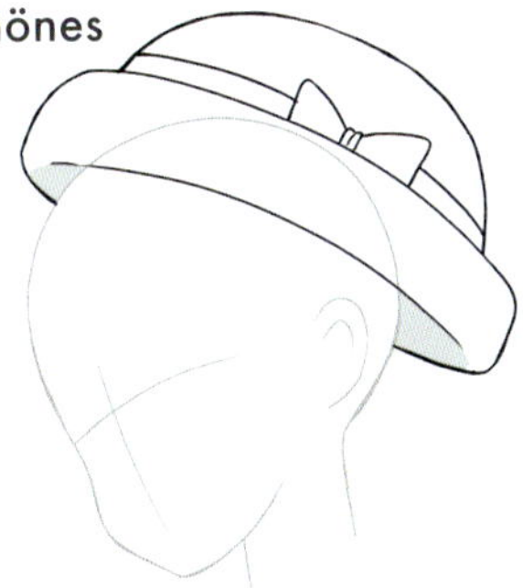

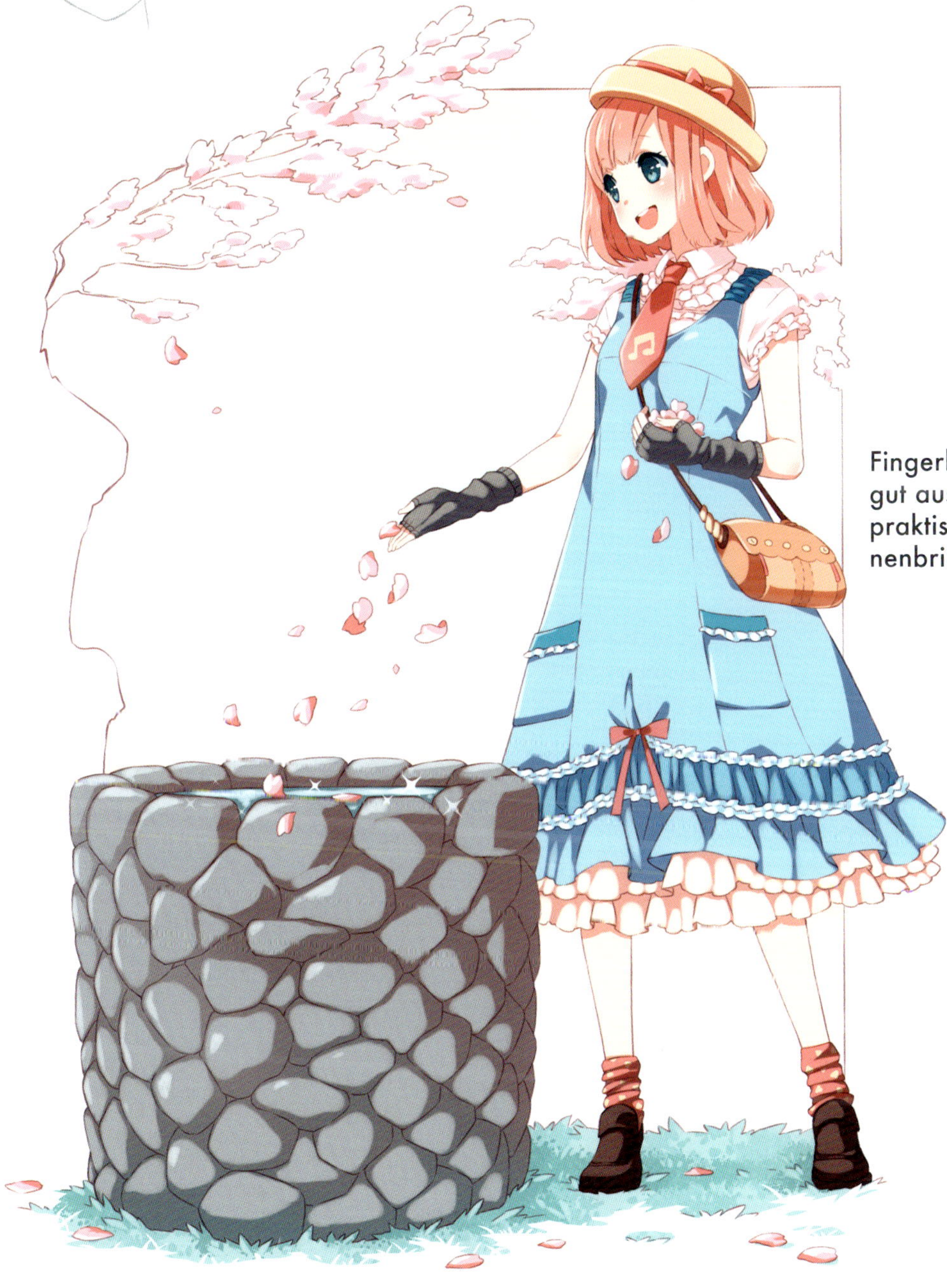

Sie hat Glück: Der Wunschbrunnen bei mir im Park nimmt nur Münzen.

Fingerlose Handschuhe sehen gut aus, auch wenn sie nicht praktischer sind als eine Sonnenbrille ohne Gläser.

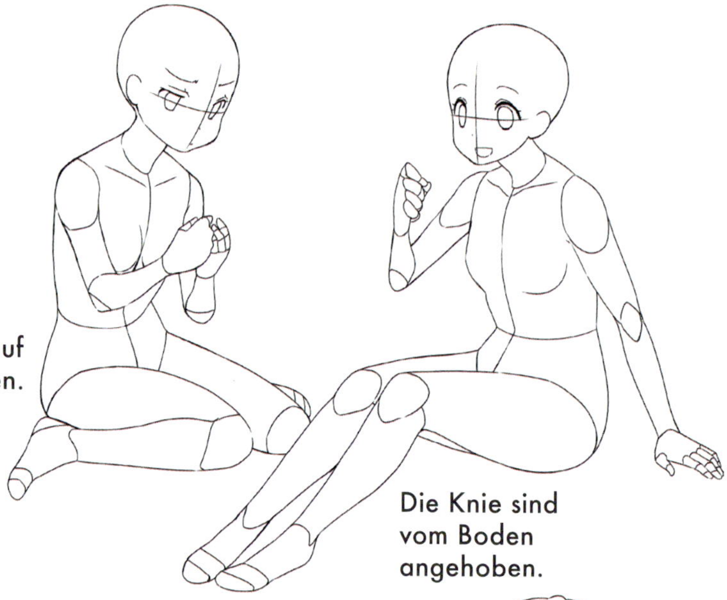

Warm eingepackt

Outfits im Mori-Stil bestehen meist aus mehreren Lagen, was sich besonders für kühle Temperaturen eignet. Mit jeder weiteren Lage kommt ein neues Dessin hinzu. Die Mori-Kleider sind aus dickem, schwerem Stoff. Dadurch wird das Thema der kuscheligen Kleidung noch betont.

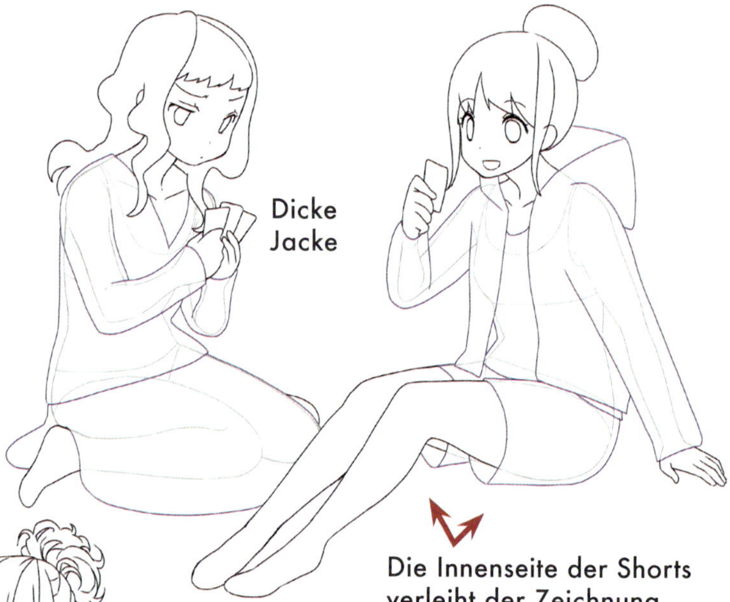

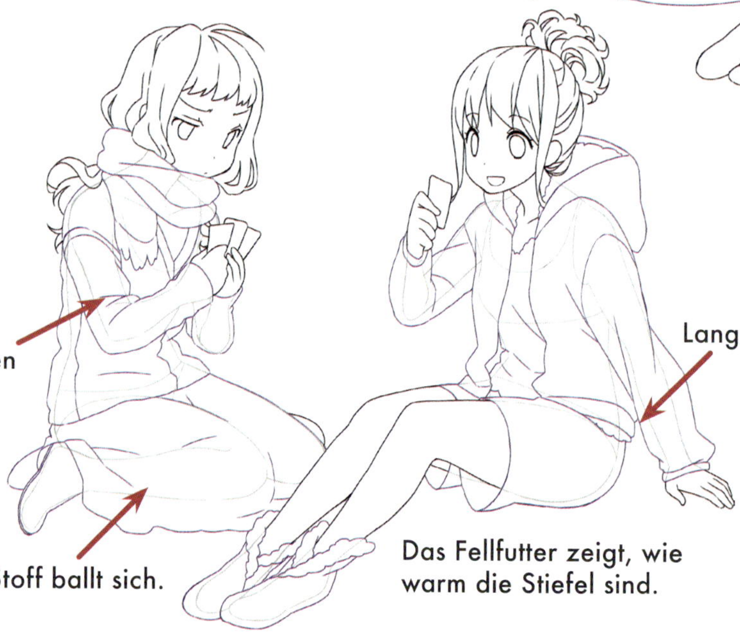

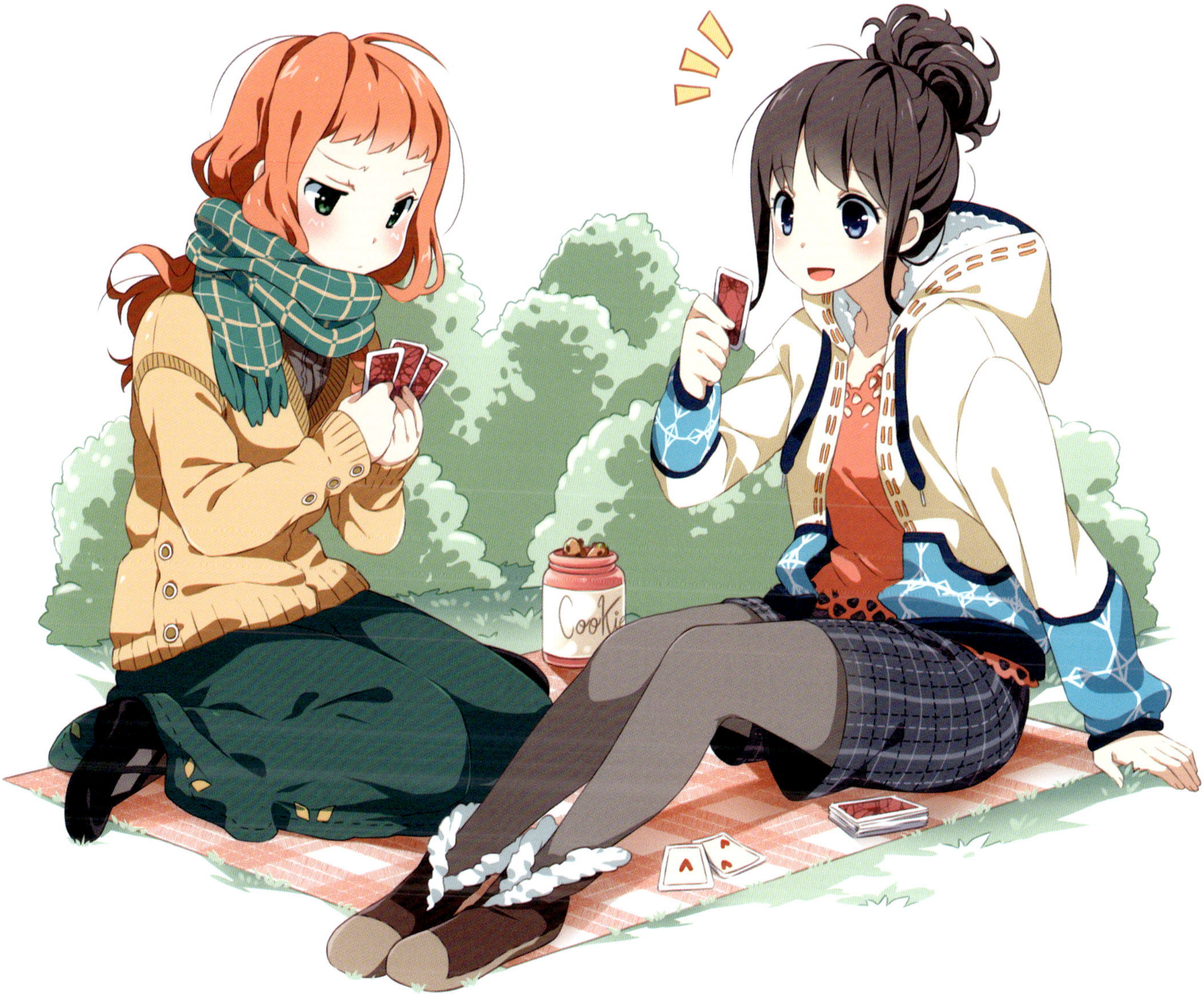

ANLEITUNG: STIEFEL MIT FELLFUTTER

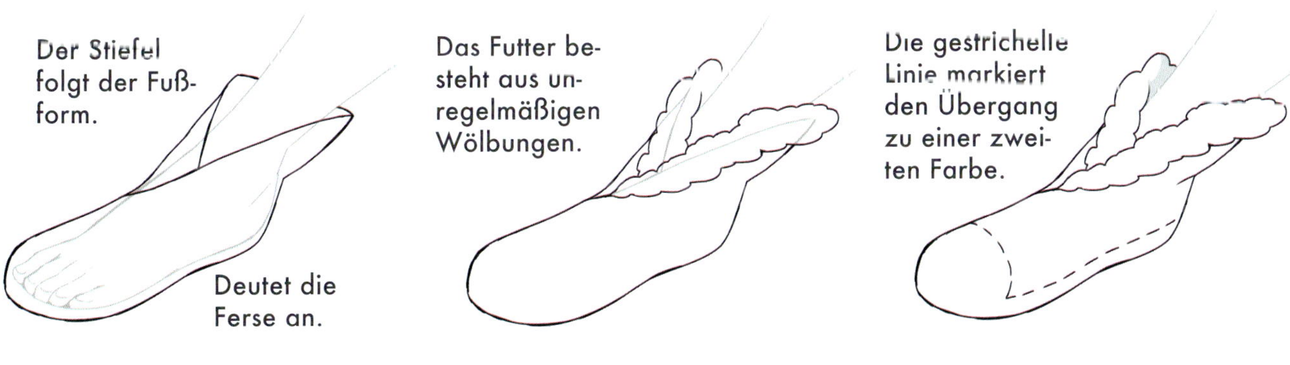

J-POP

Der J-Pop-Stil kann bei einem Outfit einen Akzent setzen oder als kompletter Look verwendet werden. Bei manchen Charakteren sorgen einige wenige J-Pop-Accessoires für ein stylishes Aussehen, andere kommen im Komplettlook supercool daher. Wir beginnen mit ausgewählten Akzenten und arbeiten uns zum vollständigen Outfit mit allem Drum und Dran vor.

J-Pop-Einfluss

Der J-Pop-Stil wird häufig genutzt, um gewöhnlichen Outfits mehr Pep zu verleihen. Manchmal reicht schon ein Accessoire oder ein einzelnes Kleidungsstück. Gelegentlich ist es vielleicht sogar nur ein Dessin oder ein Muster. Das wollen wir an unseren beiden Shopperinnen in der Mall zeigen. Bei dem Mädchen links wird ein deutlicherer J-Pop-Einfluss sichtbar als bei dem rechts.

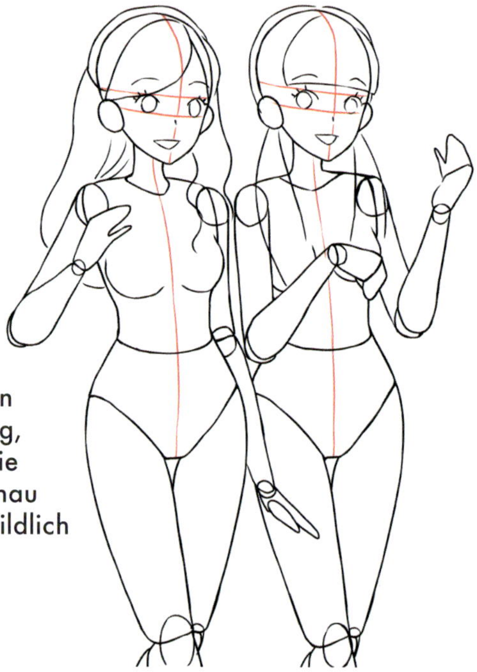

Variiert die Posen ein wenig, sodass sie nicht genau spiegelbildlich sind.

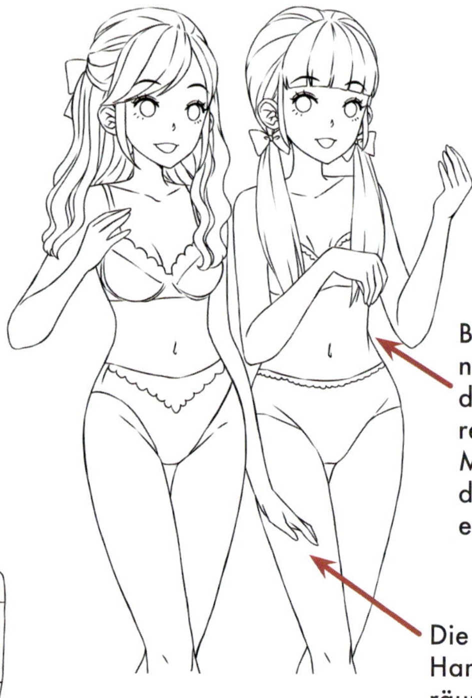

Bei jungen Teenagerinnen ist der Bauchbereich eher kurz. Mit zunehmendem Alter wird er länger.

Die vorstehende Hand vermittelt räumliche Tiefe.

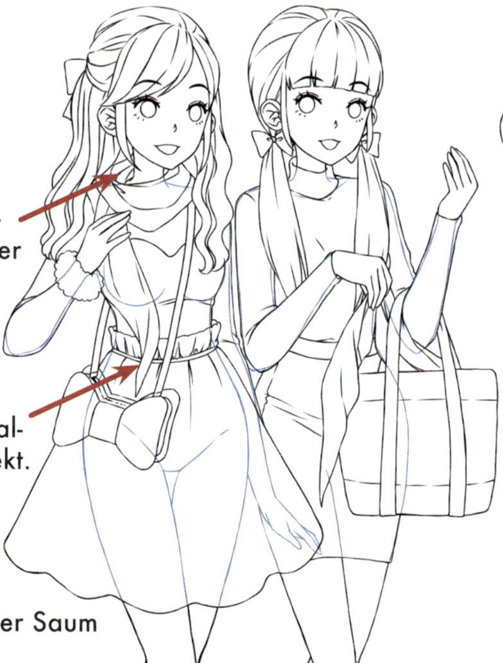

Locker geschlungener Schal

Die Fältchen sind ein gestalterischer Effekt.

Reizvoller Saum

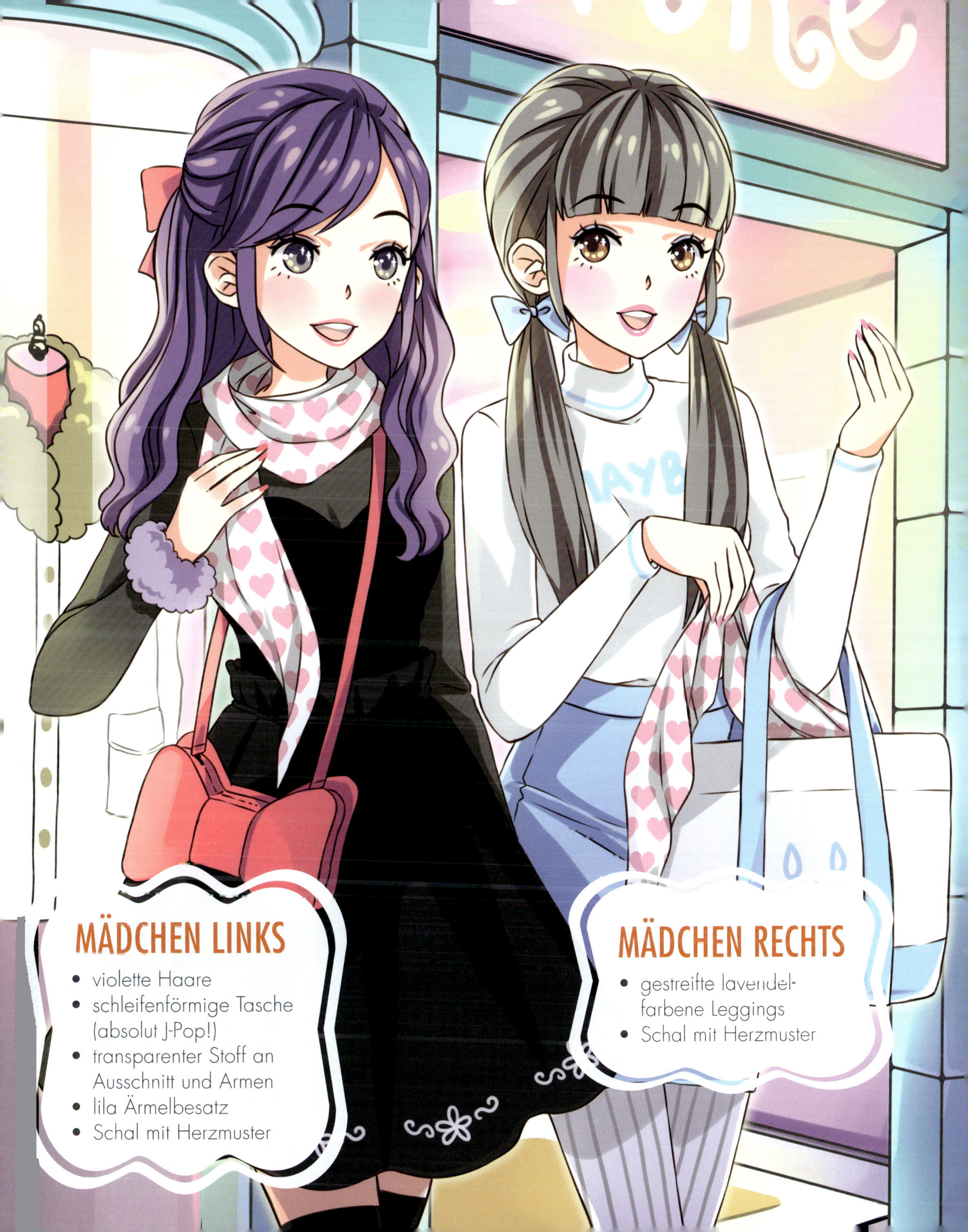

MÄDCHEN LINKS

- violette Haare
- schleifenförmige Tasche (absolut J-Pop!)
- transparenter Stoff an Ausschnitt und Armen
- lila Ärmelbesatz
- Schal mit Herzmuster

MÄDCHEN RECHTS

- gestreifte lavendelfarbene Leggings
- Schal mit Herzmuster

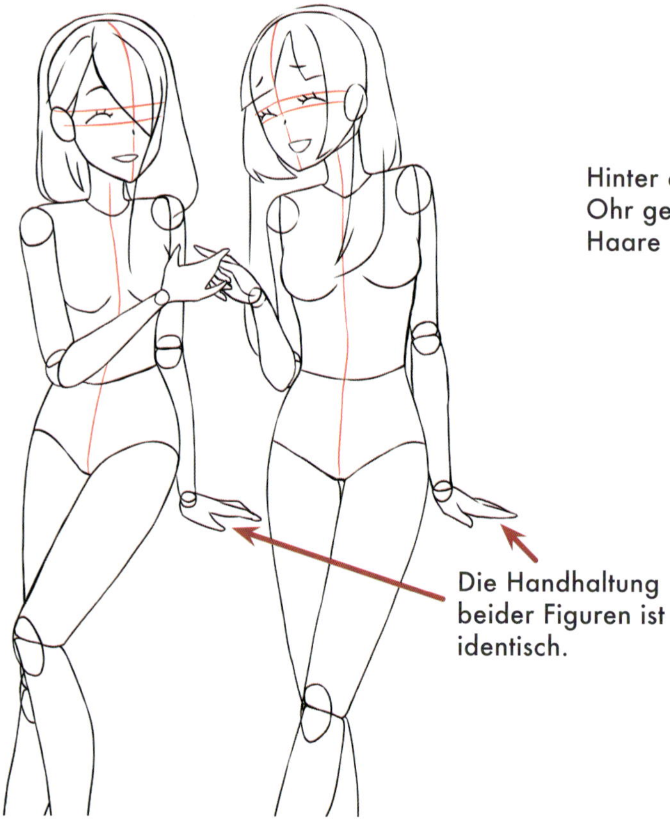

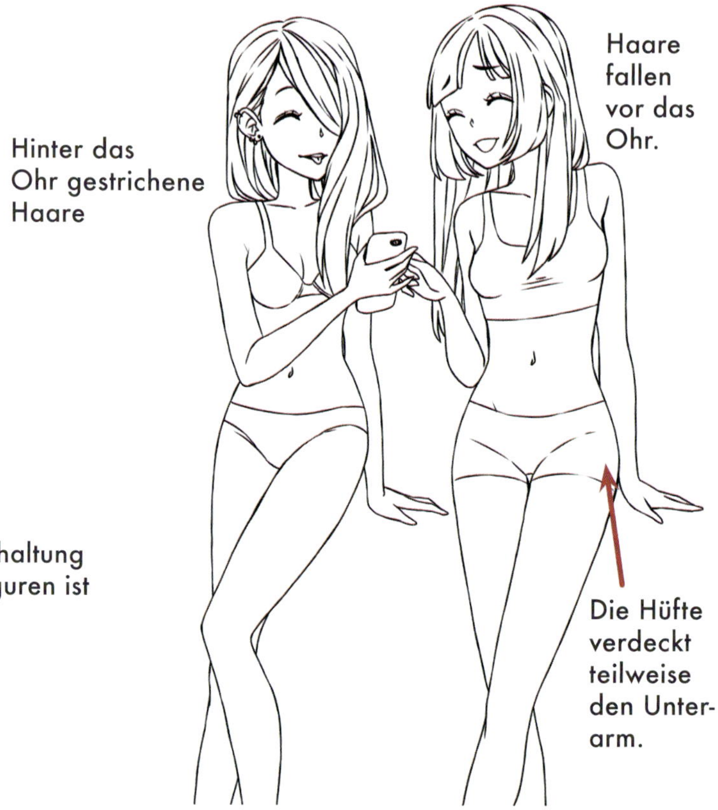

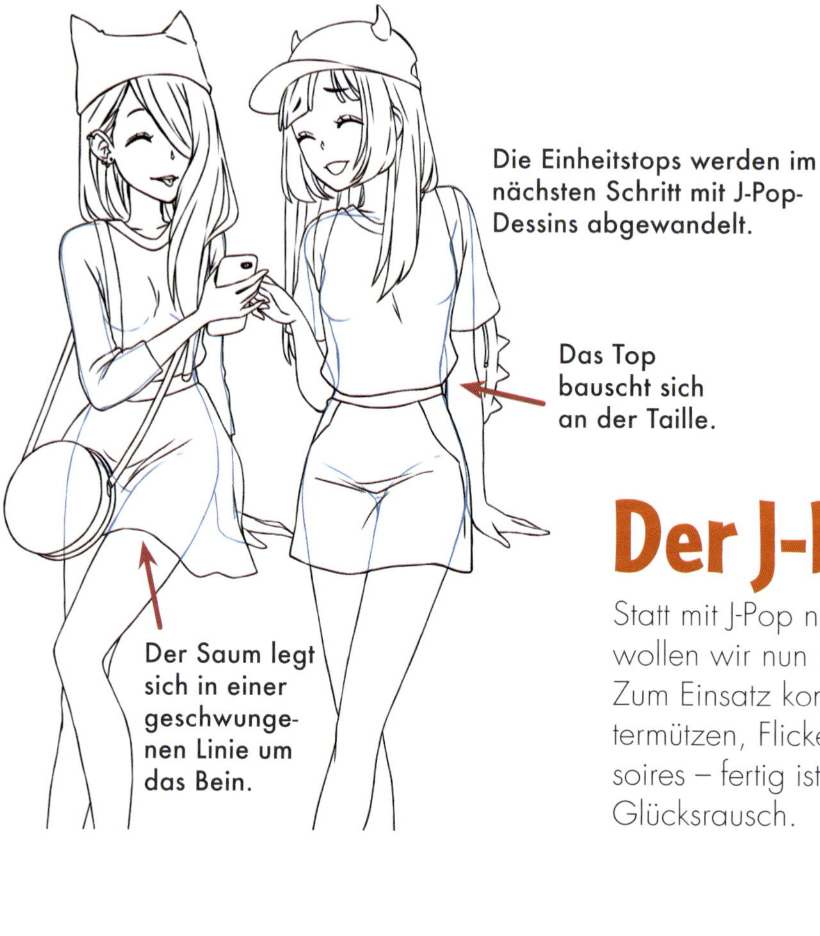

TIPP
Wenn ihr bei den Outfits Gas gebt, solltet ihr bei den Posen ein bisschen Tempo rausnehmen.

Der J-Pop-Stil

Statt mit J-Pop nur einige Akzente zu setzen, wollen wir nun komplette Outfits entwerfen. Zum Einsatz kommen spritzige Dessins, Charaktermützen, Flickenmuster und poppige Accessoires – fertig ist das modische Pendant zu einem Glücksrausch.

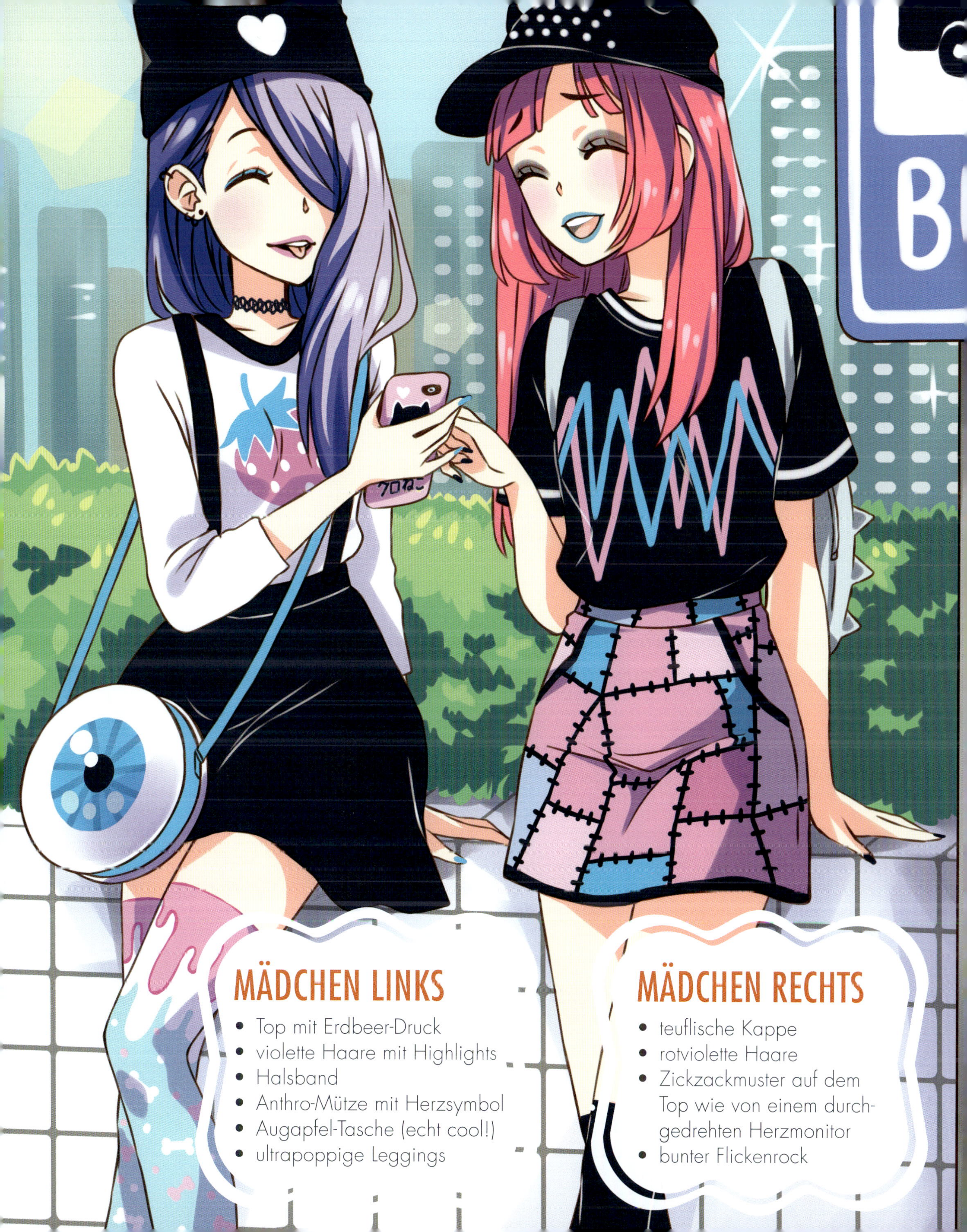

MÄDCHEN LINKS

- Top mit Erdbeer-Druck
- violette Haare mit Highlights
- Halsband
- Anthro-Mütze mit Herzsymbol
- Augapfel-Tasche (echt cool!)
- ultrapoppige Leggings

MÄDCHEN RECHTS

- teuflische Kappe
- rotviolette Haare
- Zickzackmuster auf dem Top wie von einem durchgedrehten Herzmonitor
- bunter Flickenrock

J-Pop: volle Dosis

Okay, der Einsatz wurde noch einmal erhöht, und wir wagen den Sprung kopfüber in den Zuckertopf. Noch mehr japanische Popkultur geht nicht. Hier seht ihr den Einhorn- und Regenbogenstil. Wie könnten euch die beiden eisschleckenden Mädchen nicht ein Lächeln auf die Lippen zaubern?

Aufrechte Haltung

Nach vorn geneigte Haltung

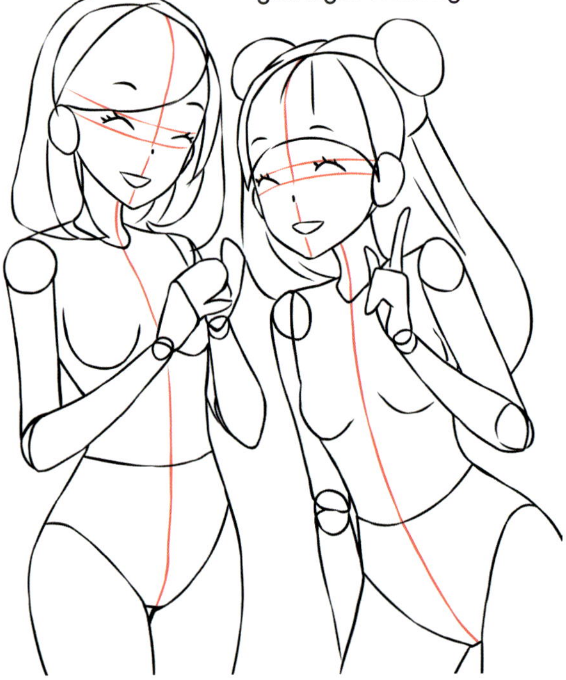

Niedliche Bob-Frisur

Haarknoten

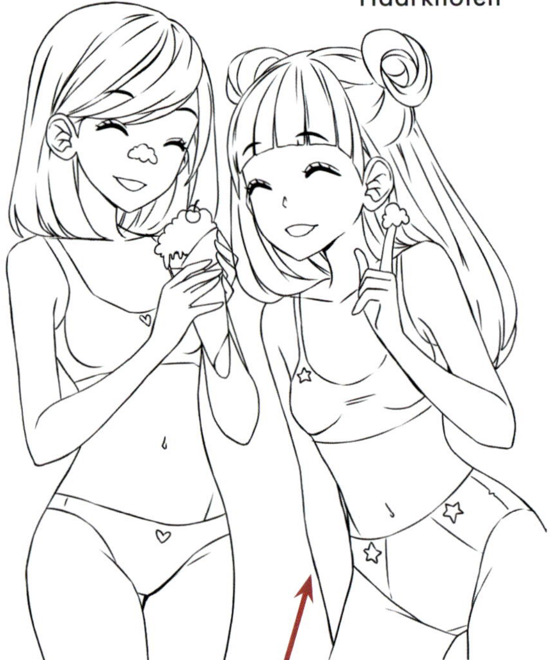

Passt auf, dass dieser Arm nicht ins Bild hineinragt und vom eigentlichen Motiv ablenkt.

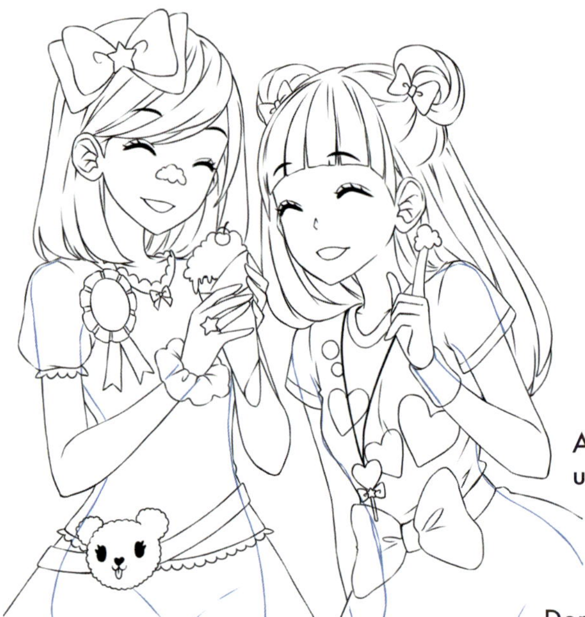

Accessoires noch und nöcher!

Der eigentliche Spaß beim J-Pop-Stil ist es, hemmungslos zu übertreiben!

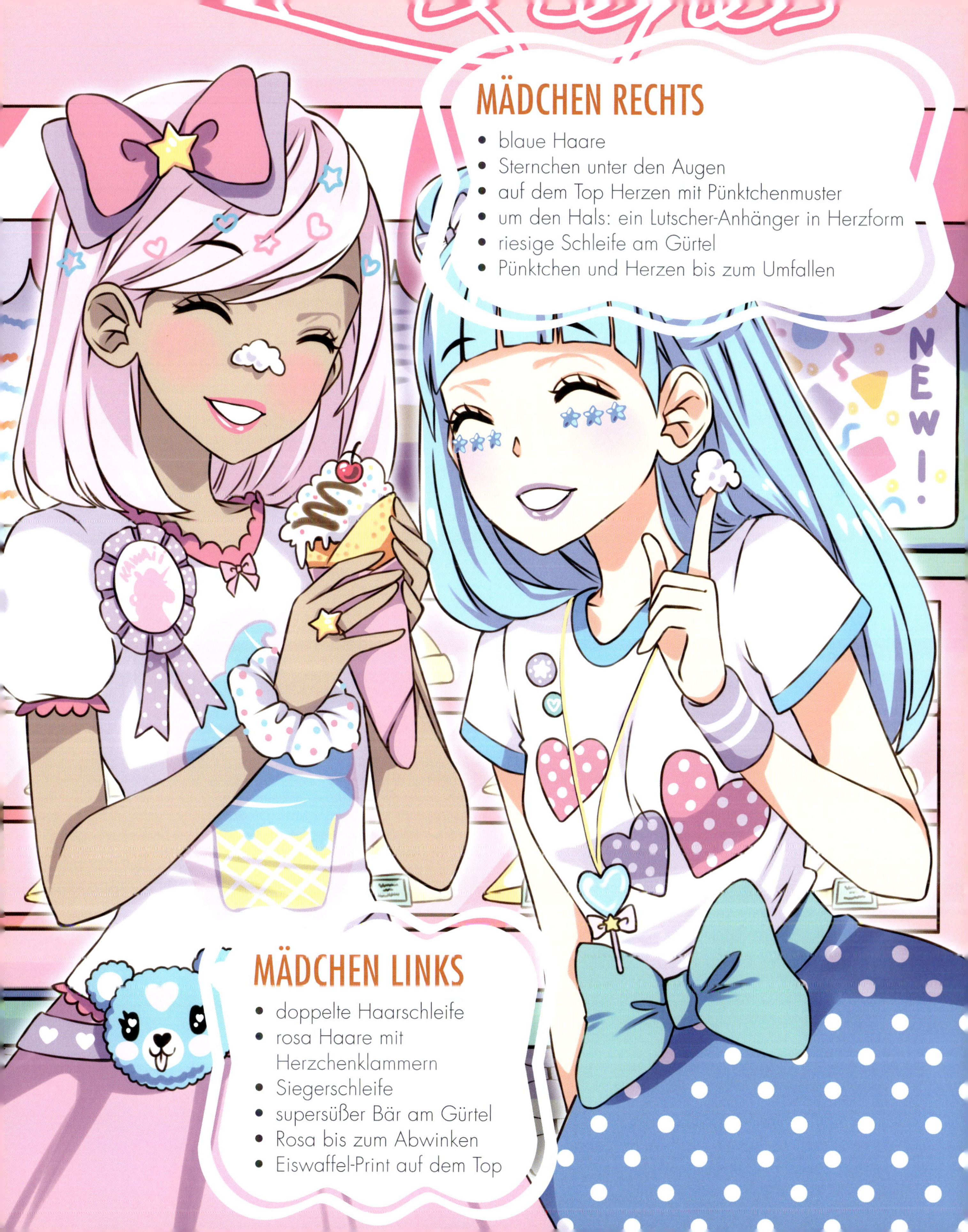

MÄDCHEN RECHTS

- blaue Haare
- Sternchen unter den Augen
- auf dem Top Herzen mit Pünktchenmuster
- um den Hals: ein Lutscher-Anhänger in Herzform
- riesige Schleife am Gürtel
- Pünktchen und Herzen bis zum Umfallen

MÄDCHEN LINKS

- doppelte Haarschleife
- rosa Haare mit Herzchenklammern
- Siegerschleife
- supersüßer Bär am Gürtel
- Rosa bis zum Abwinken
- Eiswaffel-Print auf dem Top

PUNK UND GOTHIC

Eltern schüttelt es schon bei der Vorstellung, ihr Sohn oder ihre Tochter könnte einen Punk als Freundin oder Freund anschleppen. Ganz klar, dieser Stil ist cool. Punk ist ein subversives Fashion-Statement. Auch wenn der Look gelegentlich bunt und niedlich ist, bleibt er stets rebellisch. Dieser Manga-Standard ist einer seiner extremsten Stile.

Niedlicher Punk

Dieses Outfit könnte man als Einführung in den Punk bezeichnen, allerdings wird man euch diese Lektion kaum auf einer normalen Modeschule beibringen. Der Look schert sich nicht um Konventionen, zugleich strahlt er pure Lebensfreude aus. Es gibt verschiedene Abstufungen des Punks, und nicht alle testen die Grenzen aus – manche allerdings schon.

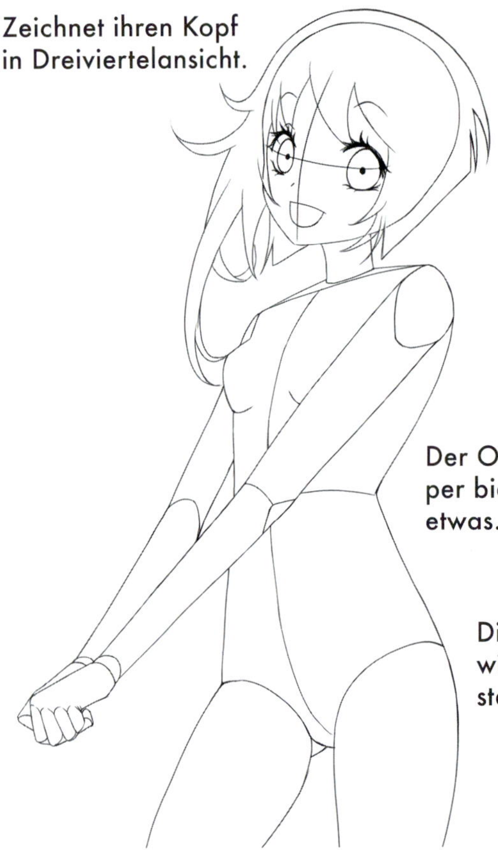

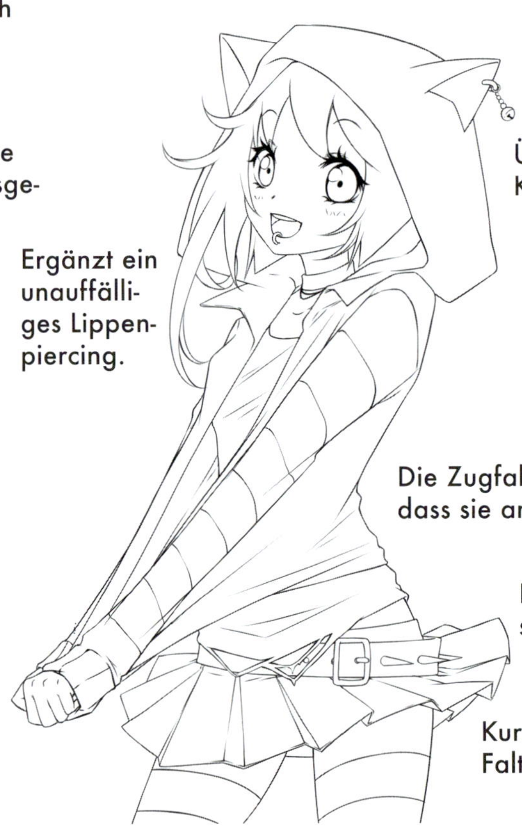

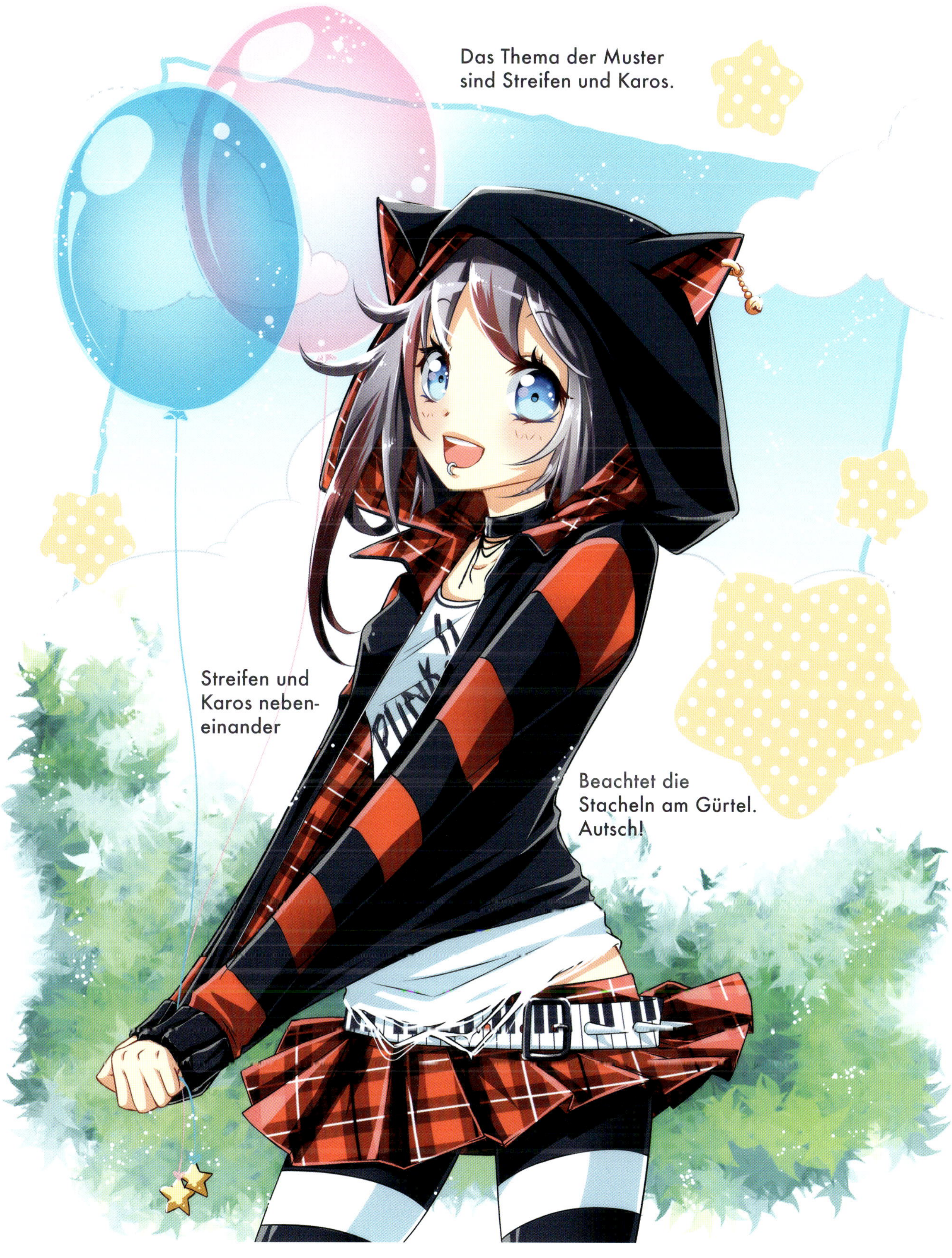
Das Thema der Muster sind Streifen und Karos.
Streifen und Karos nebeneinander
Beachtet die Stacheln am Gürtel. Autsch!
PUNK!!

Edel-Punk

Warum so bedrückt? Ob seine Lieblingsspinne gestorben ist? Hauptsache, er passt auf seinen Skorpion besser auf. Manche der dramatischsten und charismatischsten Punks kommen aus reichem Haus. Der Stil kann elegant sein – ja, sogar glamourös.

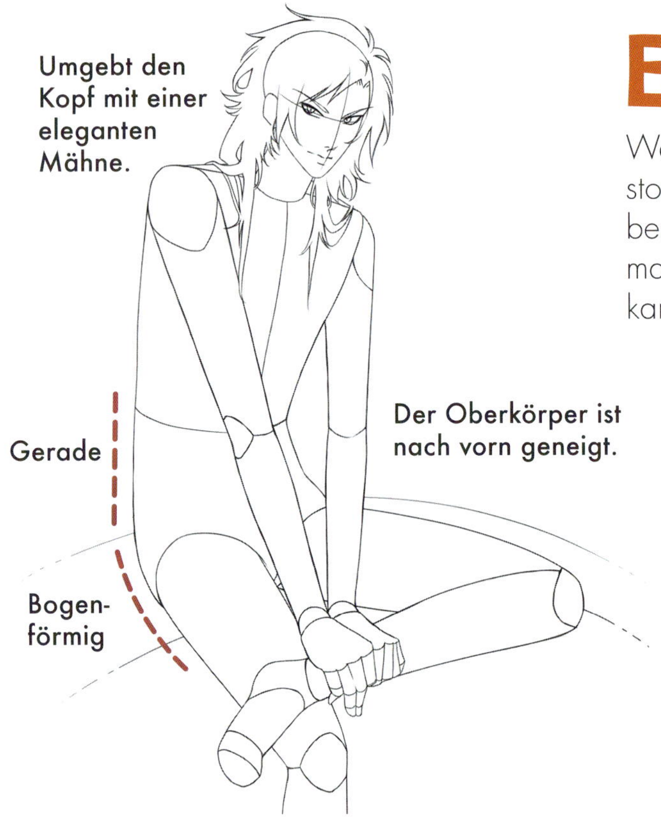

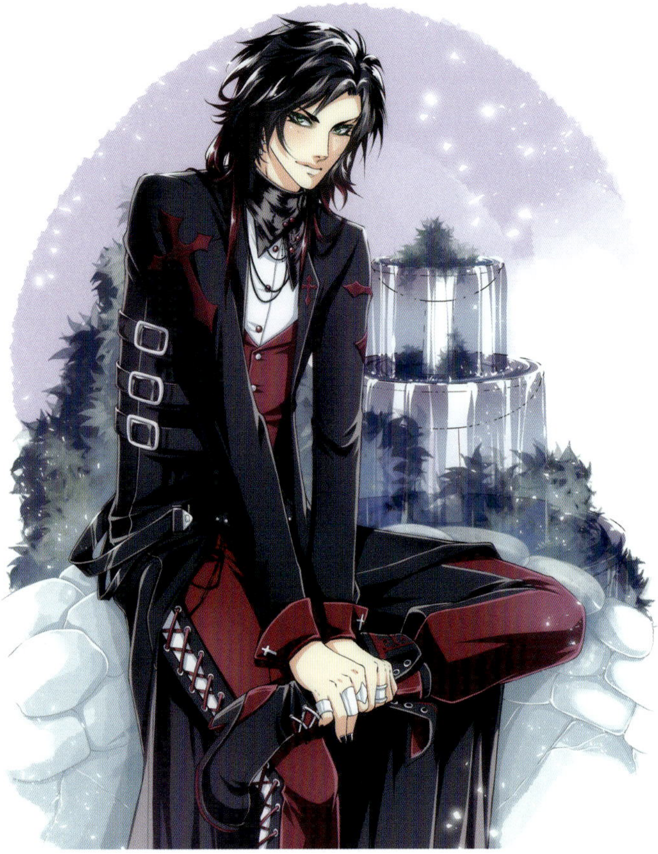

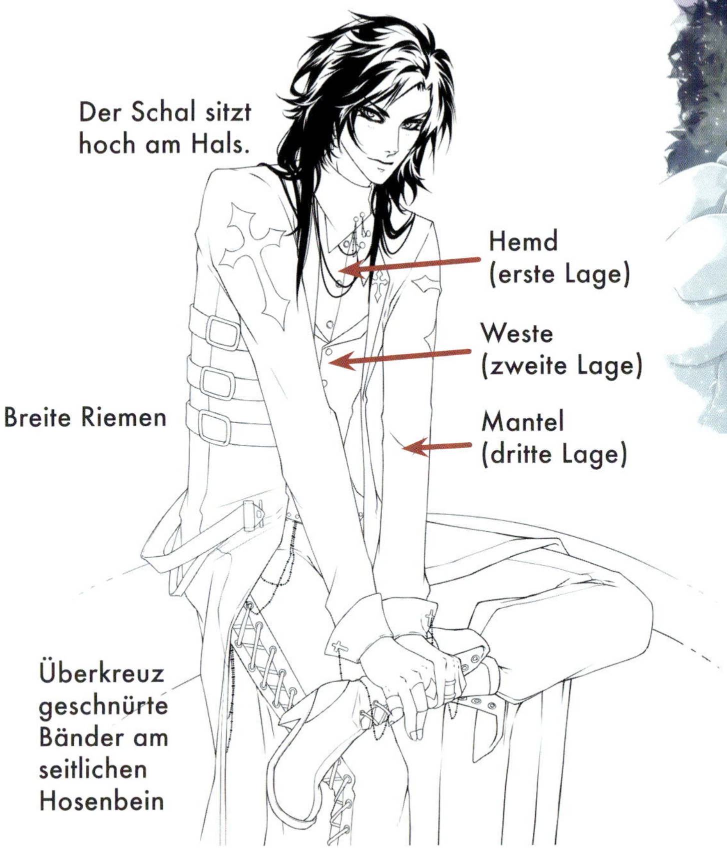

TIPP

„Extras" wie Riemen und Schnallen müssen keinen praktischen Sinn haben. Es reicht, wenn sie dekorativ sind.

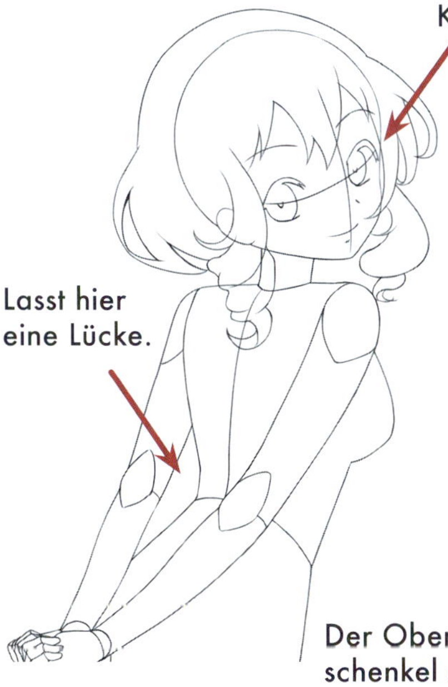

FARBTIPP
Indem ihr der Düsternis des schwarzen Outfits mit dem Eisblau eine hellere Farbe entgegensetzt, wirkt die Figur freundlicher.

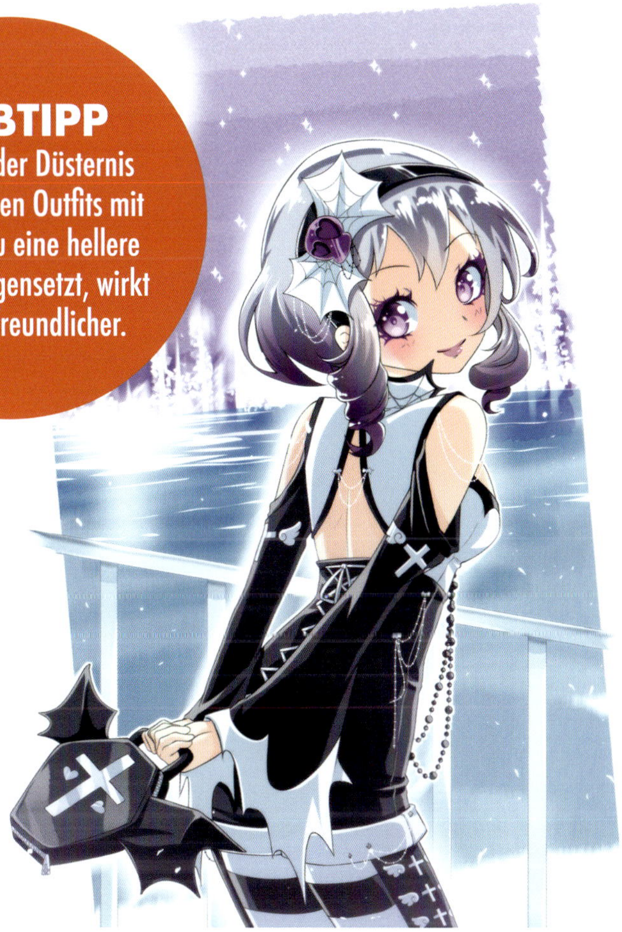

Durch die weißen Glanzlichter strahlt dieses dunkle Outfit.

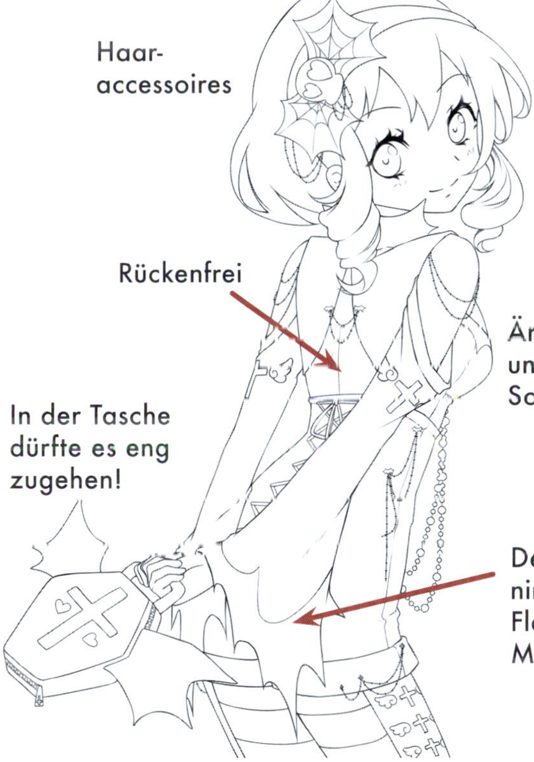

Glamour-Punk

Der Glamour-Punk-Look ist spektakulär. Das zweifarbige Outfit betont den Körper, die Ärmel dagegen sind weit geschnitten. Die Blautöne der Kleidung passen zur eisblauen Winterpalette.

Eklektisch

Der eklektische Look bedient sich hier ein bisschen und dort ein bisschen und schmeißt dann alles zusammen. Das Ergebnis ist ein wilder Mix – als hätte die Figur in einem Secondhandladen alles mitgenommen, was ihr gefiel, ob das zum Outfit passt oder nicht.

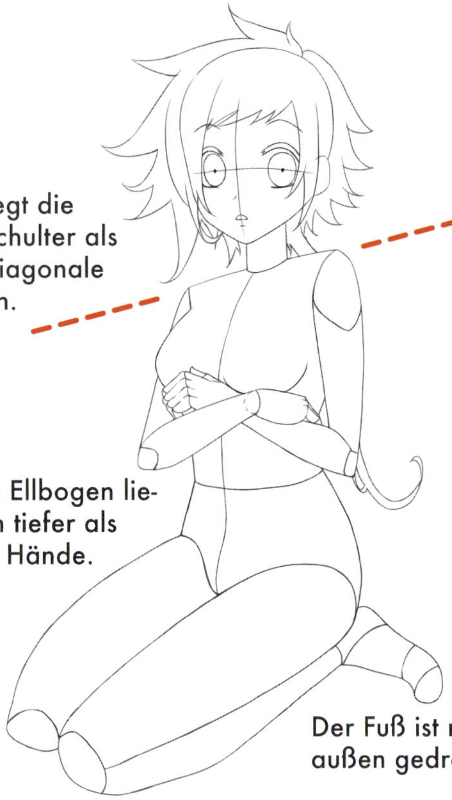

Legt die Schulter als Diagonale an.

Die Ellbogen liegen tiefer als die Hände.

Der Fuß ist nach außen gedreht.

Für einen niedlichen Look werden häufig rosafarbene Haare verwendet.

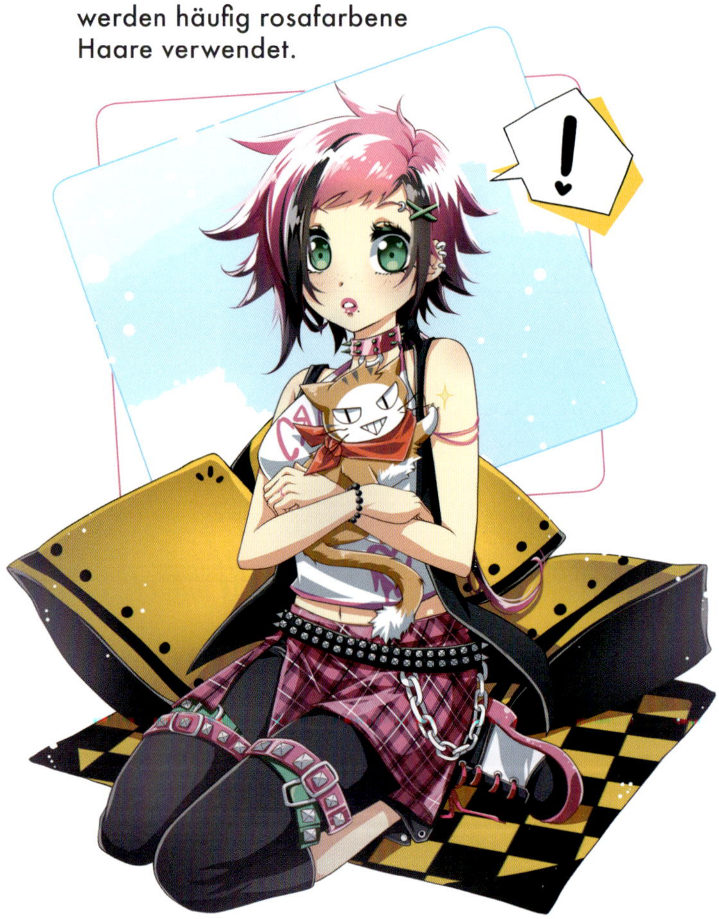

Wer in dem Outfit zwei zusammenpassende Farben findet, bekommt einen Preis.

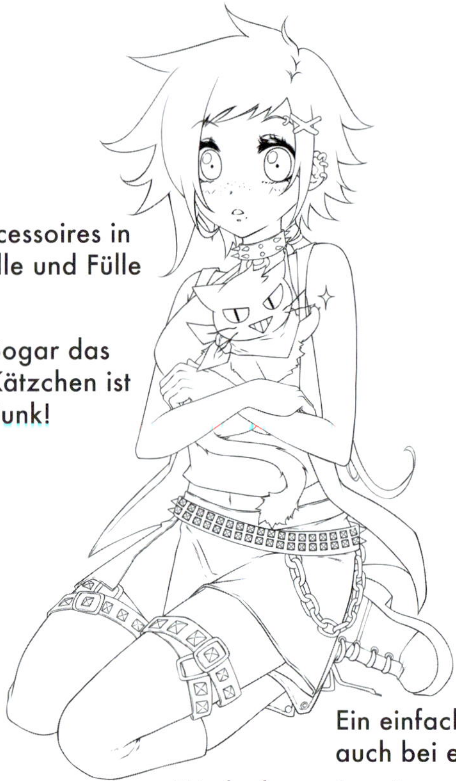

Accessoires in Hülle und Fülle

Sogar das Kätzchen ist Punk!

Ein einfacher Rock funktioniert auch bei extremen Outfits.

Wadenlange Leggings

Wer J-Pop für niedlich hält, kennt den Lolita-Stil noch nicht. Der Lolita-Look ist megasüß, das modische Pendant zu einer Geburtstagstorte. Der wesentliche Unterschied zum J-Pop sind die betonte Unschuld und Kindlichkeit des Lolita-Stils. Die Outfits sind mal schick, mal casual, doch immer hinreißend und bonbonfarben. Je ausgeprägter der Stil, desto verträumter ist er, wie wir noch sehen werden. Macht euch bereit für einen Tsunami modischer Niedlichkeit.

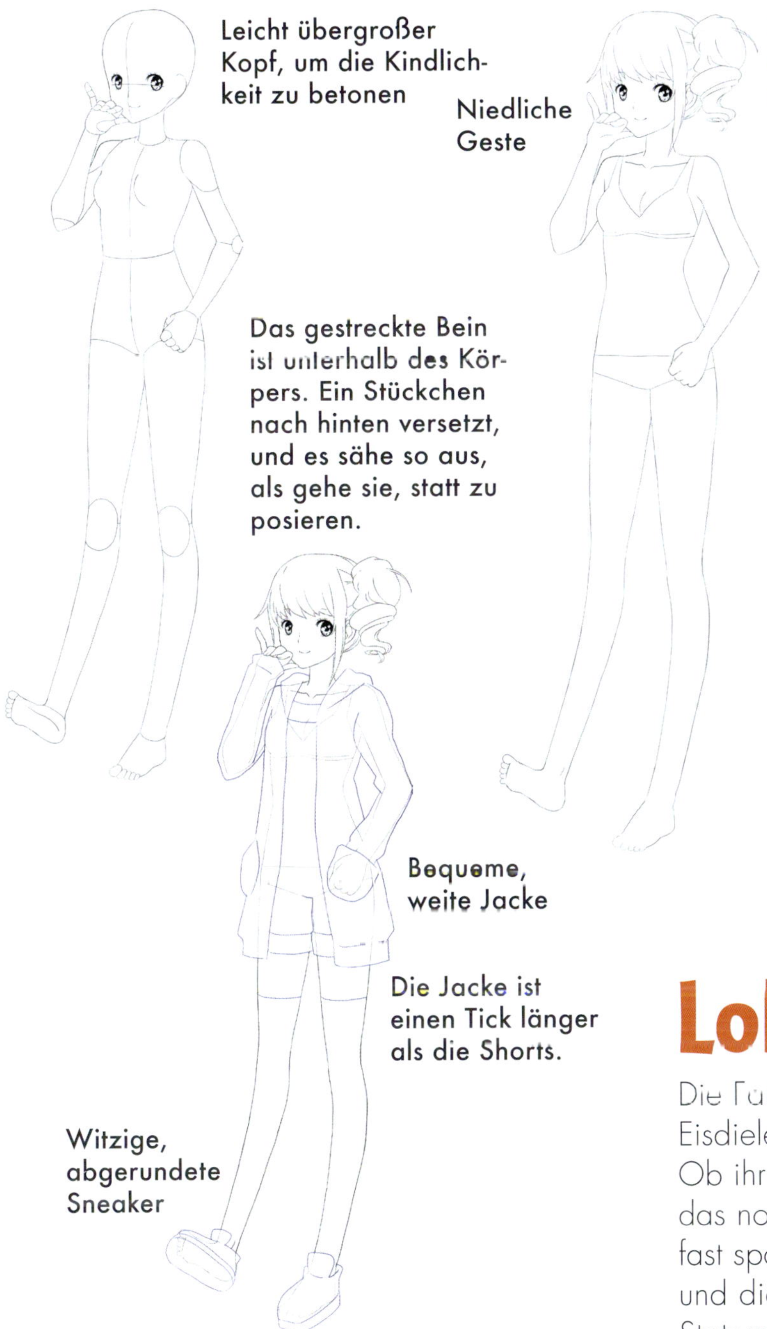

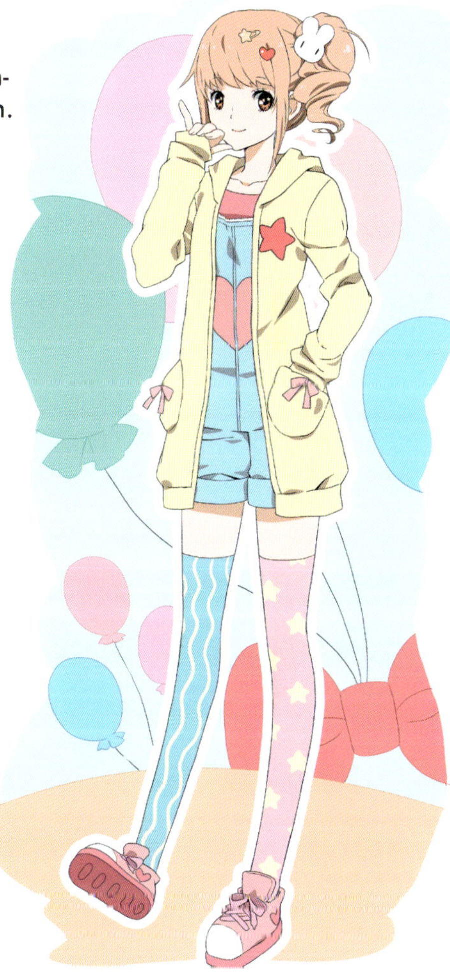

Lolita: Grundfigur

Die Farben des Outfits scheinen direkt aus der Eisdiele zu stammen, wenn auch ohne Streusel. Ob ihr es glaubt oder nicht, für diesen Stil ist das noch ein zurückhaltender Look. Er ist casual, fast sportlich. Doch die Muster, die Farbpalette und die Dessins machen daraus ein modisches Statement des Lolita-Stils.

Puppe

Puppenhafte Kleidung ist ein durchgehendes Motiv des Lolita-Stils. Der köstliche Look wirkt wie aus dem Bilderbuch. Dieses Beispiel verdeutlicht die Bedeutung von Accessoires für einen Komplettlook.

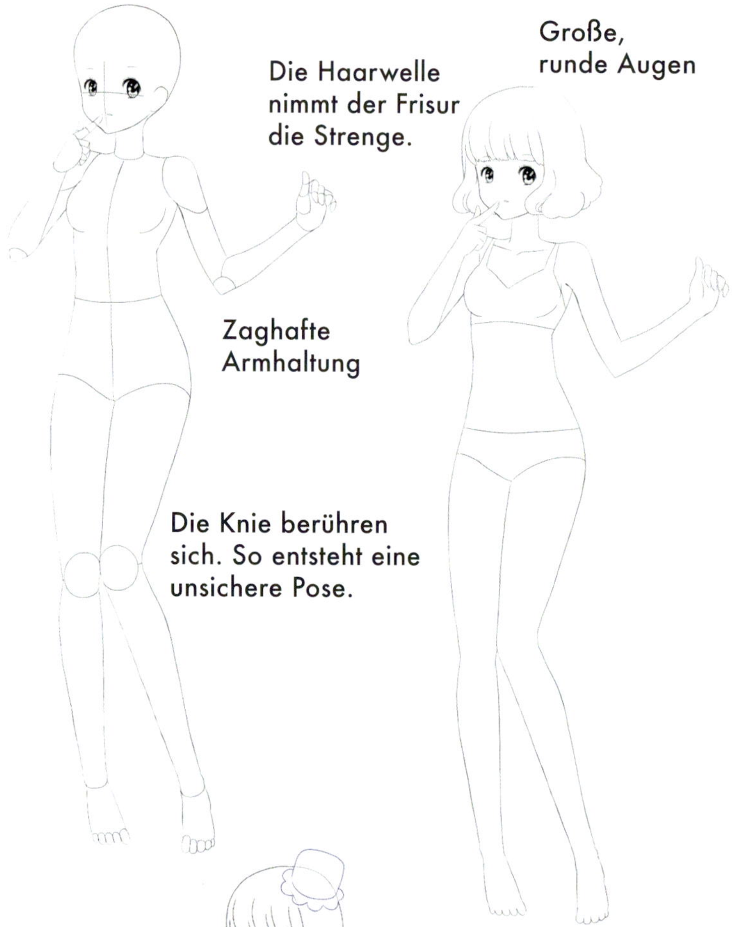

Die Haarwelle nimmt der Frisur die Strenge.

Große, runde Augen

Zaghafte Armhaltung

Die Knie berühren sich. So entsteht eine unsichere Pose.

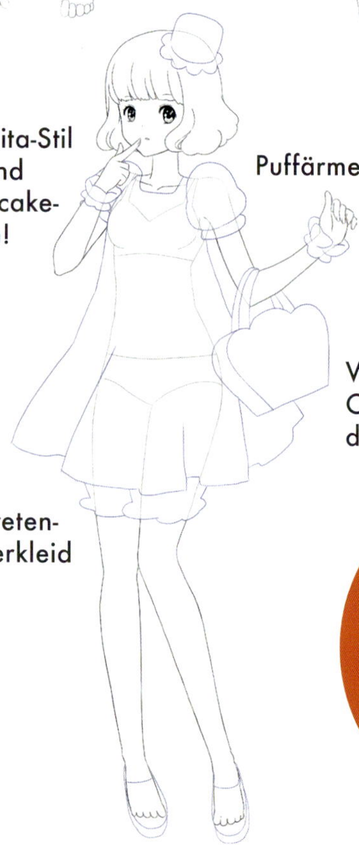

Nur im Lolita-Stil wird jemand einen Cupcake-Hut tragen!

Puffärmel

Zeichnet gefältelte Manschetten – ohne zugehörige Ärmel!

Wiederholt das Cupcake-Thema bei der Tasche.

Hervortreten-des Unterkleid

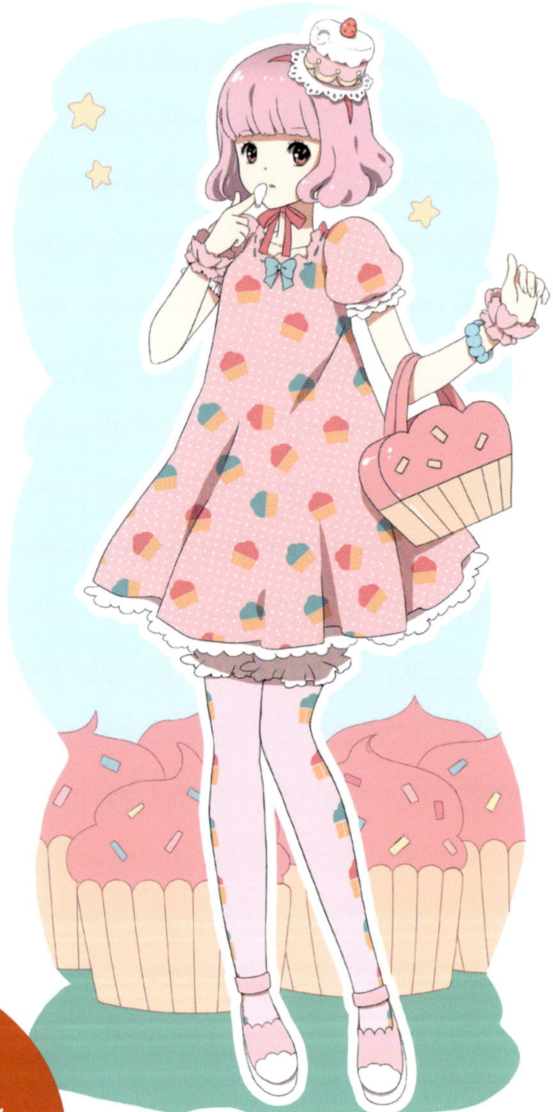

Das Outfit enthält vier verschiedene Rosatöne. Reicht das?

TIPP

Lolita greift die Unbeschwertheit der Kindheit auf und macht daraus ein farbenfrohes Fashion-Statement.

Anthro-Lolita

Ihr habt den Anthro-Hut schon kommen sehen, stimmt's? Hier sehen wir den Lolita-Look in Flauschig und Warm. Alles an dem Outfit ist oversized und kuschelig. Es ist derart gemütlich, dass die ein oder andere darin schon stehend eingeschlafen ist.

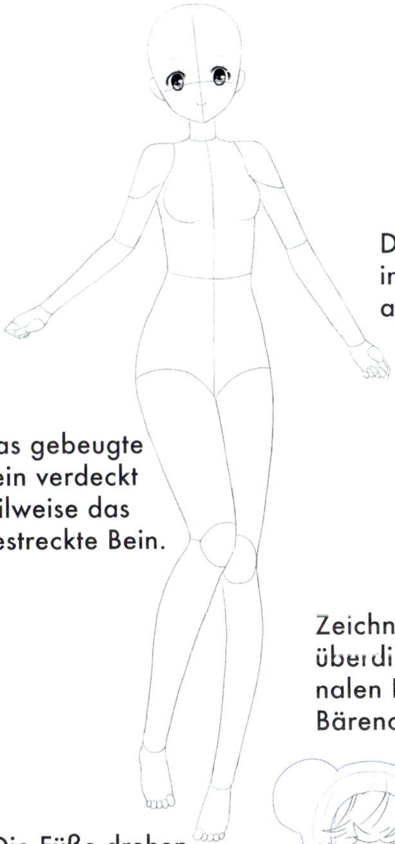

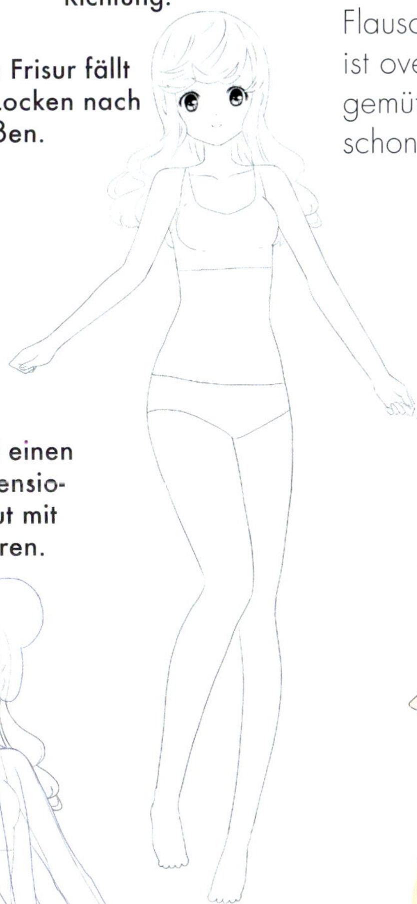

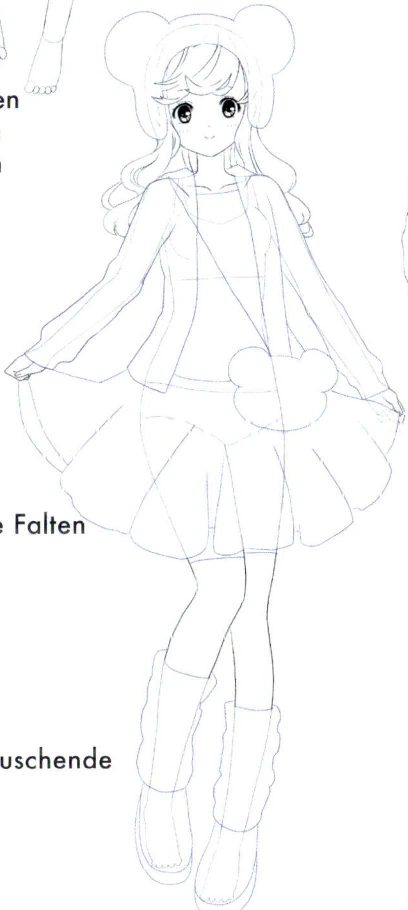

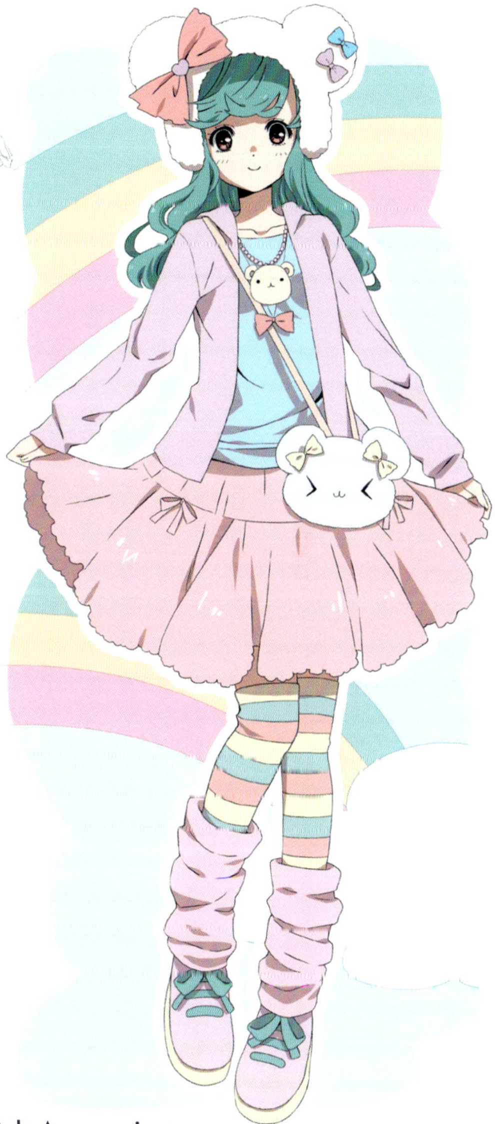

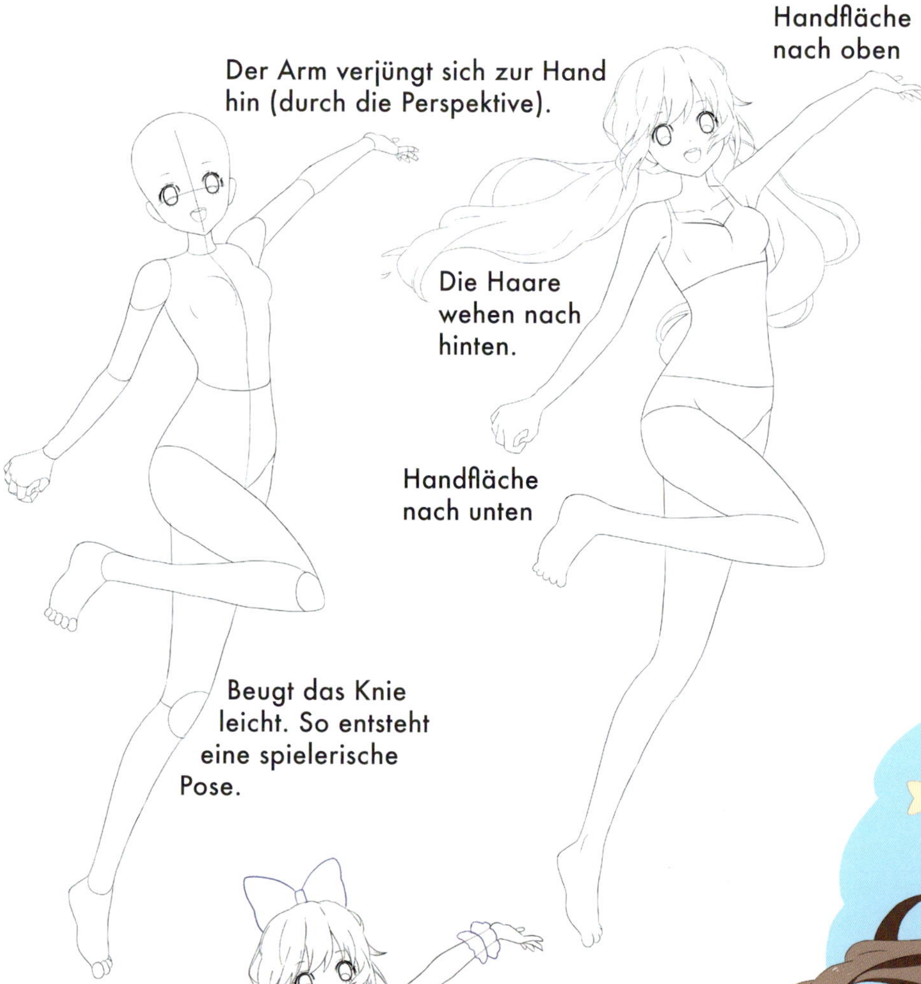

Verträumt

Der Lolita-Stil erlaubt euch, in der Mode eure Träume wahr werden zu lassen. Dieses umwerfende Outfit ist so wild und lebhaft wie ein Traum. Die Beschränkung der Farbpalette auf Rot als einzige Farbe verleiht dem Outfit unbändige Energie. In Kombination mit der Fülle an Streifen entsteht ein fantastischer Look.

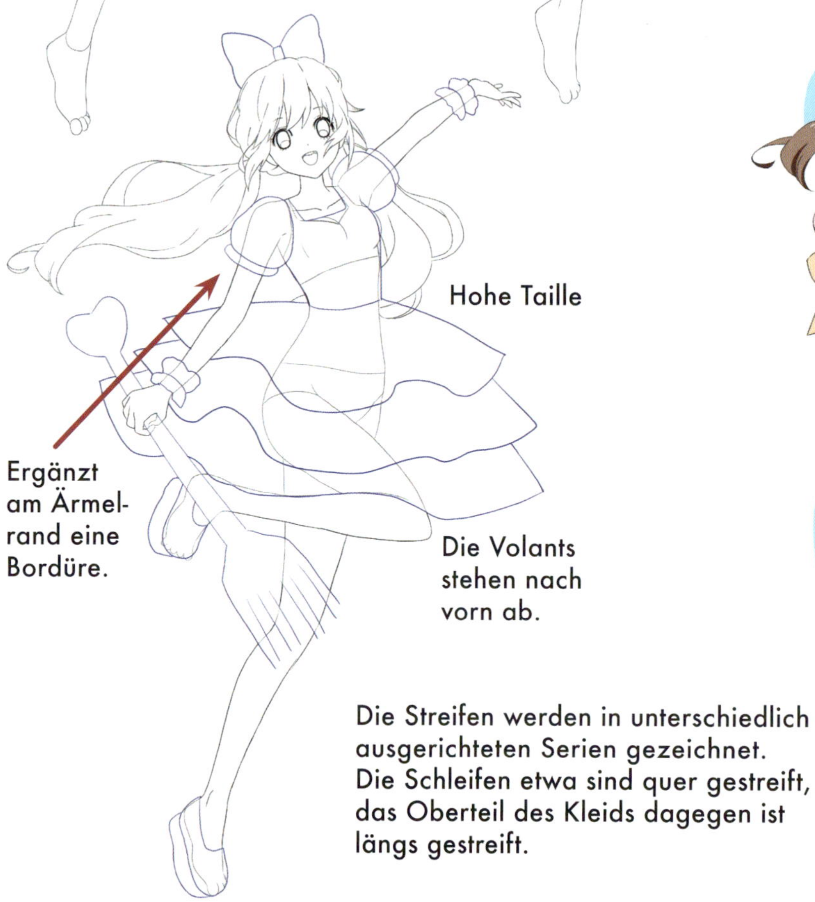

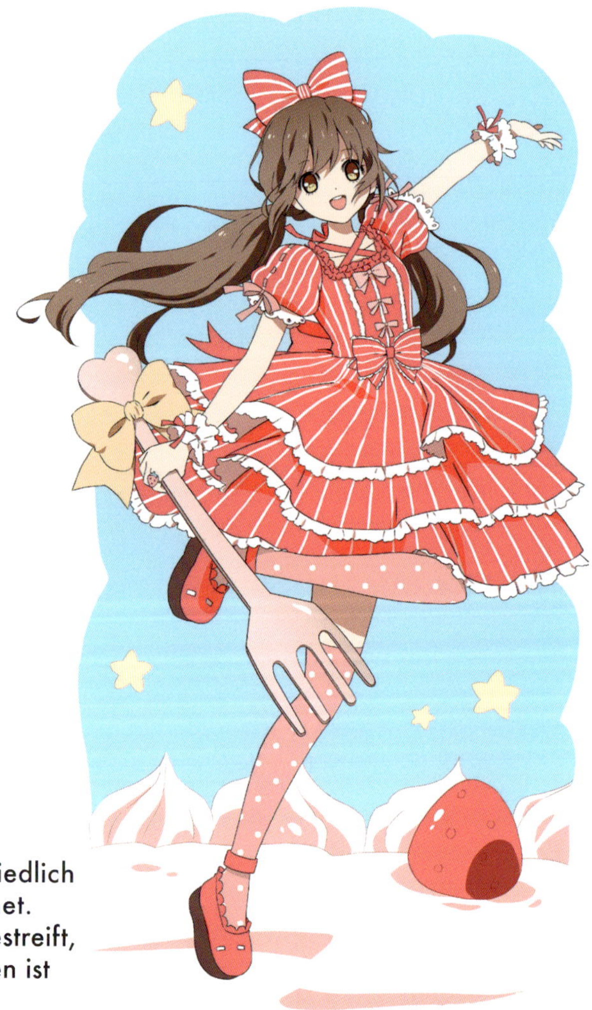

Der gebeugte Ellbogen vermittelt eine feminine Anmutung.

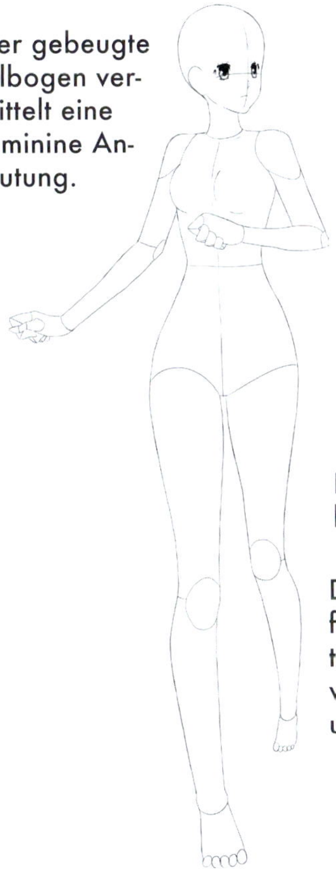

Der Oberkörper dreht sich nach links (auf dem Blatt).

Die wehenden Haare sorgen für einen romantischen Look.

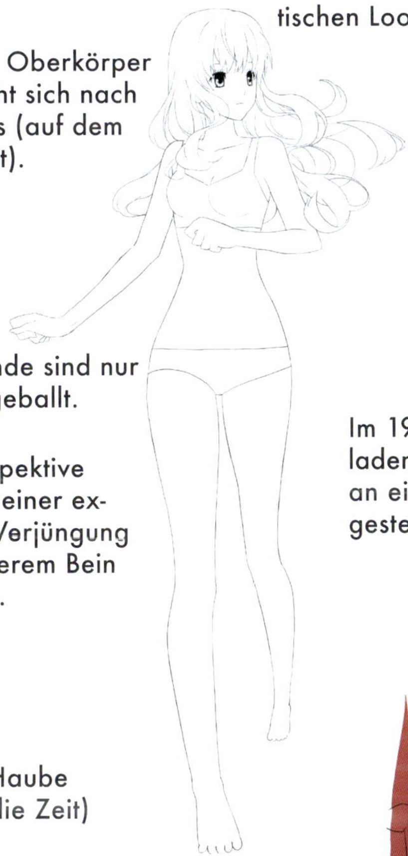

THEMA

Das Thema sind die Farben von Spielkarten, in diesem Fall Karo und Kreuz. Der viktorianische Stil wird nicht mit dem Lolita-Motiv vermischt, vielmehr sorgt das Nebeneinander der unverfälschten Looks für Spannung.

Die Hände sind nur locker geballt.

Die Perspektive führt zu einer extremen Verjüngung von hinterem Bein und Fuß.

Im 19. Jahrhundert waren die Kleider ausladend geschnitten. Sie wurden durch ein an einen Regenschirm erinnerndes Metallgestell gehalten.

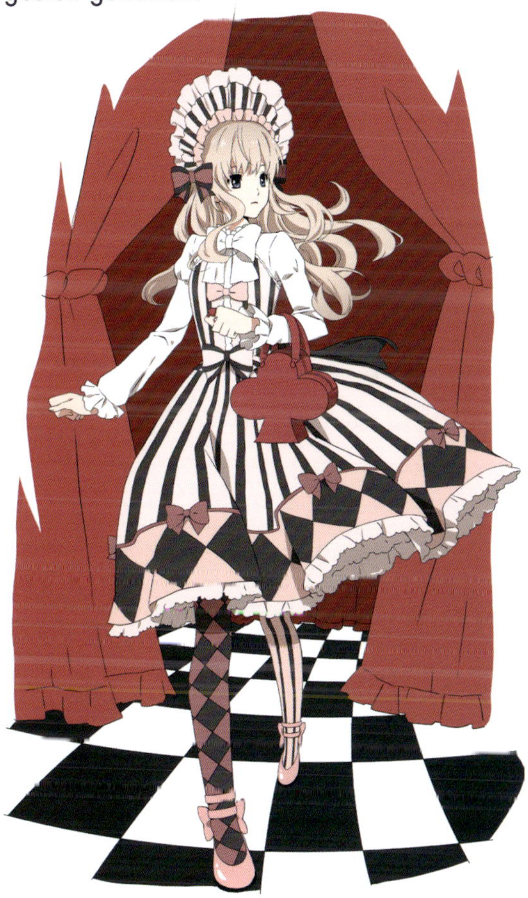

Übergroße Haube (typisch für die Zeit)

Eine richtige Fliege

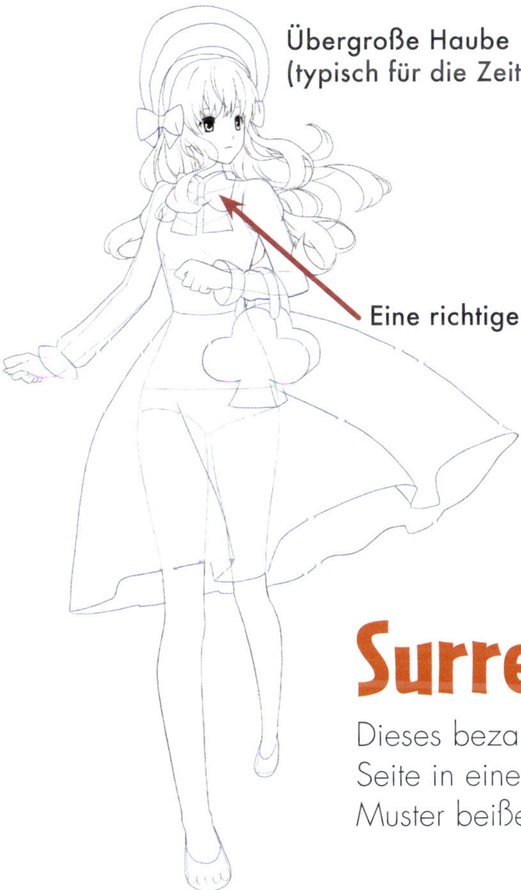

Surreal

Dieses bezaubernde Bild überführt den verträumten Look der vorherigen Seite in eine umfassende Traumlandschaft. Die unzähligen geometrischen Muster beißen sich nicht etwa, sondern sorgen für einen surrealen Look.

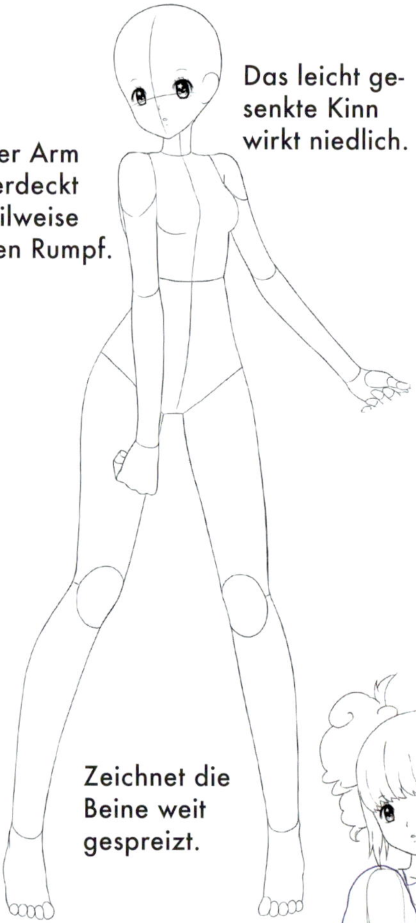

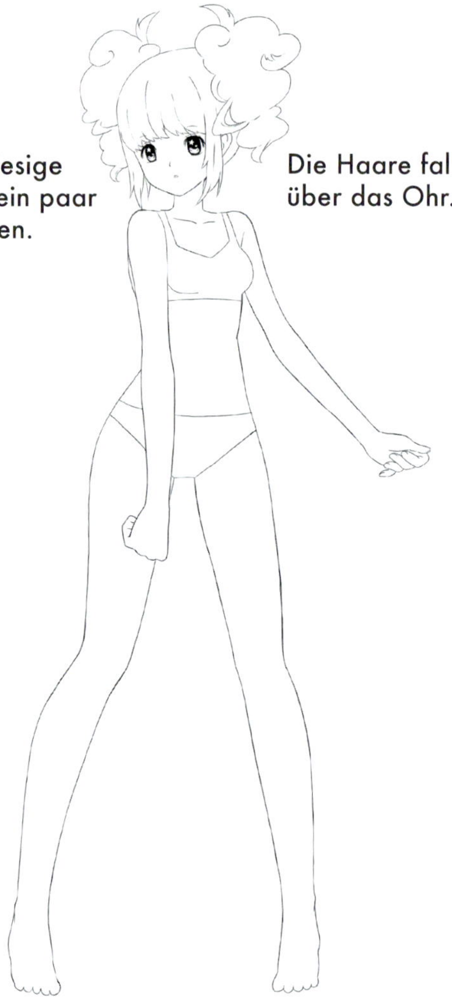

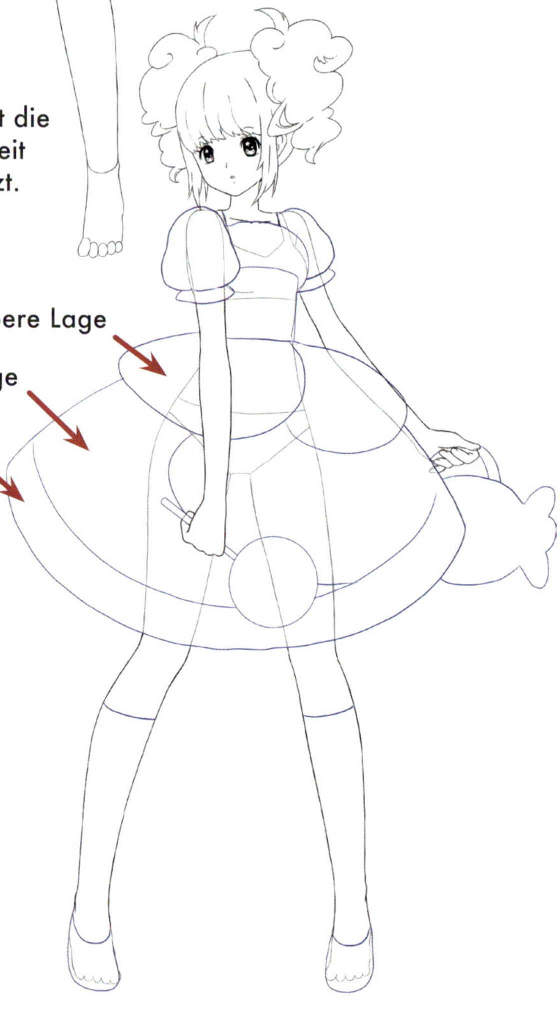

Zuckerstange

Nun wagen wir uns noch ein Stückchen weiter vor und tauchen ein in die zuckersüße Welt bonbonfarbener Outfits. Hier kann es gar nicht extravagant genug zugehen. In Japan tragen die Lolita-Fans solche Outfits auf der Straße – eine coole Abwechslung zu den Business-Einheitsklamotten, die man sonst so sieht.

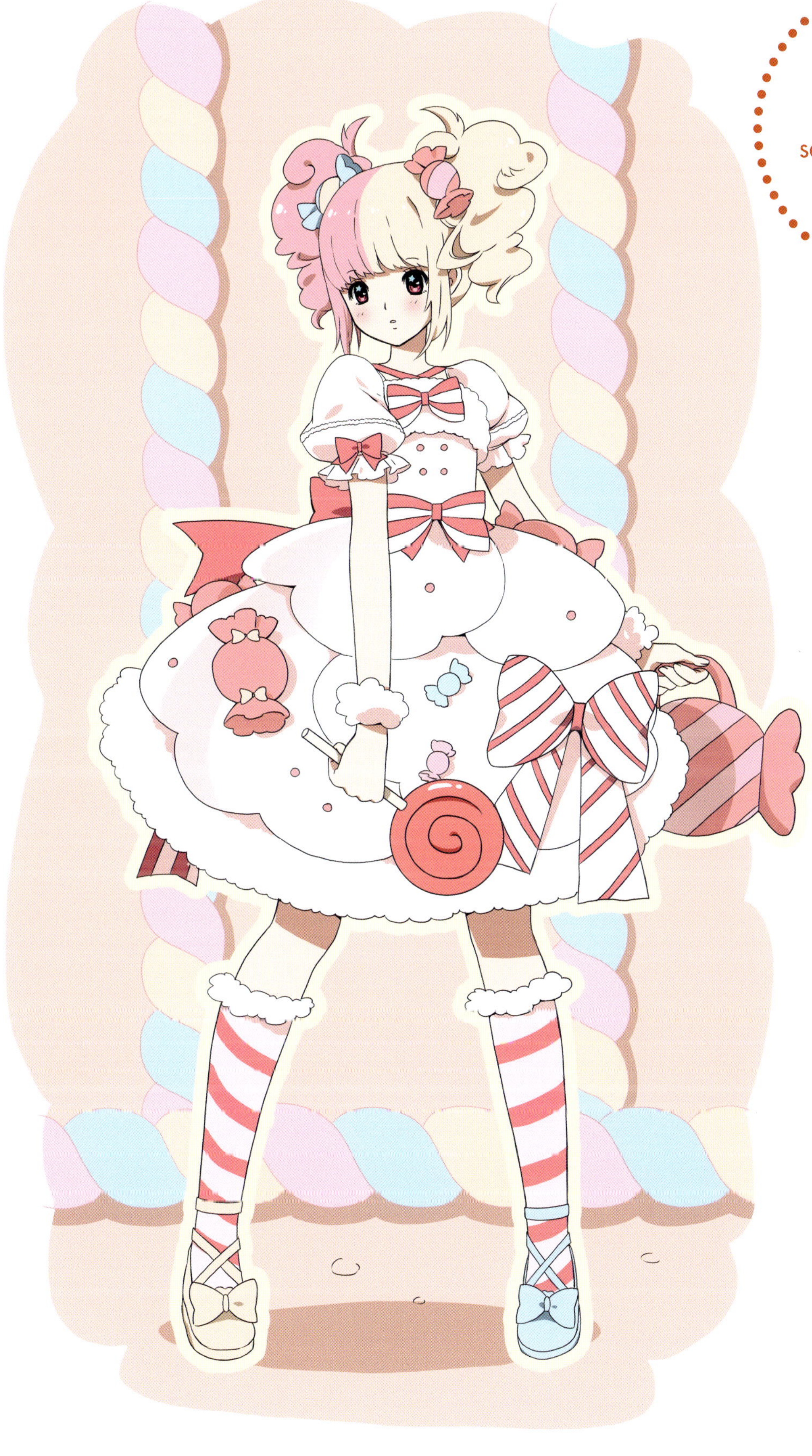

Ich habe schon Weihnachtsbäume gesehen, die dezenter geschmückt waren.

REGISTER

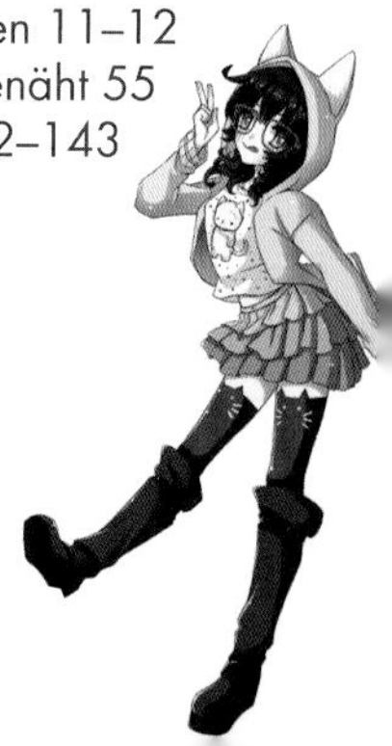